读懂投资 先知未来

大咖智慧
THE GREAT WISDOM IN TRADING
/
成长陪跑
THE PERMANENT SUPPORTS FROM US
/
复合增长
COMPOUND GROWTH IN WEALTH

一站式视频学习训练平台

斐波那契交易法

拉瑞·佩萨温托　著
刘轶卿　译

山西出版传媒集团
山西人民出版社

图书在版编目(CIP)数据

斐波那契交易法 / (美) 佩萨温托著 ; 刘轶卿译
. -- 太原 : 山西人民出版社, 2017. 3 (2025.6 重印)
ISBN 978-7-203-09606-1

Ⅰ. ①斐… Ⅱ. ①佩… ②刘… Ⅲ. ①斐波那契序列
—应用—股票交易 Ⅳ. ①F830. 91

中国版本图书馆 CIP 数据核字(2016)第 103882 号
著作权合同登记号 图字:04-2016-010

斐波那契交易法

著　　者: (美)拉瑞・佩萨温托
译　　者: 刘轶卿
责任编辑: 魏美荣

出 版 者: 山西出版传媒集团・山西人民出版社
地　　址: 太原市建设南路 21 号
邮　　编: 030012
发行营销: 0351-4922220 4955996 4956039 4922127(传真)
天猫官网: http://sxrmcbs.tmall.com 电话:0351-4922159
E-mail : sxskcb@163.com 发行部
sxskcb@126.com 总编室
网　　址: www.sxskcb.com

经 销 者: 山西出版传媒集团・山西人民出版社
承 印 者: 廊坊市祥丰印刷有限公司

成品尺寸: 170×240
用纸规格: 710mm×1000mm×80kg
印　　张: 12. 5
字　　数: 139 千字
版　　次: 2017 年 3 月 第 1 版
印　　次: 2025 年 6 月 第 4 次印刷
书　　号: 978-7-203-09606-1
定　　价: 45. 00 元

译者序

如果你想从众多讲解趋势跟踪和均值回归的交易书籍中解脱出来，看一看别处的风景，那么本书就是为你准备的。斐波那契数列已经被广泛应用于国内外金融市场。在《华尔街日报》、消费者新闻与商业频道（CNBC）等著名金融媒体中，投资者经常可以看到分析师运用黄金分割或者50%回撤等技术分析工具来分析市场，而这只是斐波那契数列在金融市场上的“牛刀小试”。

对于投资者来说，投资方法、心态和资金管理是在残酷的金融市场中取得胜利的基石。心态可以在交易中磨炼，资金管理可以在实践和学习中不断完善，交易方法和技巧却是不传之秘，很少有人倾囊相授--而本书恰恰就是让交易者得悟真谛的一部关于交易方法和技巧的秘笈。

作者是一位具有30年交易经验的交易场斗士，曾出版过9本交易书籍，本书是他的代表作之一，并获得1997年《超级交易员》杂志的年度大奖。

书中主要介绍了一些作者经常使用的具备高胜率和高风险收益比的交易定式，而这几个定式的数学基础，就是斐波那契数列--该数列不但是波浪理论的数学基础，也是很多交易老兵偏好使用的交易参数。

本书开头以风趣幽默的口吻介绍了斐波那契数列的起源和一些涉及到的几何知识，然后对斐波那契数列在金融市场中的一些运用做了介绍和拓展，把作者自己在数十年交易生涯中总结的几个交易模型，以实例的方式详细讲解。读者可以发现，书中介绍的定式在很多情况下风险暴露非常小，但是获得的收益却经常在10倍以上。本书图文并茂，简单易懂，即使是初级交易者，经过短时间的训练也可以迅速把从本书学到的知识运用到交易实践中。书中介绍的知识和交易定式不但可以运用于中长线交易，在日内交易中也经常可以遇到书中描述的交易模型。作者还把蜡烛图、趋势线等交易工具和斐波那契数列结合起来，增加了本书的实用性。最后，作者把自己几十年积累的交易感悟也奉献给读者，这也是全书最重要的一部分瑰宝--读者早日领悟到这些道理，就可以在交易的世界中渡过难关，更快地实现财务自由。

读完本书，读者可以在趋势跟踪和均值回归的交易方法外再多了解一条交易途径，在交易员的工具箱中再添加一个实用工具。

让我们记住作者拉瑞·佩萨温托常说的一句话，" 交易你所看见的，而不是你所想象的"，进入作者所营造的利用斐波那契数列进行交易的世界，一起享受交易的乐趣吧！

刘轶卿

2016年6月14日

前　言

过去20年里，对斐波那契数列应用泛滥，以至于电视商业频道的评论员都自称为专家。我还没有资格自称专家。然而，我的研究一直包括了对斐波那契数列的广泛探索。我对于任何学习都保持务实的态度，如果我所研究的课题对交易没有帮助，那我就没有兴趣继续研究它。如果这本书激发了你对应用斐波那契数列的兴趣，那么把它介绍给你就是值得的。我要提醒大家，这本书是基于交易胜算基础上的。交易艺术是一种风险管理。阿莫斯·贺斯泰德是商品期货公司的创立者之一，他曾经说过："控制好你的亏损，收益就会自动增长。"我经常引用这句话，因为它非常重要。

本书介绍的图形识别法，将会吸引每一个曾经使用过技术分析方法的交易者。我可以自信地说，很少有人研究图形像我一样透彻。一些参考图形甚至可以追溯到1900年。每一个图表都是基于斐波那契比率和比例的。一个技术分析图表不外乎是一个以价格和时间为轴的路线图。

这些图形的重复带有非常大的规律性。我最好的几个学生同时也是航空公司的飞行员，他们学习交易的方法和按飞行计划学习飞行的方法十分类似。这和交易非常相仿。

最后，我写这本书的目的之一是向读者展示古代几何学。有兴趣的读者将会兴味盎然地发现这些神圣的比例来源于宇宙。我不会花太多时间进行占星术的研究，这个主题对我来说太宽泛了，更主要的是，它对于在交易中获得收益并不是必需的。

目 录

介　绍

距离意大利佛罗伦萨一小时车程的东部海岸上，坐落着比萨城，斐波那契就出生在这里，他是13世纪的数学家，主要为意大利皇室服务。他最著名的著作是《算数之书》（*Libre Abaci*）。当年他因为这部著作而获得的奖励等同于现在的诺贝尔奖。他为把罗马数字作为算术数使用作出很大贡献。在斐波那契之前，数字30被写作XXX，而在他的《算数之书》传播后，它被写成了“30”。

传说中把他去埃及的旅行描述成最伟大的发现之一——他去埃及学习蕴涵在金字塔中的数学关系。

那些真的想学习金字塔中蕴涵数学的人，应该读读皮特·汤普凯的书《大金字塔之谜》。我并不想探索金字塔所有的几何关系，只专注于斐波那契数列。斐波那契在研究吉萨金字塔时发现了这个数列。这个数列中的数字是前2个数字之和，从0，1，1，2，3，5，8，13，21，34，55，89，144一直到无穷。从第八个数字起用前一个数字除以后一个数字都等于0.618，如21/34=0.618。这恰好是大金字塔（the Great Pyramid）的高度和1/2底边的比例关系。这个数字的叠加系列基于如下的公式：

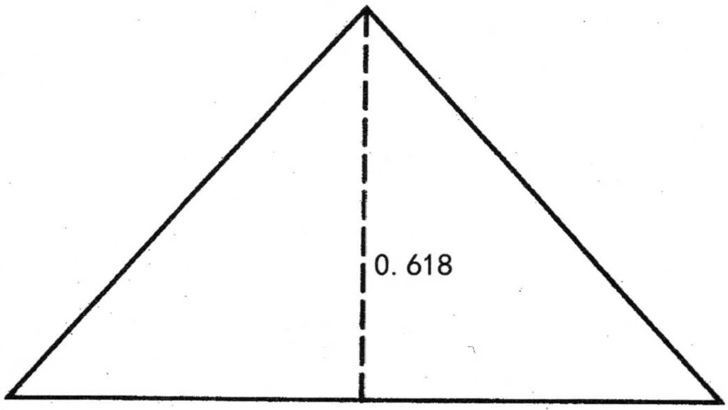

Phi+1 = Phi^2

（$\varphi+1=\varphi^2$）

底边 = 2. 00

底边的一半 = 1. 00

高 = 0. 618

斜边 = 1. 618

对角线（Diagonal）= $\sqrt{(1.618^2+1^2)}=\sqrt{(2.618+1)}=1.902$ *

* 大金字塔为正四棱锥，对角线即指其棱边。

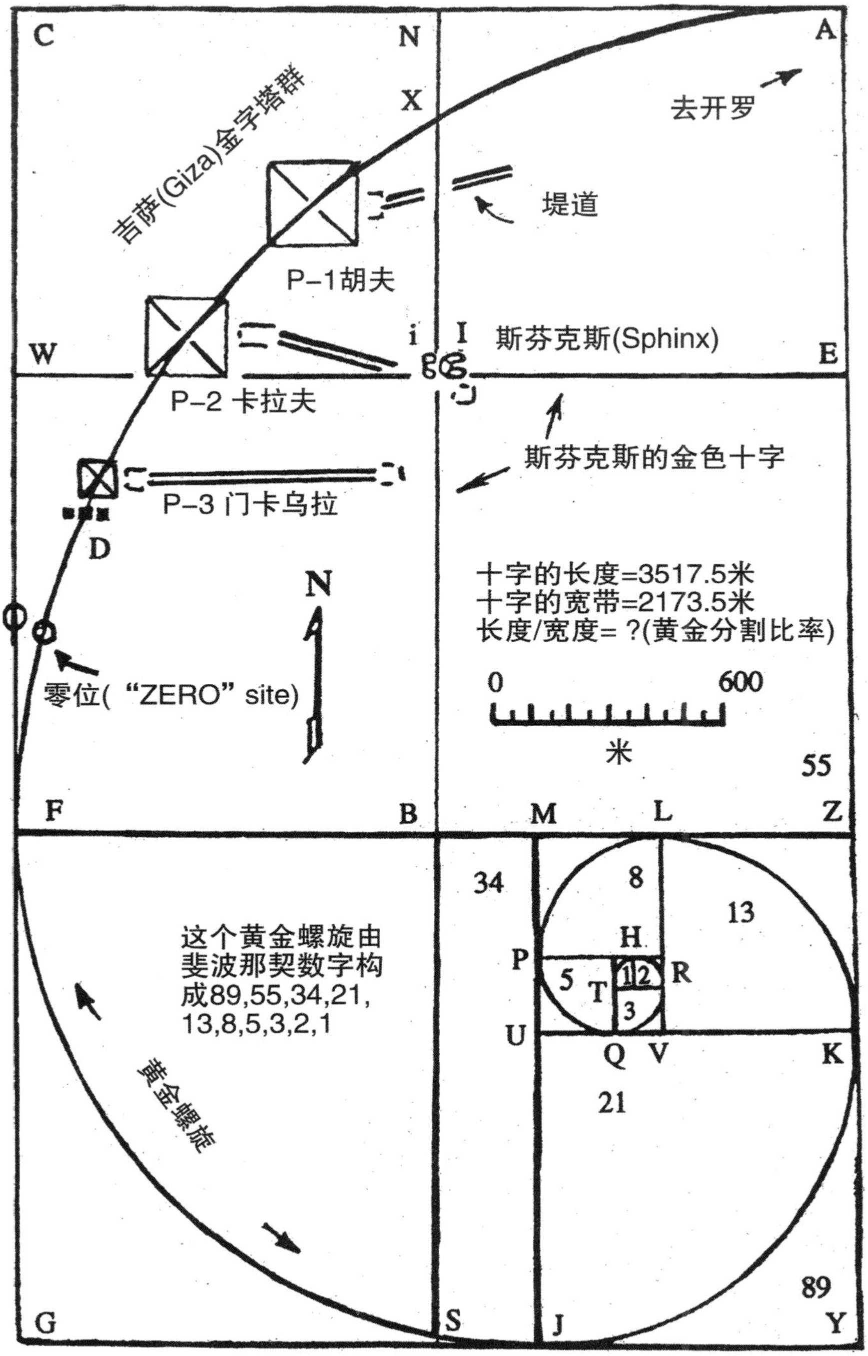
C
N
A
X
去开罗
吉萨(Giza)金字塔群
堤道
P-1胡夫
i
I
斯芬克斯(Sphinx)
W
E
P-2 卡拉夫
斯芬克斯的金色十字
P-3 门卡乌拉
D
N
十字的长度=3517.5米
十字的宽带=2173.5米
长度/宽度= ?(黄金分割比率)
0
600
零位(“ZERO” site)
米
55
F
B
M
L
Z
34
8
13
这个黄金螺旋由
斐波那契数字构
成89,55,34,21,
13,8,5,3,2,1
H
P
5
T
1
2
R
3
U
Q
V
K
21
黄金螺旋
89
G
S
J
Y

斐波那契对我的影响就是开阔了我的视野。这些斐波那契比例关系一直在市场中存在着。在亨德森维尔商品研究所的约翰·希尔先生催促下，我从 1974 年起开始运用斐波那契数字。我阅读了艾略特的所有论文以及他与查尔斯·柯林斯的所有通信。几年后，弗罗斯特和普莱切特写了《艾略特波浪理论》，这本书解释了波浪结构和斐波那契数字的用法。我注意到不是所有的波浪都在 0.382、0.5、0.618、1.618 的位置。直到 1988 年，我才开始运用斐波那契数列的平方根 $\sqrt{0.618}=0.786$ 和 $\sqrt{1.618}=1.27$。通过这两个平方根比例关系的帮助，波浪结构解释起来更加容易。布莱斯·吉尔莫的第一本书《市场几何》，把这个比例关系介绍给了大众。《艾略特波浪理论通讯》从没使用过这些比例。我曾经给他们传真过斐波那契数列平方根数字的信息，但是从来没得到过他们的回应。亚利桑那州图森市的“动态交易者集团”罗伯特·麦纳使用所有的谐波比例。我认为他寄发的通讯和技术分析是行业里最出色的。如果你没有时间去做分析，地球上最棒的技术分析专家罗伯特·麦纳可以帮你的忙，不过你需要按月支付一小笔费用。这让我想起一条来自我的朋友、交易员吉姆·特温迪曼的引言：挑战人性——独立完成工作。

本书的主要目的，就是诠释如何运用斐波那契比例、斐波那契比例的平方根和倒数来判断波动的结构。在我的图书馆里的所有藏书中，没有一本关于波浪理论的书涉及这个重要概念。我将尽力简单地解释它。如果你能记住一两个概念或者图形，那么这本书就算没有白写。我向你做这个保证，当你研究了本书的比例和图形后，你将意识到市场在它们的乱象后面总隐藏着一个确定的模式。整理这些乱象，你能从中得到启发。本书的目标不是努力预测未来或者让你知道下一刻会发生什么。没有人知道这个！（好吧，是有人知道，但他不会做交易）没必要知道5天内会发生什么。需要知道的是判断5天内的潜在风险和收益是多少。胜算是问题的实质，风险管理也同等重要。赢家思考他们会失去多少，失败者只关心他们能获得多少，“控制好你的亏损，收益就会随之增长。”——A. B. H.

在本书结尾，我希望你能看到几何图形和斐波那契比例间的相关性。这些我将尽量简单地为你讲解。如果你想阅读更加详细的资料，可以在参考书目中找到它们。

本书令我和那些赞同本书介绍的市场分析方法的交易员同事们十分兴奋。我认为，它回答了如下问题：“在混乱的市场中是否存在秩序？”我多么希望20年前我能像现在这样了解市场！

再介绍一种关于黄金分割的平方根数字的观点。这些数字第一次出现在威廉·盖瑞特的杰作《证券市场周期的力矩分析》中。毫无疑问，这本书是我读过的关于周期的最好书籍。1972年这本书仅仅售出了200本。因为乏人问津，剩余的书都被普伦蒂斯·霍尔图书公司销毁。对每个图书馆来说，此书都是优秀藏品。

本书包括了许多图表。我不知道如何用其他的方法来解释这些概念。图表来自各个领域，从商品到道·琼斯股票，我选择了几个不同的时段，因为这些模式在所有的时段都能找得到。

如果你没看到传统的艾略特波浪图形的标记，请不要失望。如果你使用短期的模式识别方法，艾略特波浪图形是不必要的。重要的是每一浪的比例和比率。坦白说，精确地数出每一浪从来没有让我觉得心安。对此，我感受最深的就是几年前在位于加利福尼亚庇斯摩海滩边上的交易公司里发生的事情。当时布莱斯·吉尔莫和罗伯特·麦纳都在我的公司里讨论美国国债。他们同时数艾略特波浪，结果不一致。他们谦虚地承认对方都是正确的。他们是我见过的最棒的技术分析师。布莱斯通过他的软件和他写的《波浪交易者》向技术分析师们介绍了真正的市场几何学。他是我非常好的朋友，我永远欠着他的人情。你不需要过于担心数浪，尽管这样或许会使艾略特波浪理论的信徒们对我的说法不满，但是斐波那契数字的平方根和倒数对于分析地道的艾略特理论用处很大。

通常，当我就一个题目著书时我会把其他作者的成果包含进去。长久以来我一直想做这件事，但我决定放弃。全世界有非常多的技术分析专家们符合并且应该提及，甚至有更多的个人交易者具有相同的技术水平或更高，而我们从未听说过他们。对于那些不能在此提及的不知名艺术家们，这是对他们的不敬。你知道那种感觉——当我遗忘了某人而那人恰好是我的朋友！

本书不能被看作一个交易系统，它不能独立存在。它是一种市场中的交易方法，需要判断力和纪律。如果交易者掌握了它们，就有可能实现财务自由。真正的自由必须与纪律相随。

一条来自宇宙的线索

1986年夏，我的好朋友和导师露丝·米勒博士寄给我一张便签。便签上写着10月豆油合约将涨到14美分/磅，然后开始一段大牛市。我把它贴到了我交易用的显示器上，直到10月才想起来。在10月豆油飙涨到接近她的预测价位时，我给她打了电话。她仍然住在印第安那州经营她的大豆和玉米农场。在我还是德崇证券的一个经纪人的时候，她的丈夫是第一个在我那里开户做大豆对冲交易的客户。在电话里，露丝告诉我，她挖掘出（抱歉使用双关语）了一些难以置信的精确周期。她说这些周期建立在行星运动的基础上。她的兴奋劲儿促使我登上下一趟飞至印第安纳州的航班，然后在那儿接受了后来改变我的人生的长达两周的私人辅导。和她在一起两周的意义，完全可以和一个教区的牧师和教皇在一起相处相同时间的意义相比。下面仅仅是其中一些令人惊叹的成果。

1. 建立“天文周期通讯”。在超过22个国家以及美国的每个州里都可以看见它。7国集团里的5国都有人订阅了它。

2. 在接下来的6年里撰写了三部关于金融占星术的书籍。

a)《天文周期：交易者的视角》

b）《投机市场的行星谐波》

c）《谐波振动》

3. 150个交易者到加利福尼亚的庇斯摩海滩来学习我的方法，他们中的大多数至今和我保持联络。

4. 我在美国及其他8个国家给几千名交易者做讲座。

5. 经济节目有线电视网FNN（现在的美国全国广播公司财经频道CNBC）定期邀请我作为嘉宾讨论行星周期。

6. 皮萨万多指数在米勒博士的催促下诞生，现在它是俄克拉荷马州塔尔萨的商品交易员弗兰克·陶斯哲出版年鉴的日常部分。

这个指数每天都标注出当天的行星周期数字。平均一天8个周期。当只有3个或更少的周期时，预示着市场有很大可能性改变趋势。同样13个或更多的周期也预示这一点。

我在过去30年间研究了大量的市场分析方法，这个方法非常独特。传奇交易员W. D. 江恩是一个狂热的占星术支持者，伯纳德·巴鲁克也是。巴鲁克的评论“百万富翁不用占星术，但是亿万富翁用”总是让我着迷。他雇佣了伊万杰琳·亚当斯作为他的私人全职占星家/天文学家。但让我对这个课题更感兴趣的是我早年读过的一些书。阿尔伯特·爱因斯坦和艾萨克·牛顿都是狂热的占星家/天文学家。有一次，在一个非常重要的会议上，牛顿和现代物理之父约翰·开普勒争论占星术的话题，经过热烈讨论之后，牛顿评论说：“亲爱的爵士，我们俩之间的分歧明显在于，我已经广泛研究了这个主题，而你没有！”

露丝告诉我的第一个循环是金星—天王星循环。她知道我已经深入研究了斐波那契而且对之兴趣浓厚。金星围绕地球的公转时间是255天，这也是金星穿过和天王星形成的360°相位的时间。如果你用255除以365，得出的数字大约是一年的0.618。因为这是黄金分割，这让我变得十分兴奋。

对于金星和天王星，每年有12个或更多的强硬相位。一个强硬相位是30°角或者它的倍数。

幸运的是，我有从1896年至今的股票市场数据。所有我需要做的，只是找出1896—1986年间的金星—天王星的相位。1896—1986的这90年给了我超过1000个金星—天王星的相位例子。吉姆·特温迪曼，我的好友同时也是商品期货公司的交易员同事，在露丝的关注下，帮助我进行这个研究。

关于金星—天王星的相位研究成绩很突出。目前这项研究具有超过100年的数据，而且统计数据是经得起考验的。它对于股票市场里3~8天周期测定的精准度令人称奇。股票似乎受此周期影响上下波动直到相位日。

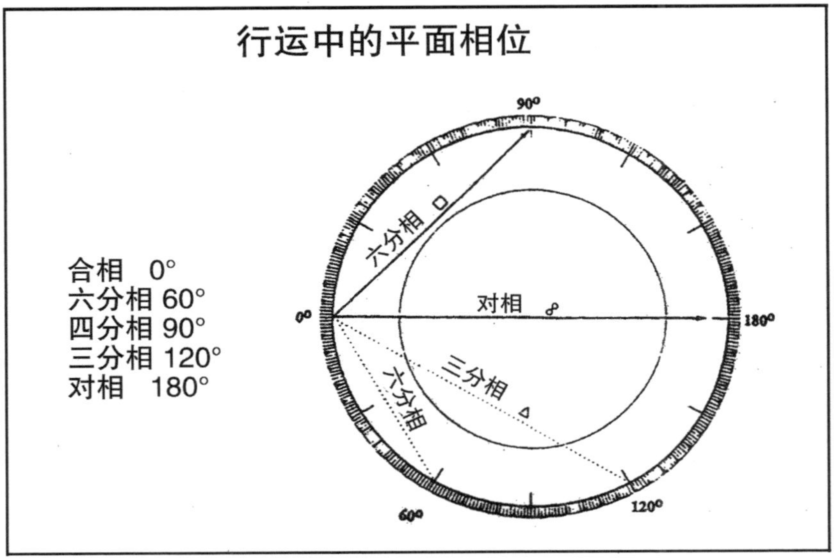

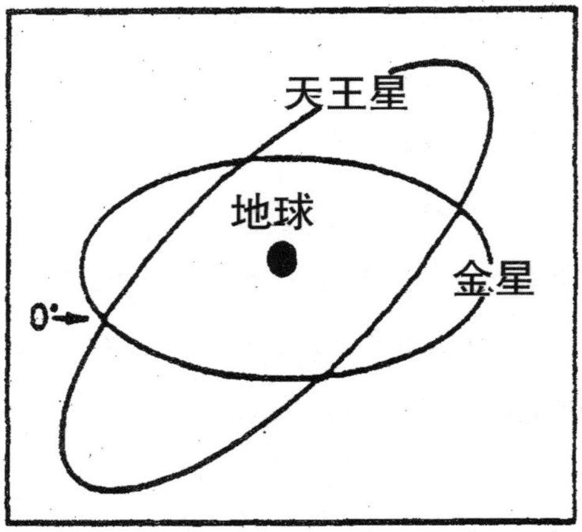

《商品期货交易者年鉴》列出了这些每年发生的相位。

箭头对应1994年发生的金星—天王星的相位。
这是股票市场里非常重要的循环周期：14个相位中的11个相位都处在股票市场的极高点或极低点的位置。

在世界范围内，占星术是一项大产业，许多人根据占星术规划自己的生活。在公元552年召开的君士坦丁堡大公会议上，很多宗教把占星术视为一种科学禁止传播。这就是为什么梵蒂冈储藏着有史以来最杰出的占星术书籍，却不能被公众接触的原因。我对于占星术的兴趣纯出于实用目的。我在寻找交易中的“圣杯”。我真正获得的是一些能运用在交易中，并且远超平均水准的工具。但我的确认为市场的律动受行星的运动控制，这个结论是我基于唐纳德·布拉德利的研究做出的。1947年布拉德利写了《证券市场预测》一书，这本书是介绍如何利用测量各大行星（周期）来提前一年预测证券市场的。布拉德利的模型在整个年度预测证券市场趋势的成功率为70%左右，这其中包括了一些令人称奇的成功预测，比如1987年10月17日的市场大跌，以及1990年伊拉克开战后的市场上涨，1994年1月证券市场的飙升也很好地验证了布拉德利的模型。这个模型的出色之处在于它可以提前数年完成，同时它用行星的测量作为唯一的数据来源。据我所知，没有其他技术系统能够或者将做到这一点。

我对于这些图形的比率和比例，以及它们在宇宙中的起源非常了解。这次我仅做了少量占星学的研究。这些图形能让你获得更多的胜算，同时能容易控制风险。这些是一个交易者十分需要的。

泶音数和震荡数字

我在这本书的开篇引入有关泶音数和震荡数字的章节，目的是让读者开始思考价格的重复和波动。

拒绝和别人分享自己最宝贵的交易秘诀的心思，或许深藏在所有交易者心中。我也不例外。这一章你将学到的内容，是我所认为的技术分析最珍贵的秘藏之一。我所介绍的这些泶音数或者震荡数字，对于预测收益和止损特别有用。每一种商品期货、股票或者是投机工具都有自己独特的震荡数字。这很自然，就像每一个元素在周期表里都有自己的字母一样。专注于某一种投机工具的交易者一直在使用这些数字。他们并不知道为什么，除了注意到这些数字一天天在市场中重复之外。接下来的几页和一些图表将描述这些数字并图解它们的用法。关于这一章必须指出的是：它可能是你作为交易者所能运用的最有效的工具之一。

我对这些泶音数或者震荡数字的兴趣始自 1979 年，当时我在南加里福尼亚州的德崇证券做期货部主管。吉姆·特温迪曼和我一起工作，他的办公室就在我的办公室旁边。我们俩的办公室之间有一个小窗户，所以我们不需要电话就能交谈。吉姆刚刚从康帝期货公司离职进入我们公司，之前他是那里的一个非常成功的经纪人。现在他帮助我管理我的期货交易顾问公司，A. V. M 联合公司。1977 年吉姆买了台王安电脑做关于周期和数字的研究，他也曾经休过两年假来研究传奇交易者 W. D. 江恩的著作。

我有幸进入位于西洛杉矶投资中心书店的图书馆。这个图书馆储藏有我所见过的最精美的藏品。任何我曾经听过的书都可以在这里找到，包括一些 20 世纪 20 年代和 20 世纪 30 年代关于占星学和古老技术分析的珍本书。一旦你读了这些年代久远的古籍，你将意识到技术分析仅仅更新了一小部分内容。更确切地说，现在有新概念和新思维，但是大多数当前的书中蕴涵的思想都可以追溯到早期的交易者。我认为你将赞同把泄音数和震荡数字放进“新概念”的范畴。

类比法能通过最简单的方法解释泄音数字在交易中起作用的原因。假如你往水池里扔进了一块石头，当石头砸入水中的时候，水波将从撞击的中心位置向四周震荡，直到石头砸入水中的冲击消散。这里有三个因素决定水波的扩散性和持续时间：1. 石头进入水中的高度；2. 石头的重量；3. 水的深度（请参见下面的插图）。

市场对冲击的反应与此类似。通常，一个新的声明或者定期发布的经济报告将影响投机市场。目前，国民生产总值、就业数据、生产者物价指数和消费者物价指数，还有其他许多经济数据，都会影响金融市场。老练的交易者清晰地记得货币供应数据 M1 和 M2 是如何每周冲击金融市场的。现在你必须搜索并找到这些经济数据。不久，一个经济基本面的新主导因素将会出现，而目前的主导因素将会成为历史。

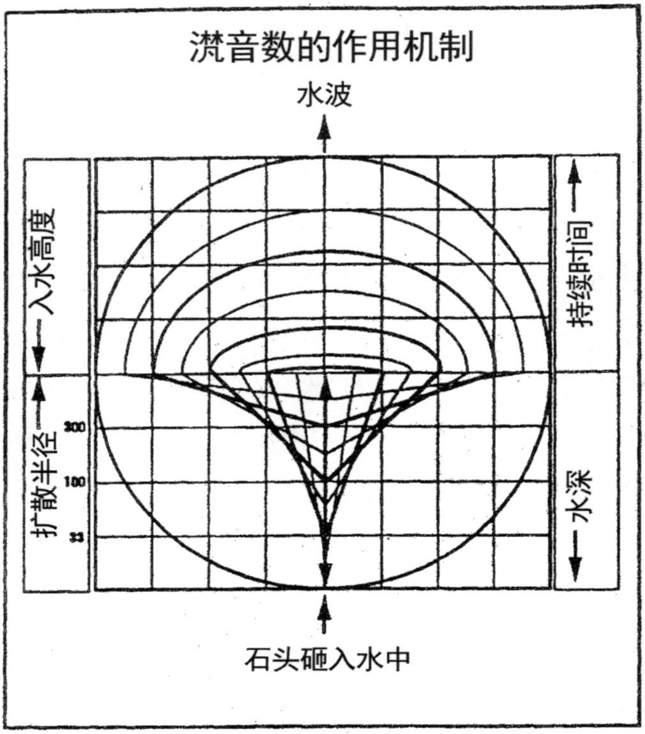

吉姆·特温迪曼痴迷于研究当前数据，他拥有我所见过的最好的数据，完美无缺！吉姆和我曾经把所有的主要商品按 5 分钟价格波动图分类。我们在 1985 年完成了对标普的数据分析。我们把主要商品的每一条 5 分钟线数据输入王安电脑里，然后电脑开始检索这个价格波动的价值并报告每一次价格波动的频率分布。当偏态分布的时候你将会得到一个泊松分布以及你的第一个澂音数或震荡数字的暗示。很明显，你唯一能证明这个理论的方法就是观察几千个图表来确定假设是否成立。我们测试了这个方法，发现它的精确度令人满意，并且在技术分析中十分有用。

技术分析专家们一致认为图表分析就相当于查看一份路线图。这里有一个X轴和一个Y轴：图表专家们用X轴表示时间，Y轴表示价格。当观察坐标的时候，你知道价格和时间相交的那一点。这个信息并不能告诉你接下来将要发生什么，没有任何东西能做到这一点。它所能告诉你的是，在这一时刻一个模式或许已经形成。我目前使用的“神经网络”只能做到这一点；同时泧音数字帮助我做出这个估计。它已经把这些模式按时间和价格进行了分类。作为一名交易者，我必须决定何时进场、何时出场，这就是交易的全部。然后我问自己两个问题：1. 市场上是否有模式和比例信号存在？2. 我能承担得了这个风险么？如果对这两个问题的答案都是“是的”，那么我就进行交易。没有人能预料哪一个交易会取得成功。这是一场关于胜算的游戏，但可能性和结果在我的掌控中。

你使用泧音数字的唯一方式，就是仔细检查一个接一个的例子，看看他们是如何起作用——他们的确有效！在过去，透露像这些数字这么重要的东西曾经是我的困扰。吉姆·特温迪曼用一句独创的话让我放下心来：“挑战人性——自己做工作！”这句话是总结！大多数交易员想让别人为他们做工作。这是不是懒惰、缺少责任心与工作热忱？我真不知道。但我的确知道，只有10%～15%的读者将实际深入研究日内图表，以证明这些泧音数字的价值。

这里阐述的泧音数字都是我确定有效的。（关于如何发现震荡数字有一条明显线索，如果你感兴趣的话我将在本章结尾告诉你）

在斐波那契数列求和的混沌中发现的秩序

过去很多年，我发现把任何市场都视作一个从某些能量点震荡的方法十分有帮助。过去发生的事情对预测未来价格运动十分有帮助。斐波那契数列求和与混沌理论是相关的。在市场运动的混沌中，有一些可以辨认的模式经常出现。可以用下列的例子来描述斐波那契数列的一个不同寻常的特性：取任意两个从 1 到无限的数字，任何两个都可以，但我以 124 和 963 开始。注意当你做以下事情时发生了什么。对它们求和：

	124
	+963
1.	1087
	+963
2.	2050
	+1087
3.	3137
	+2050
4.	5187
	+3137
5.	8324
	+5187
6.	13511
	+ 8324
7.	21835
	+13511
8.	35346

当你用第七个洮音震荡数字除第八个洮音震荡数字，你将得到这个数字等于 0. 618

$$\frac{21835}{35346}=0.618$$

一旦达到第八个数字，后面数字间的比例将几乎保持不变一直到无限。这是一个关于两个不相干的数字如何在未来互相联系的极好范例。价格和时间图形在重复的时候同样显示出这一特质。S&P 标普 500 共有 5 个洮音数——3 个首要的和 2 个次要的。次要洮音数在强势市场中十分重要。首要洮音数是：270 点、350 点和 540 点。次要洮音数是 170 点和 110 点。

美国长期国债　长期国债的洮音数是 20 点。如果长期国债波动超过 20 点那么它就很可能波动到 40 点。在强势市场中，我们将会看到洮音数的倍数出现。(例如 2×20，3×20，4×20)。

白银　白银的首要洮音数是 18 美分和 36 美分，次要洮音数是 12 美分。

小麦　小麦的洮音数是 17 美分和 11 美分。在强势市场中我们将会看到 17 美分和 11 美分的倍数出现。

大豆　大豆的洮音数是 18 美分和 36 美分。

黄金　黄金的洮音数是 17 美元和 11 美元。

瑞士法郎和德国马克　瑞士法郎和德国马克的洮音数是 27 点和 54 点。瑞士法郎有一个次要的洮音数 81 点（27+54）。

原油　原油的洮音数是 44 点和 88 点。

道·琼斯工业指数　道指总共有 3 个洮音数：2 个主要的（35 和 105）以及一个次要的（70）。

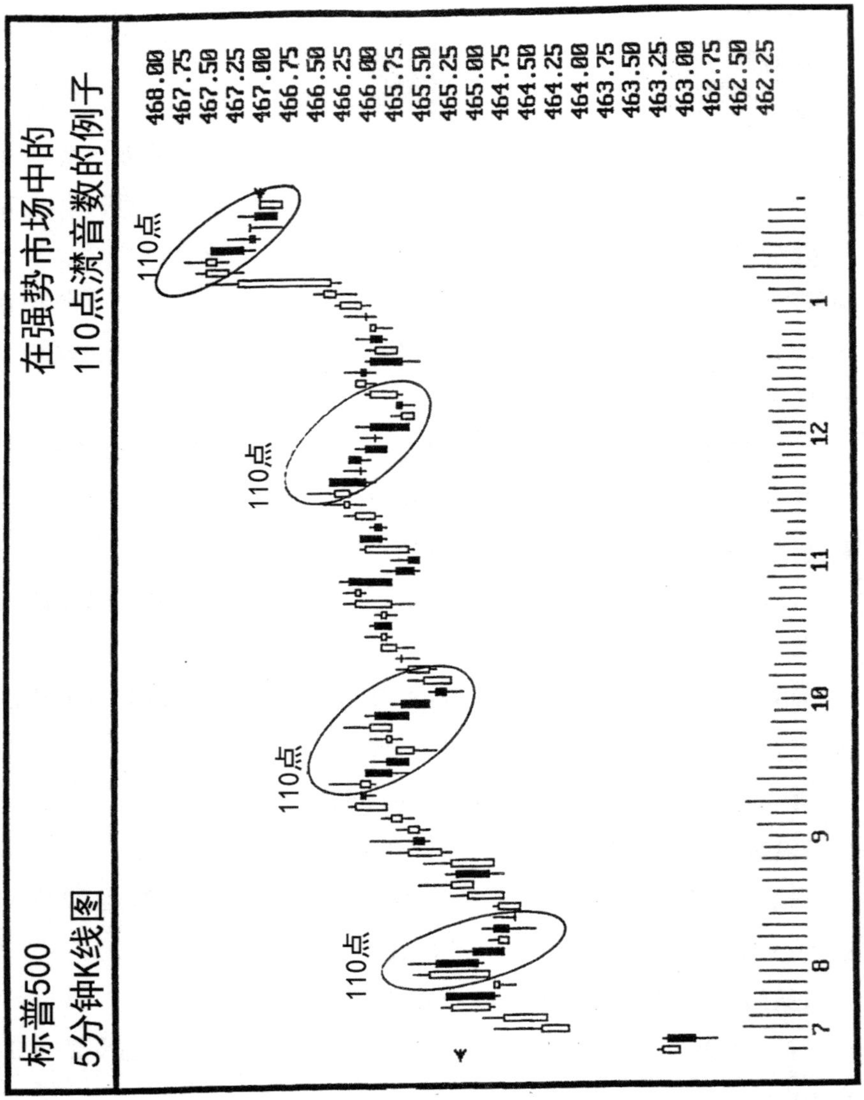
标普500
5分钟K线图
在强势市场中的
110点
110点
110点
110点
468.00
467.75
467.50
467.25
467.00
466.75
466.50
466.25
466.00
465.75
465.50
465.25
465.00
464.75
464.50
464.25
464.00
463.75
463.50
463.25
463.00
462.75
462.50
462.25
7
8
9
10
11
12
1

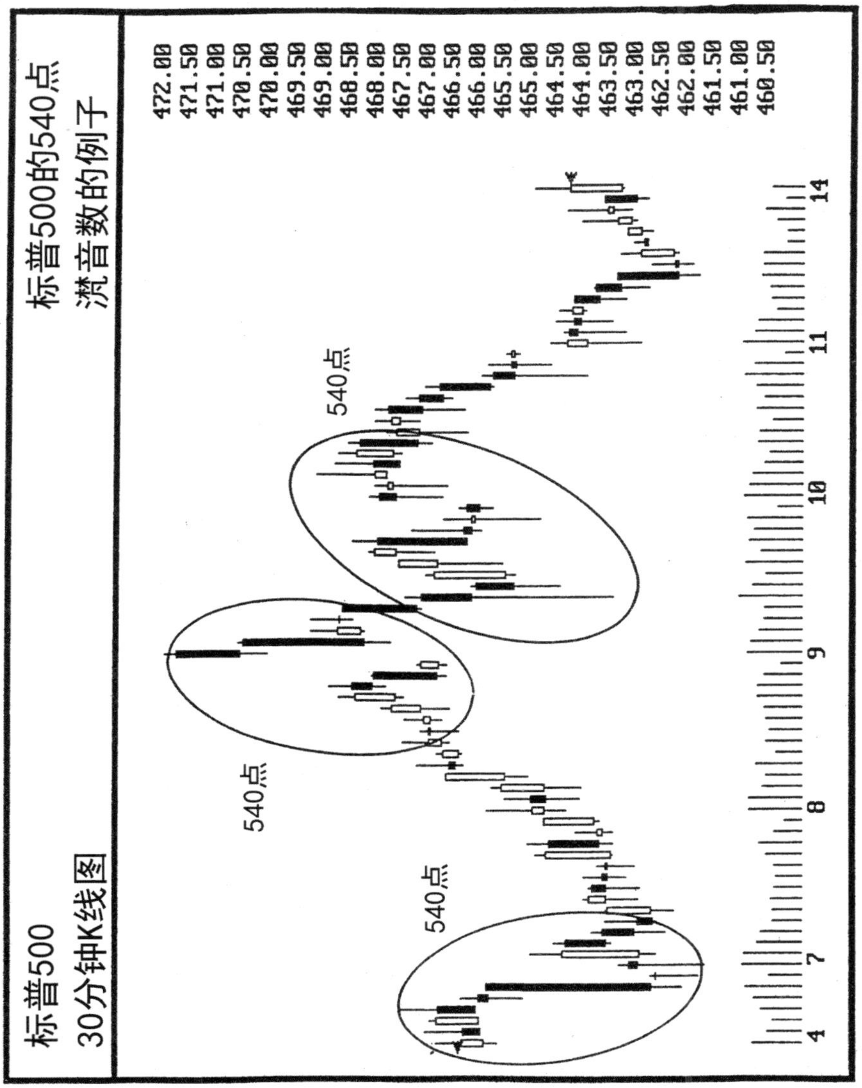
标普500
30分钟K线图
标普500的540点
泛音数的例子
540点
540点
540点
472.00
471.50
471.00
470.50
470.00
469.50
469.00
468.50
468.00
467.50
467.00
466.50
466.00
465.50
465.00
464.50
464.00
463.50
463.00
462.50
462.00
461.50
461.00
460.50
4
7
8
9
10
11
14

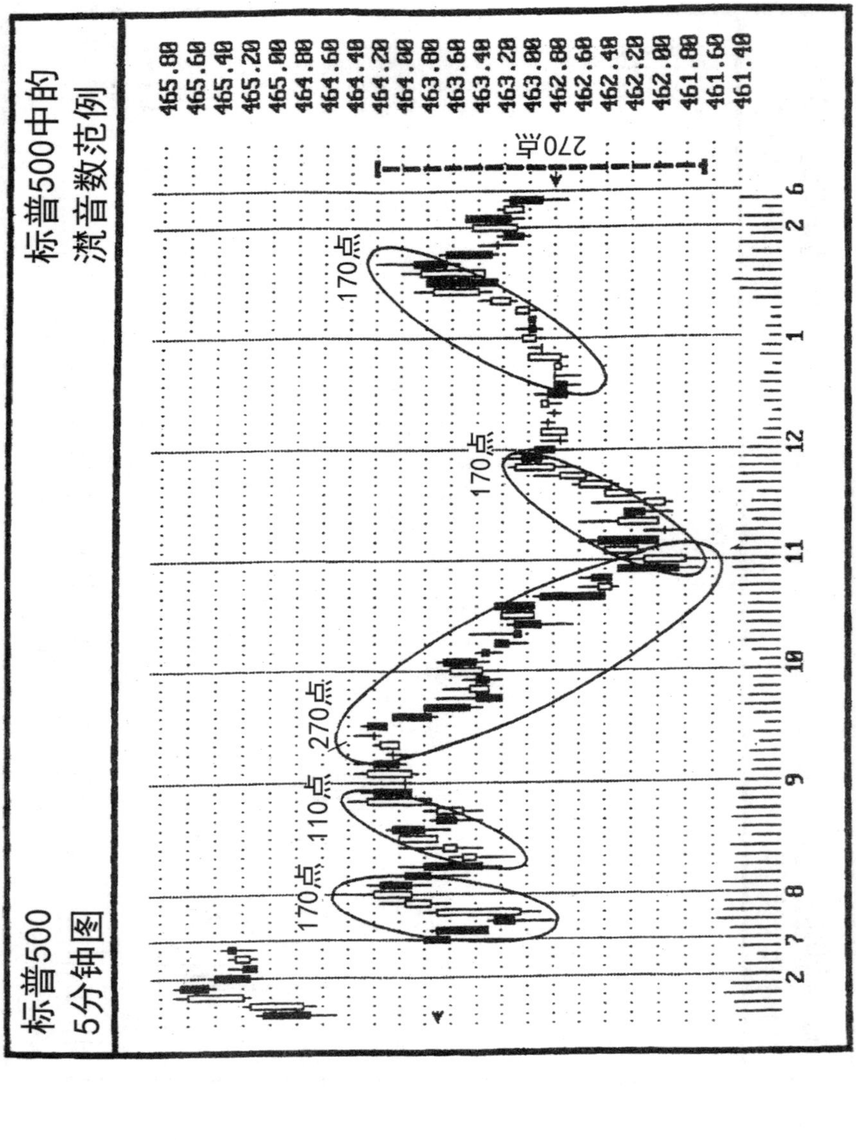
标普500
5分钟图
标普500中的
170点
110点
270点
170点
170点
270点
465.80
465.60
465.40
465.20
465.00
464.80
464.60
464.40
464.20
464.00
463.80
463.60
463.40
463.20
463.00
462.80
462.60
462.40
462.20
462.00
461.80
461.60
461.40

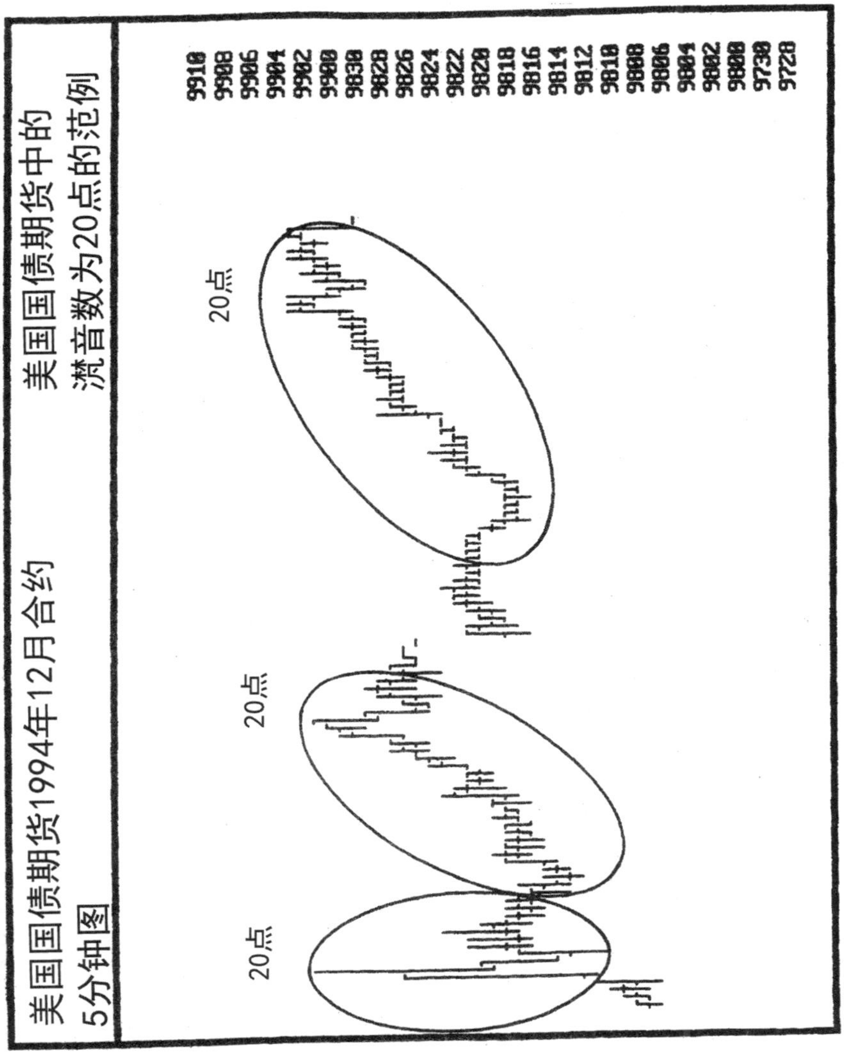
美国国债期货1994年12月合约
5分钟图
美国国债期货中的
溦音数为20点的范例
20点
20点
20点
9910
9908
9906
9904
9902
9900
9830
9828
9826
9824
9822
9820
9818
9816
9814
9812
9810
9808
9806
9804
9802
9800
9730
9728

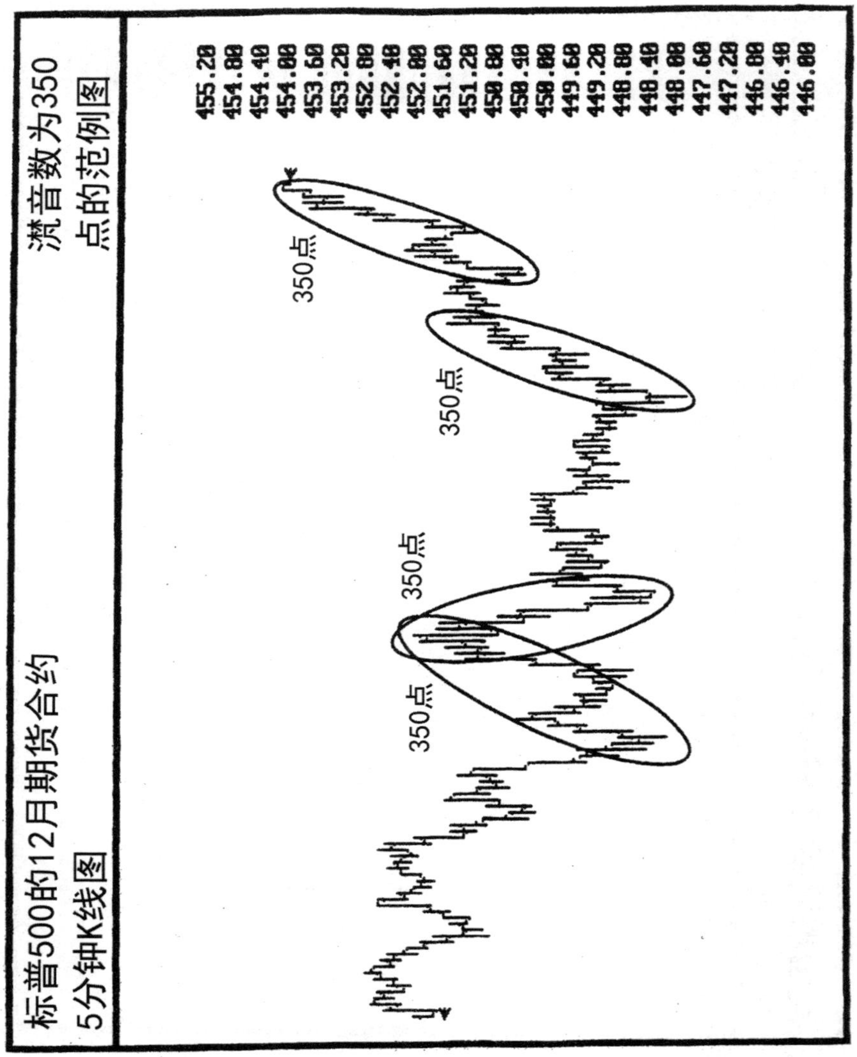
标普500的12月期货合约
5分钟K线图
潸音数为350
点的范例图
350点
350点
350点
350点
455.20
454.80
454.40
454.00
453.60
453.20
452.80
452.40
452.00
451.60
451.20
450.80
450.40
450.00
449.60
449.20
448.80
448.40
448.00
447.60
447.20
446.80
446.40
446.00

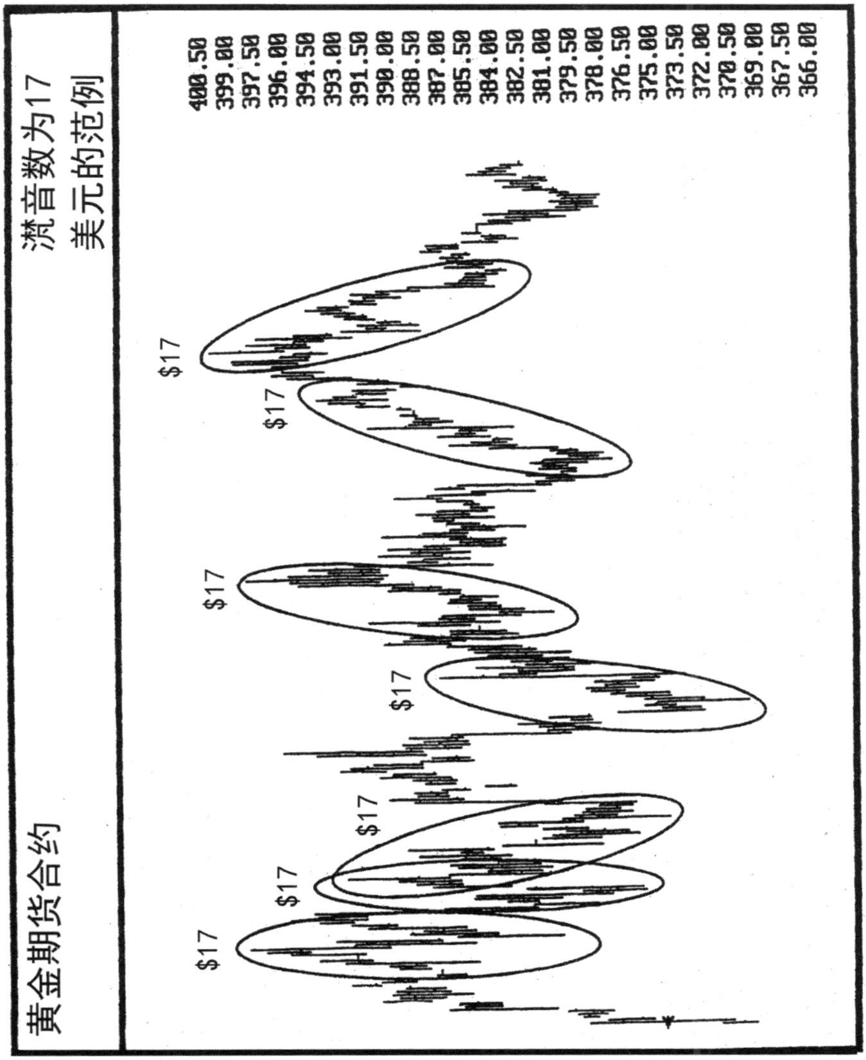
黄金期货合约
潸音数为17
美元的范例
$17
$17
$17
$17
$17
$17
$17
400.50
399.00
397.50
396.00
394.50
393.00
391.50
390.00
388.50
387.00
385.50
384.00
382.50
381.00
379.50
378.00
376.50
375.00
373.50
372.00
370.50
369.00
367.50
366.00

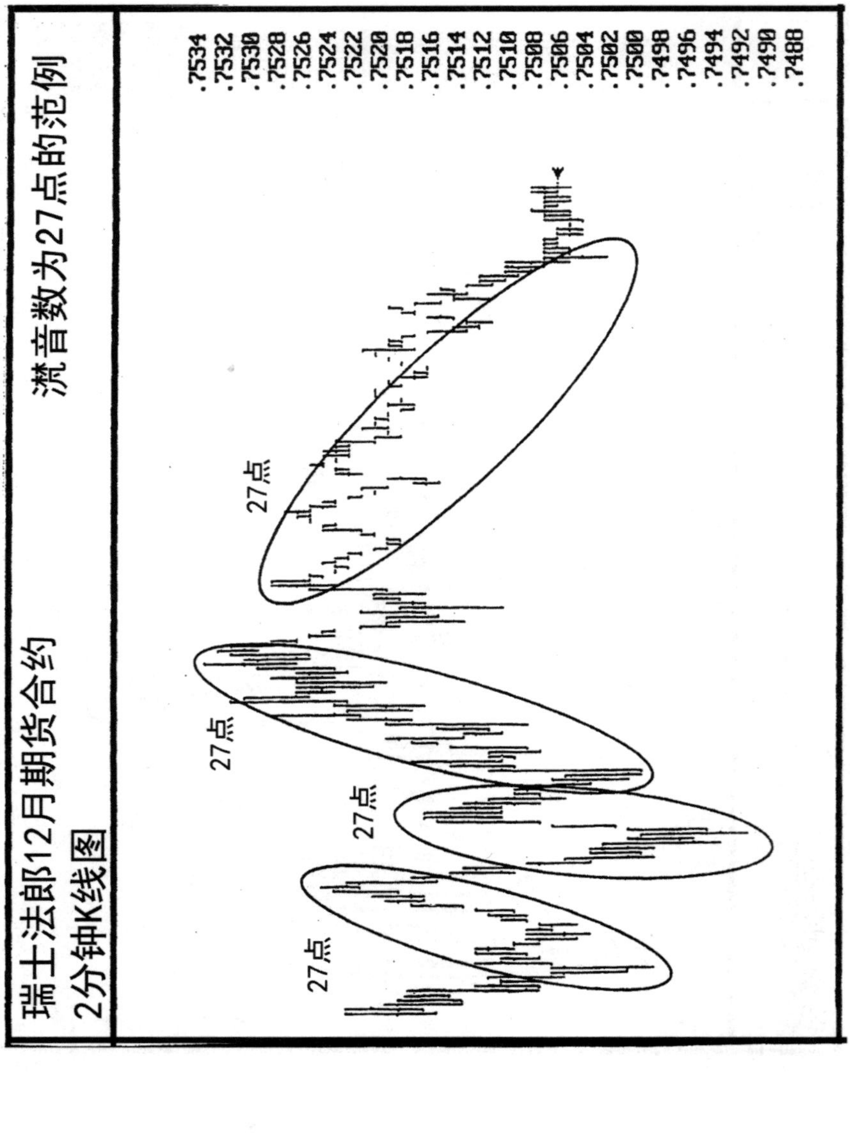
瑞士法郎12月期货合约
2分钟K线图
27点
27点
27点
27点
.7534
.7532
.7530
.7528
.7526
.7524
.7522
.7520
.7518
.7516
.7514
.7512
.7510
.7508
.7506
.7504
.7502
.7500
.7498
.7496
.7494
.7492
.7490
.7488

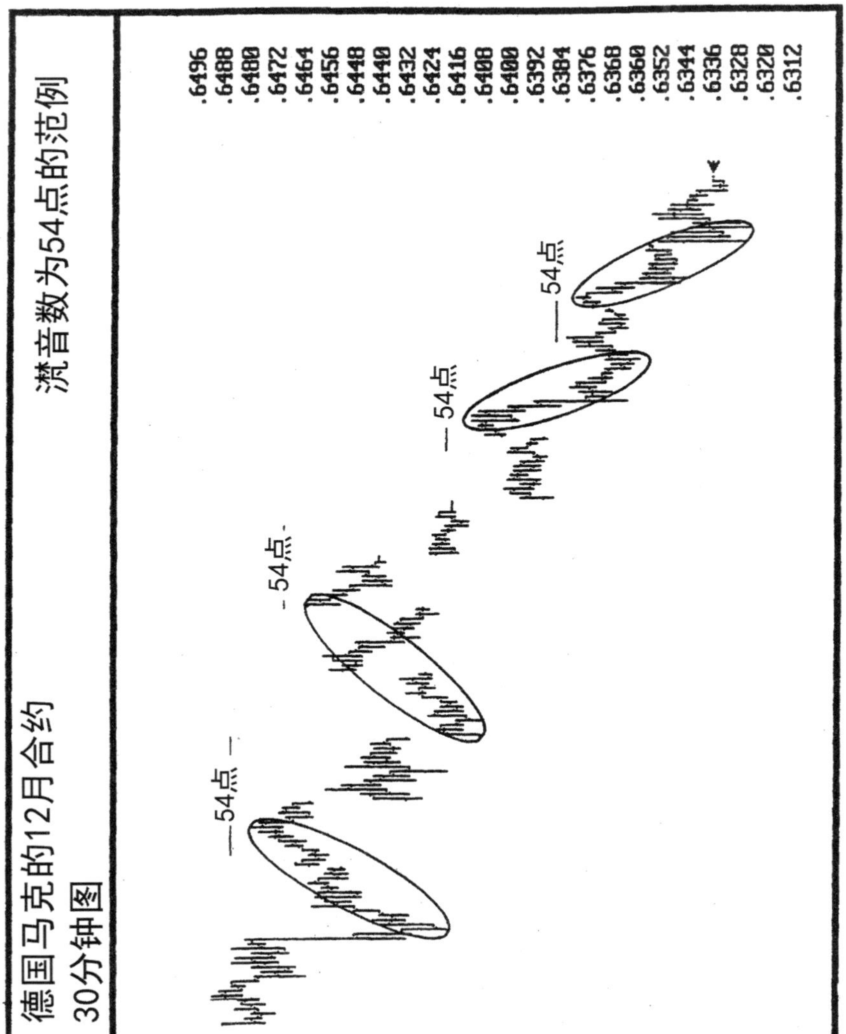
德国马克的12月合约
30分钟图
溦音数为54点的范例
54点
54点
54点
54点
.6496
.6488
.6480
.6472
.6464
.6456
.6448
.6440
.6432
.6424
.6416
.6408
.6400
.6392
.6384
.6376
.6368
.6360
.6352
.6344
.6336
.6328
.6320
.6312

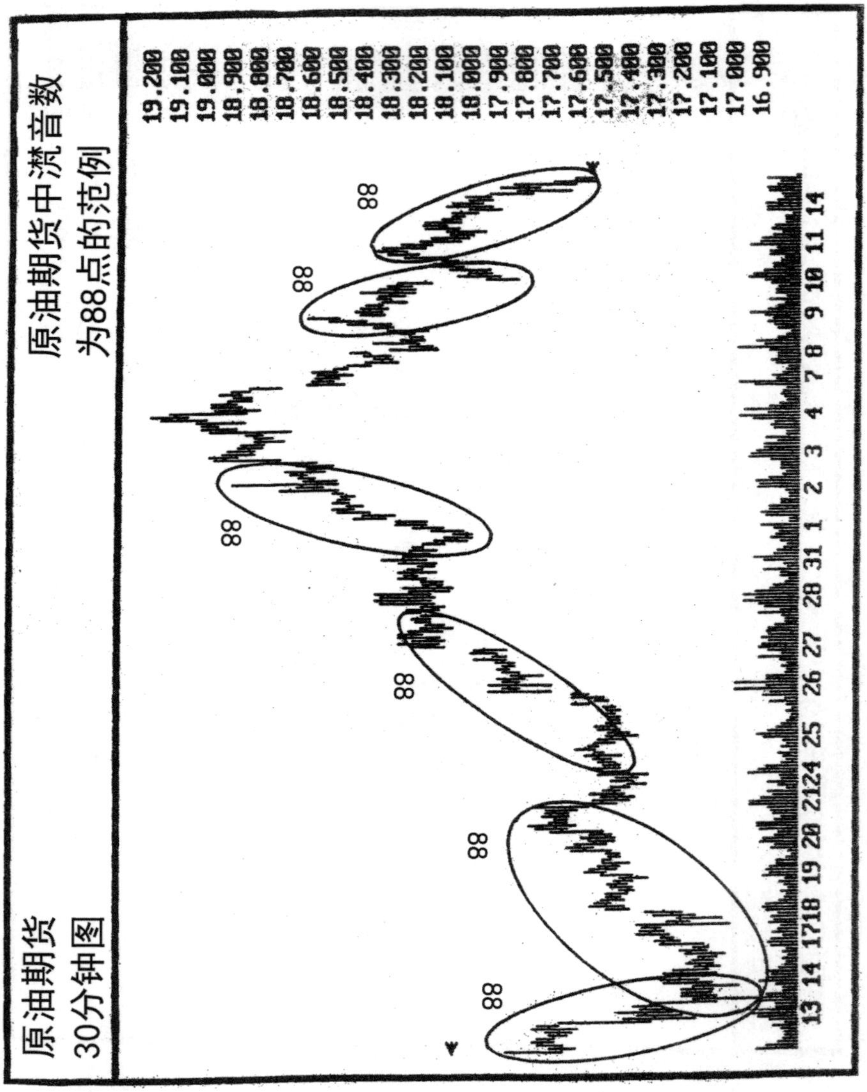
原油期货
30分钟图
原油期货中潆音数
为88点的范例
88
88
88
88
88
88
19.200
19.100
19.000
18.900
18.800
18.700
18.600
18.500
18.400
18.300
18.200
18.100
18.000
17.900
17.800
17.700
17.600
17.500
17.400
17.300
17.200
17.100
17.000
16.900
13 14 1718 19 20 2124 25 26 27 28 31 1 2 3 4 7 8 9 10 11 14

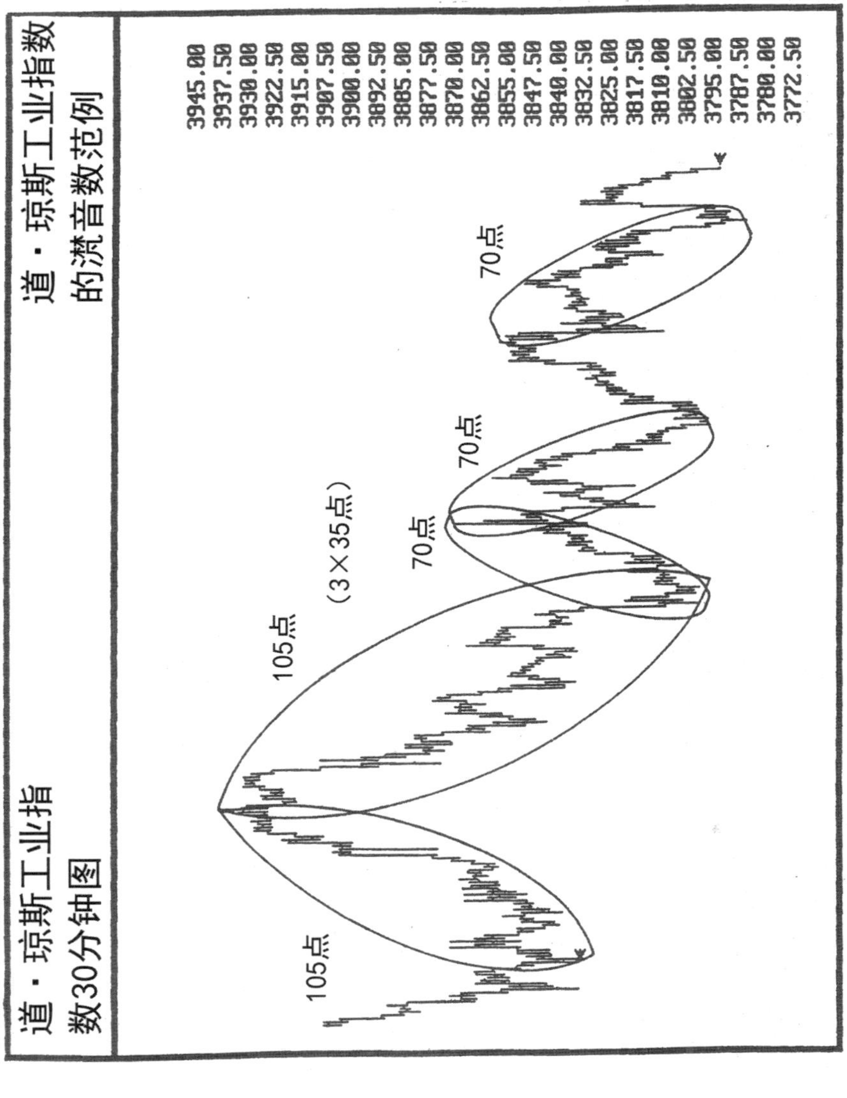
道·琼斯工业指数30分钟图
道·琼斯工业指数的泚音数范例
105点
105点
(3×35点)
70点
70点
70点
3945.00
3937.50
3930.00
3922.50
3915.00
3907.50
3900.00
3892.50
3885.00
3877.50
3870.00
3862.50
3855.00
3847.50
3840.00
3832.50
3825.00
3817.50
3810.00
3802.50
3795.00
3787.50
3780.00
3772.50

重要比例（1—5 的神圣比例）		
比例	来源	倒数
1.000	$=\sqrt{1}$	=1.000
1.272	$=\sqrt{1.618}$	=0.786
1.4142	$=\sqrt{2}$	=0.707
1.618	$=\Phi$ *	=0.618
1.732	$=\sqrt{3}$	=0.577
2.000	$=\sqrt{4}$	=0.500
2.236	$=\sqrt{5}$&Φ　1/Φ	=0.447

这些比例在宗教意义上并不“神圣”，但对几何研究来说它们是神圣的。每一个能想象到的价格波动，都可以用这些比例中的某一个来解释。对于我的交易模型，你只需要寻找 5 个比例：0.618、0.786、1.00、1.27 和 1.618。

如果你知道你正在交易的市场正在向 0.707 或者 1.414 摆动，而不是 0.618 或者 1.618，那对于交易将是非常有帮助的。

寻找为什么市场没有形成上述 5 个比例中的任何一个的原因，对于判断市场的走势十分重要。下面的图表就是$\sqrt{2}$和 $1/\sqrt{2}$的例子。

* Φ 为黄金数，黄金的比例，$\Phi=(1+\sqrt{5})/2$。

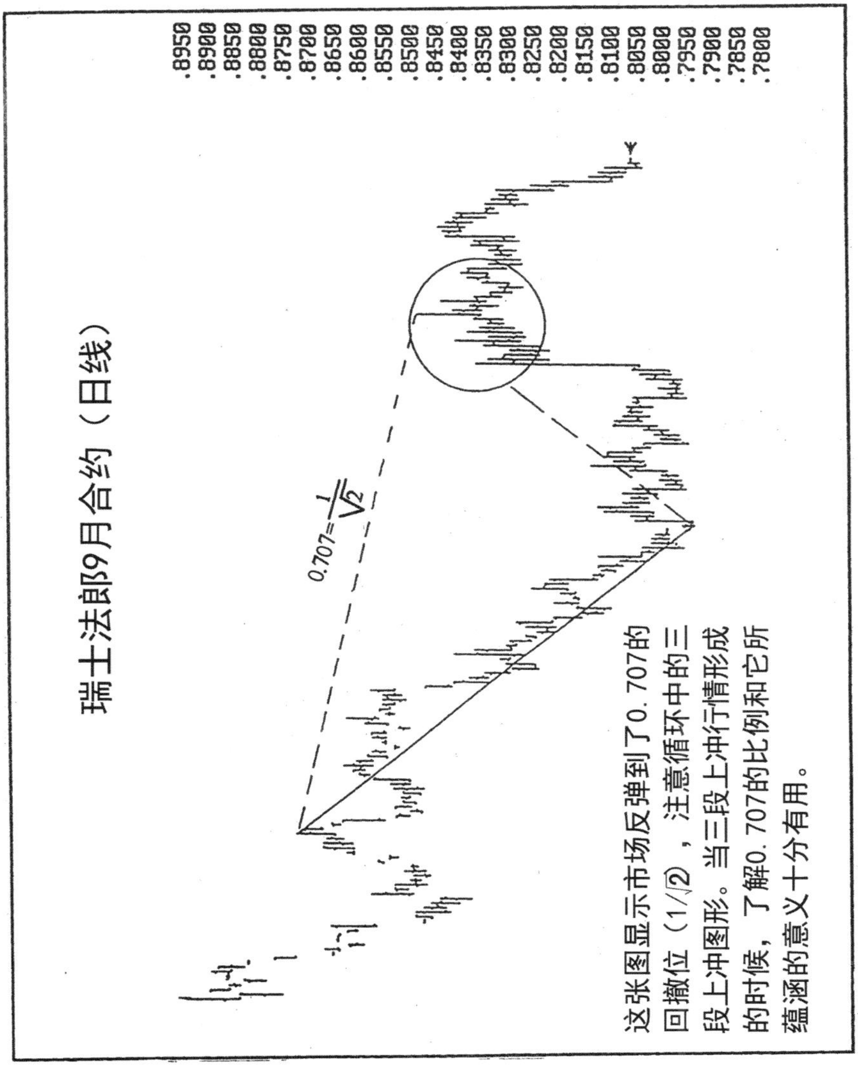
瑞士法郎9月合约（日线）
.8950
.8900
.8850
.8800
.8750
.8700
.8650
.8600
.8550
.8500
.8450
.8400
.8350
.8300
.8250
.8200
.8150
.8100
.8050
.8000
.7950
.7900
.7850
.7800
0.707=1/√2
这张图显示市场反弹到了0.707的回撤位（1/√2），注意循环中的三段上冲图形。当三段上冲行情形成的时候，了解0.707的比例和它所蕴涵的意义十分有用。

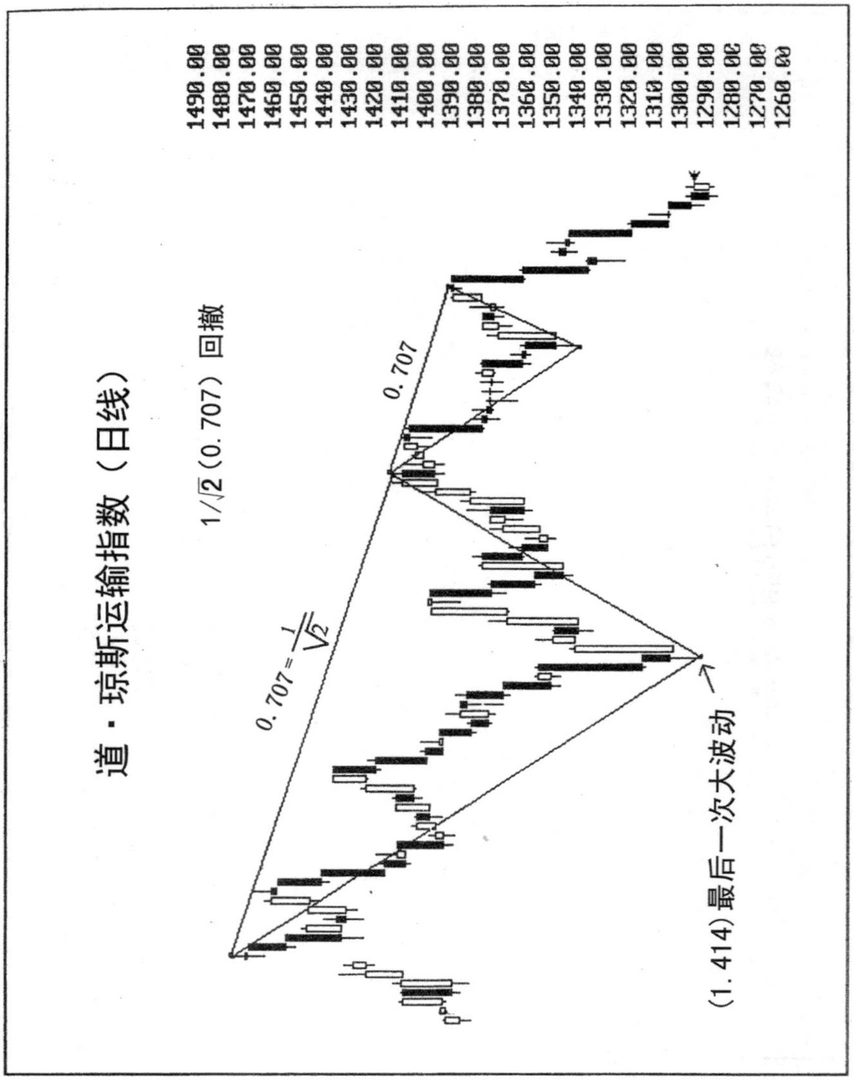
道·琼斯运输指数（日线）
1/√2（0.707）回撤
0.707 = 1/√2
0.707
(1.414)最后一次大波动
1490.00
1480.00
1470.00
1460.00
1450.00
1440.00
1430.00
1420.00
1410.00
1400.00
1390.00
1380.00
1370.00
1360.00
1350.00
1340.00
1330.00
1320.00
1310.00
1300.00
1290.00
1280.00
1270.00
1260.00

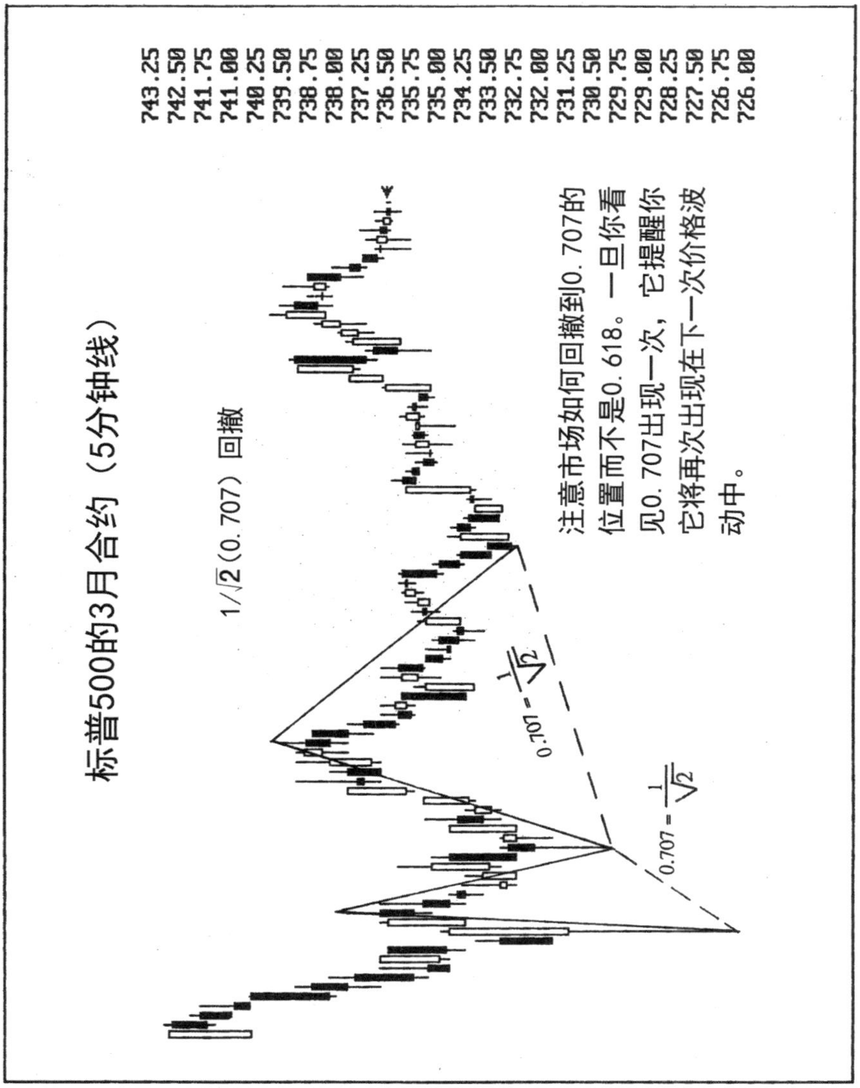

标普500的3月合约（5分钟线）
1/√2（0.707）回撤
743.25
742.50
741.75
741.00
740.25
739.50
738.75
738.00
737.25
736.50
735.75
735.00
734.25
733.50
732.75
732.00
731.25
730.50
729.75
729.00
728.25
727.50
726.75
726.00
注意市场如何回撤到0.707的位置而不是0.618。一旦你看见0.707出现一次，它提醒你它将再次出现在下一次价格波动中。
0.707 = 1/√2
0.707 = 1/√2

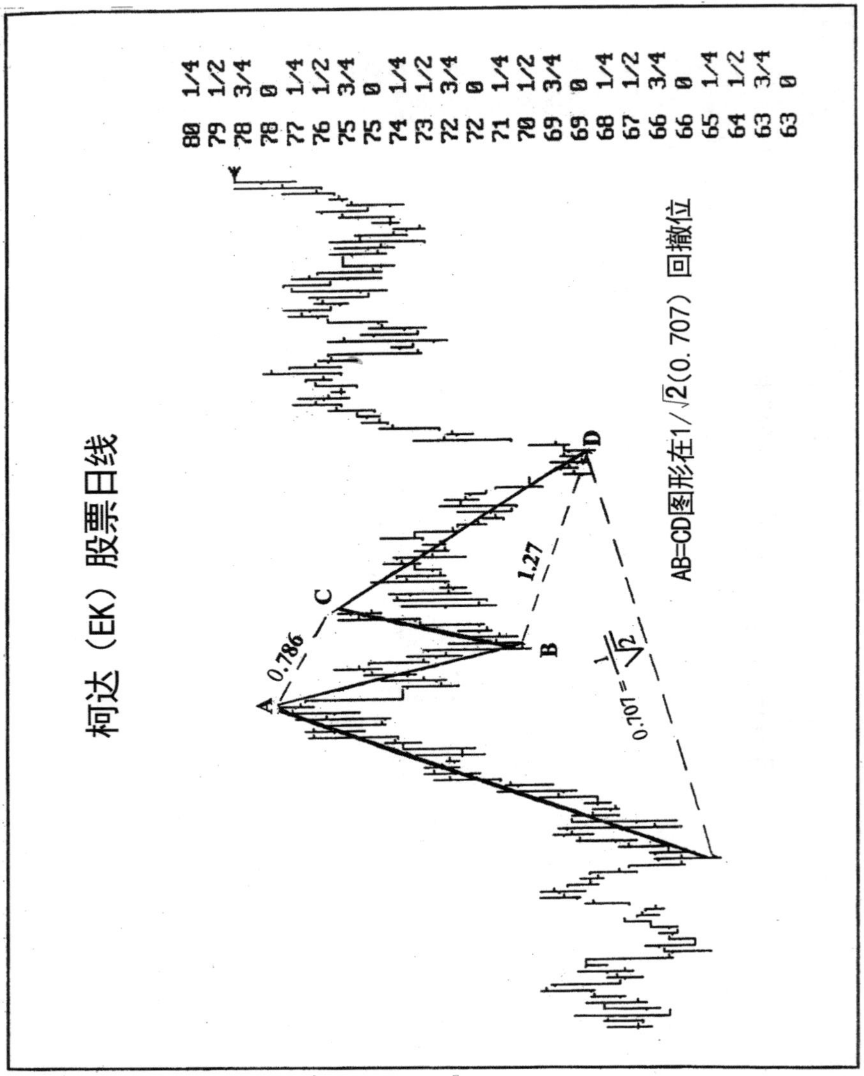
柯达（EK）股票日线
80 1/4
79 1/2
78 3/4
78 0
77 1/4
76 1/2
75 3/4
75 0
74 1/4
73 1/2
72 3/4
72 0
71 1/4
70 1/2
69 3/4
69 0
68 1/4
67 1/2
66 3/4
66 0
65 1/4
64 1/2
63 3/4
63 0
A
B
C
D
0.786
1.27
$0.707=\frac{1}{\sqrt{2}}$
AB=CD图形在1/√2(0.707) 回撤位

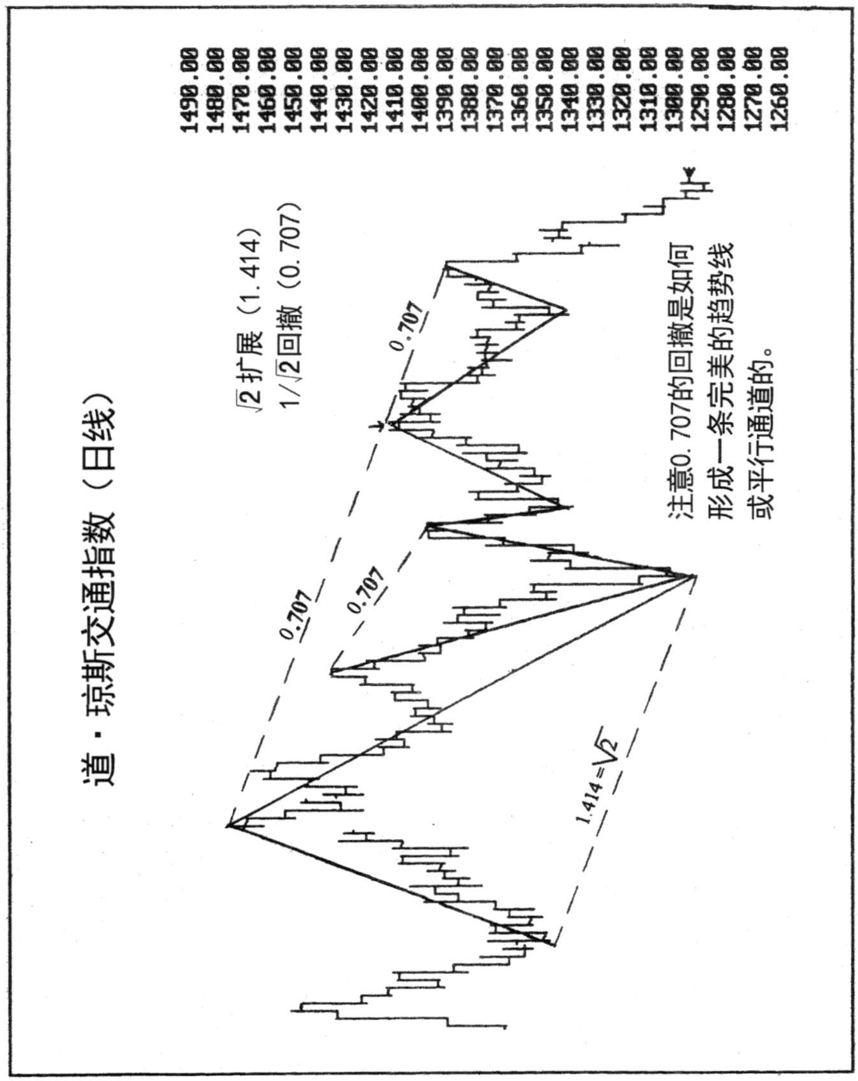
道・琼斯交通指数（日线）
√2扩展（1.414）
1/√2回撤（0.707）
0.707
0.707
0.707
1.414=√2
注意0.707的回撤是如何
形成一条完美的趋势线
或平行通道的。
1490.00
1480.00
1470.00
1460.00
1450.00
1440.00
1430.00
1420.00
1410.00
1400.00
1390.00
1380.00
1370.00
1360.00
1350.00
1340.00
1330.00
1320.00
1310.00
1300.00
1290.00
1280.00
1270.00
1260.00

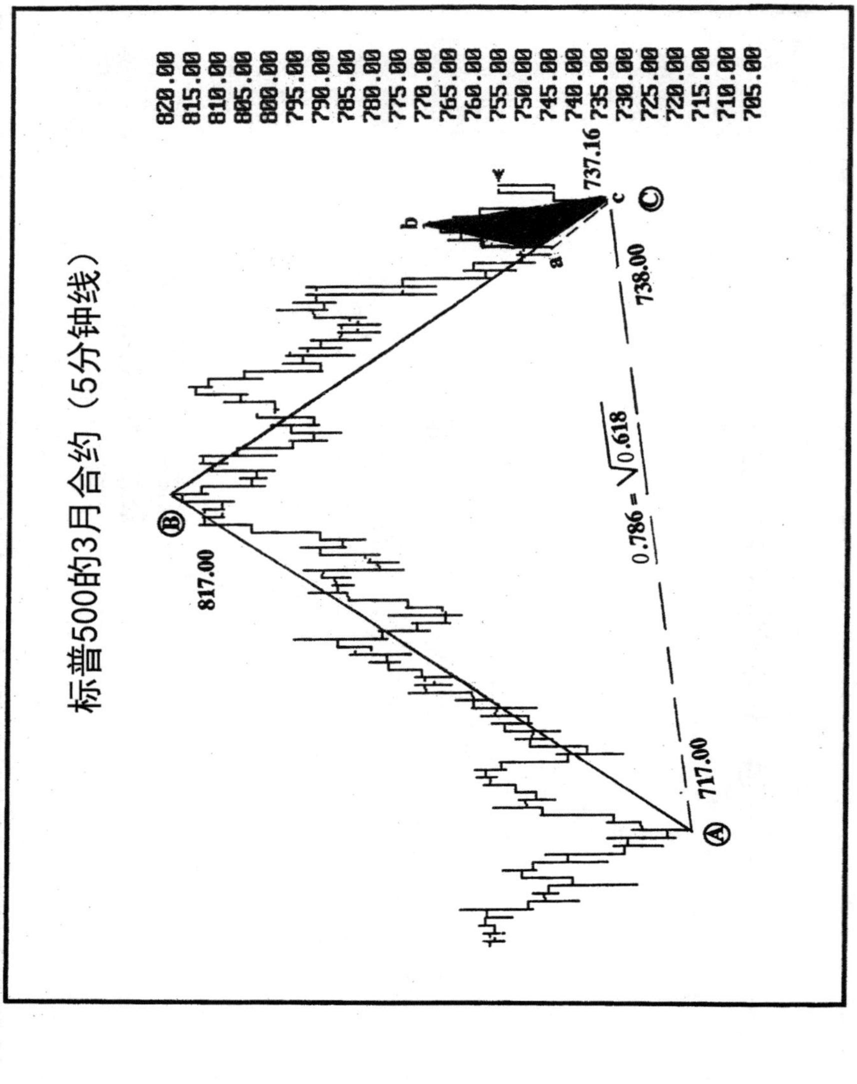
标普500的3月合约（5分钟线）
817.00
717.00
737.16
738.00
0.786 = √0.618
a
b
c
820.00
815.00
810.00
805.00
800.00
795.00
790.00
785.00
780.00
775.00
770.00
765.00
760.00
755.00
750.00
745.00
740.00
735.00
730.00
725.00
720.00
715.00
710.00
705.00

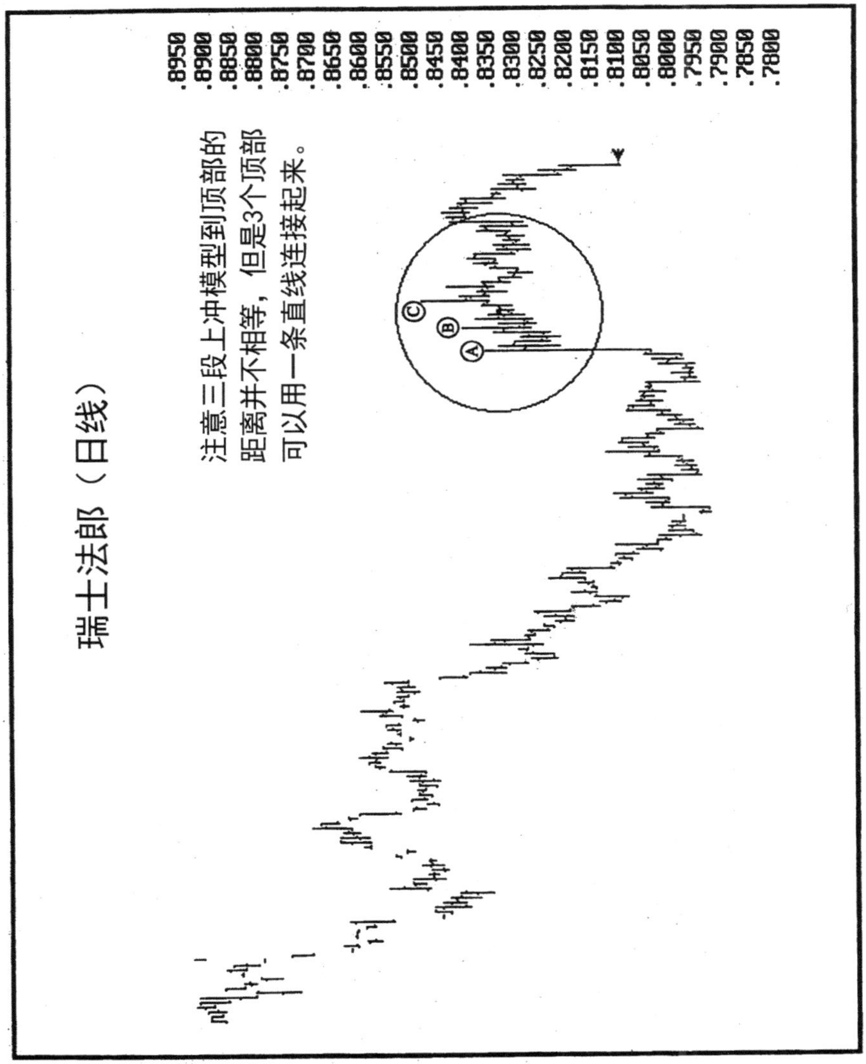
瑞士法郎（日线）
注意三段上冲模型到顶部的距离并不相等，但是3个顶部可以用一条直线连接起来。
C
B
A
.8950
.8900
.8850
.8800
.8750
.8700
.8650
.8600
.8550
.8500
.8450
.8400
.8350
.8300
.8250
.8200
.8150
.8100
.8050
.8000
.7950
.7900
.7850
.7800

价格图表的几何特性

技术分析专家们利用价格图表来解释市场最有可能的下一步动作是什么。让我们参考以下图形：

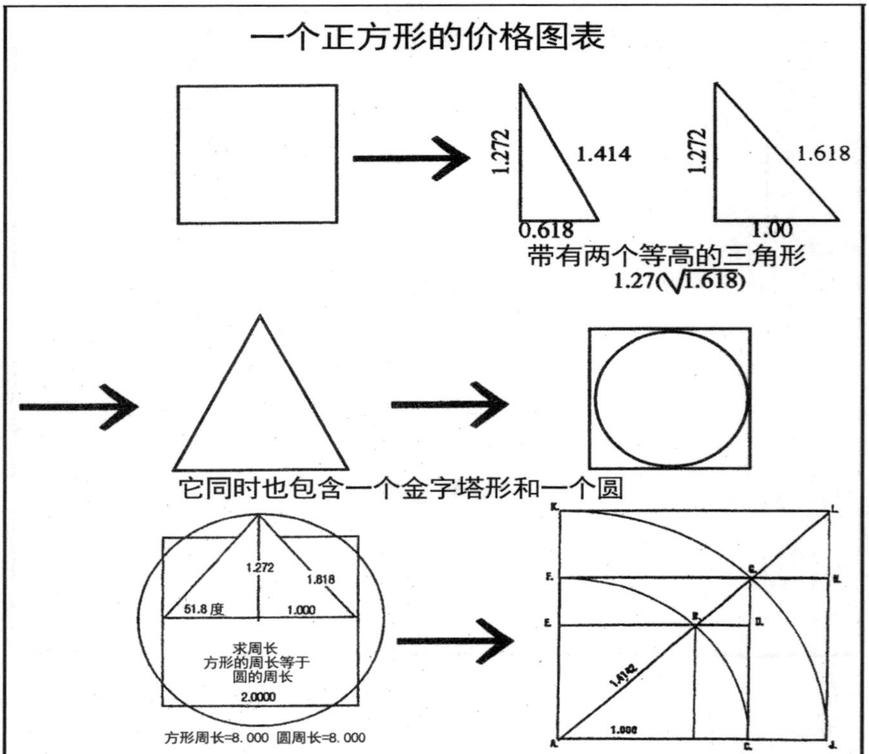

几何原理

哲学几何

古老的哲学家们教学生们神圣几何以发展学院的洞察力。

从无限的纷乱无序中，到无止境的互相关联的数组形式中，几何试图重新抓住那些有序的运动，同时在重新创造这种从 1 到 2 的神秘过程中，呈现出图形上的可行性。

神圣几何的实践是一种自我发展的必不可少的技术。

几何解决单纯的形式，哲学几何从前一种形式中重新演化出每种形式的演变。

比例规则

我们今天已经知道了数学里蕴涵的自然法则起源于宇宙。人类并没有发明数学，只是通过对行星的研究发现了它。

世界第七大奇迹吉萨金字塔的结构中隐藏了我们需要知道的所

有数学“秘密”。

金字塔是地球、月球和它们围绕太阳公转的图形表现。金字塔显示出正方形、圆形和黄金分割之间的约束关系。

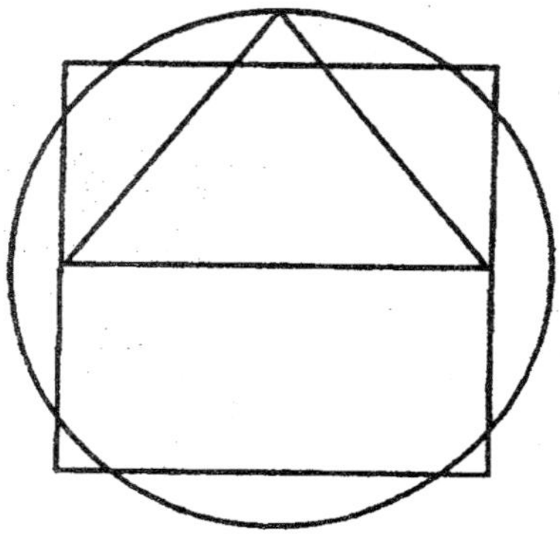

现代科学研究已经确认了月球和地球之间的距离。

月球的半径是 1080 英里，地球的半径是 3960 英里。两者相加得 5040 英里（此数为柏拉图神秘的日历天数，即相当于 720 周*，360 的两倍，240 的 3 倍，180 的 4 倍，144 的 5 倍，90 的 8 倍）。

一个正方形环绕着一个圆表示地球有 4 边，每条边与地球的直径相等，例如 3960×2 或 7920 英里。这个正方形的周长为 31680 英里（7920 的 4 倍，720 的 44 倍，360 的 88 倍，240 的 132 倍，180 的 176 倍，144 的 220 倍，90 的 352 倍）。

如果把地球和月亮紧挨着放在一起，它们两个中心之间的距离将等于半径的和，例如 3960 加上 1080，等于 5040 英里。如果以 5040 为半径画一个圆，它的周长将等于 2πr 或者是 2×22/7×5040，等于 31680。

圆周的长度和正方形周长的比例关系是 1.000：1.000。

---

* 5040＝7×720

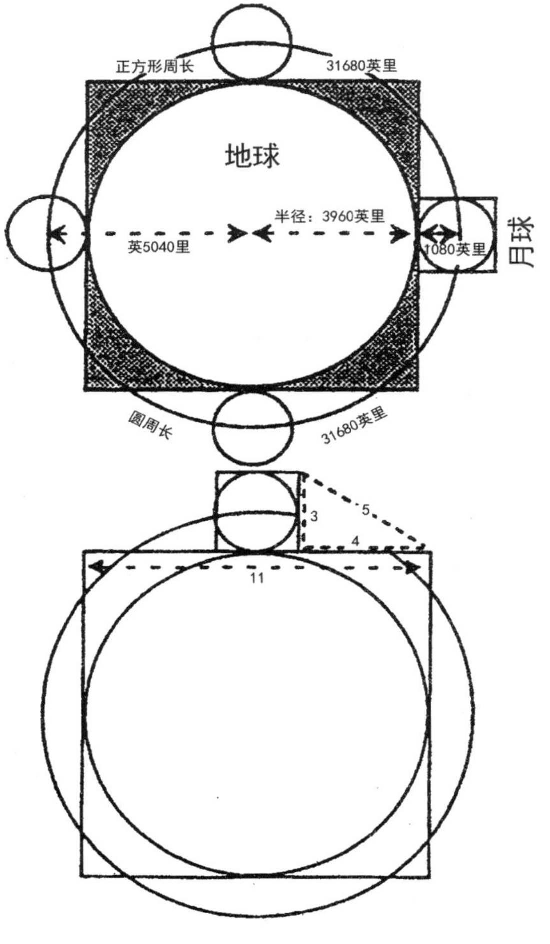

用正方形框住圆形是大家都知道的几何练习。π 是毕达哥拉斯用来测量圆或球形的。π 的小数形式是无理数 3. 14159。

圆的半径 5040（1080 + 3960）与地球半径的比例，相当于 5040：3960或 1. 2727：1。1. 272 是数学上 1. 618 的平方根。

使用上图中圆形的半径 5040 和上图中正方形边长的一半，例如地球的半径 3960，来计算直角三角形斜边的长度，将得出如下结果。

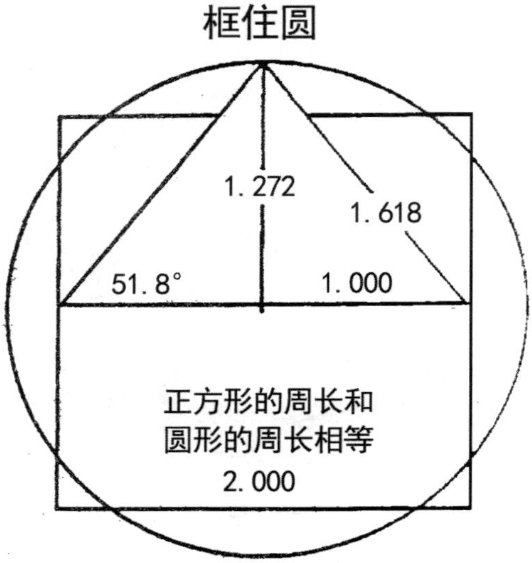

正方形=8.000 圆形=8.000

使用毕达哥拉斯定理，例如直角（90 度角）三角形斜边的长度将等于剩下两边的平方之和的平方根。

直角三角形的斜边 $=\sqrt{5040\times5040+3960\times3960}=6409$ 英里。

如果我们把三角形的底边当做地球的半径，例如 3960，那么直角三角形的斜边 6409.6 与底边 3960 的比例是 6409 ∶ 3960 或是 1.618 ∶ 1.000。

无理数 1.272 是 1.618 的平方根，即 $1.272=\sqrt{1.618}$。下面通过这个实验来演示吉萨金字塔的设计者是如何获得他们的测量值的。我们也可以注意到无理数 $\varphi=1.618$ 和 $\pi=3.14159$ 是相关联的。

1/4（3.14159）= 0.786（$1/\sqrt{1.618}$）

1/4 是正方形的洸音比例，1.618 是黄金分割率。

正方形的调和比

正方形的对角线

($\sqrt{2}=1.4142$)

正方形由四条互成直角的等长线段组成。

利用毕达哥拉斯定理我们可以计算出对角线的长度。这个斜边的长度始终保持着对任一正方形边长的比例（1.4142∶1）。

边长为 1 的正方形的斜边是：$\sqrt{1^2+1^2}$或者$\sqrt{2}$，即 1.414。

斜边和正方形任意一边的关系都是 1.4142∶1。

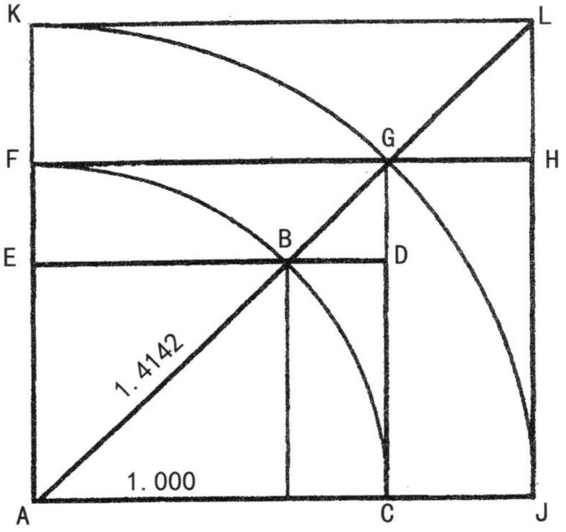

按斜边的比例放大正方形产生了泛音比例数列。

1.000　1.4142　2.000　2.828

它们的反比关系是：

0.354　0.500　0.707　1.000

主图形

这一节讨论我在交易中使用的一些最重要的图形。我的很多学生问我为什么要分享这些信息，很简单，有两个原因：首先，这些图形是在过去 70 年间被别人发现的；其次，每一名交易者都有他自己喜欢的时间周期。所以，碰见一个能让人感觉到自我实现的交易，是非常遥远的。

本节介绍的图形识别中有一个非常重要的不同，这个不同就是所有讨论的图形，使用的都是古代几何学中的数学比例，斐波那契数列只是其中的一部分。在这里，我努力要让你明白的是，如何使用仅仅四个斐波那契数列中的数字就能在数学上确认这些图形。我一直认为，这些价格波动的数学关系就是这些图形未能表示出的动因。这对于艾略特波浪理论家们特别适用。1974—1978 年间，我深入学习了艾略特波浪理论。我发现艾略特的那些原则与其说是无懈可击的定律，不如说是一些守则。直到今天，如果你把 12 个艾略特波浪理论行家们集中在一个房子里，你可以得到 24 个或者更多的对于价格运动的解释。这没有什么错。这从另一个方面反映了没有人知道市场下一步将如何运动。更重要的是，它重申了知道市场的下一步运动是不必要的，必要的是知道交易中的风险。既然我们针对的是数学关系，那么对风险控制的量化就很容易。

我花了30年中的大半时间观察这些图形。我的信息来源于加利福尼亚州圣塔莫尼卡市投资中心的唐·马克和北加利福尼亚州亨德森维尔市期货研究院的琼·希尔。我认为我并没有忽视任何曾经描述过一个价格模型的人。这里我强烈推荐两本书：

1.《股市利润》，作者H. M. 伽特利（1935）。这实际上是伽特利在20世纪初开办的股票市场课的内容。它在当时价值1500美元，相当于那个年代的三辆福特轿车的价格。在它的200～250页我们可以找得到大部分被人们讨论过的图形。书中的交易系统被引用和售卖的数量超过其他任何书。包括：《塔布斯证券市场教程》、《三叉戟策略》、《反转点波浪》和一些其他书。这本书厚逾700页，书中附有大量20世纪20年代和20世纪30年代证券市场变化图表。

2.《证券市场周期的力矩分析》，作者威廉·盖瑞特（1971）。这本书是真正的珍宝。这是第一本揭示价格图形中的数学关系和几何关系的书。与盖瑞特的书几乎同时期出版的还有一本论述周期的书，詹姆斯·赫斯特的《证券交易测时的价格魔术》。赫斯特的书比较便宜并且更易懂。但是盖瑞特的书回答了很多关于周期和斐波那契的关键问题。

如果你花些时间浏览我的参考书目，你将会看到其中覆盖了相当多的作者。我一直认为他们中的每一个人都为技术分析的科学做出了贡献。

十个基础模型

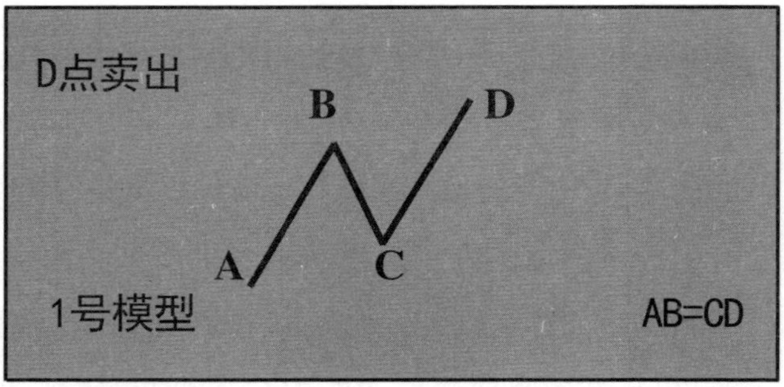

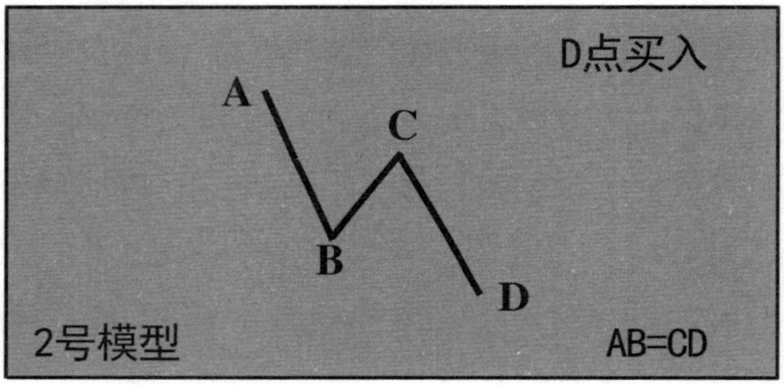

H. M. 伽特利在《股市利润》一书中第 249 页首次介绍了 1 号模型和 2 号模型。这是平行通道理论的基本图形。

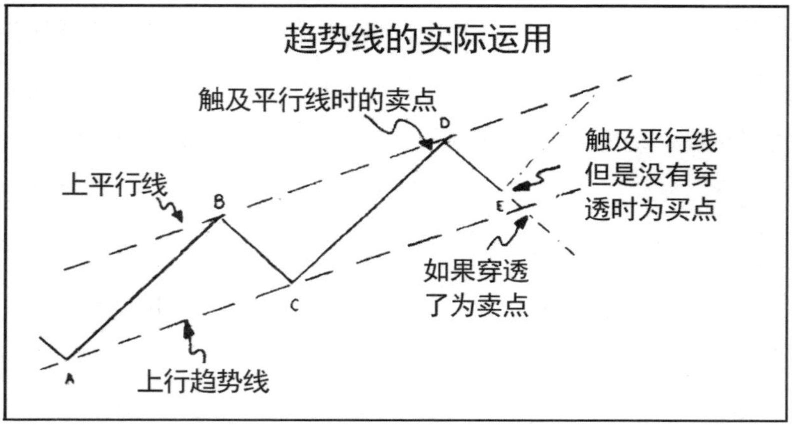

伽特利“222”模型

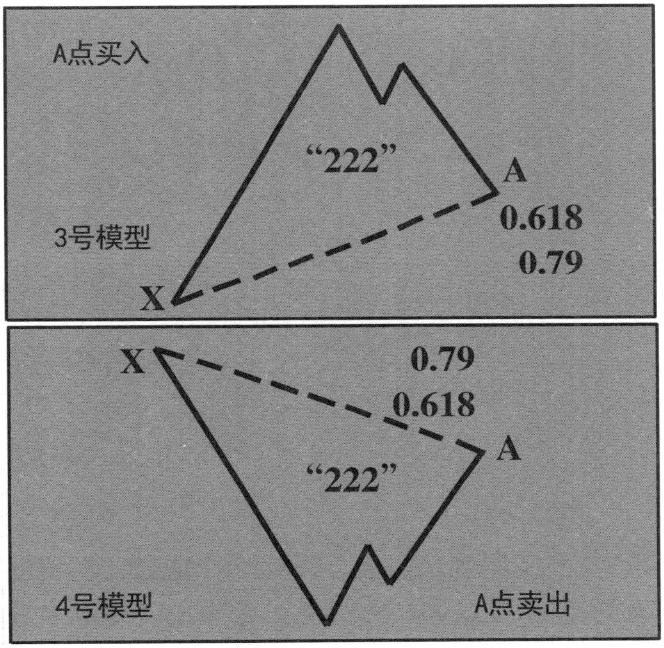

这是我所能找到的最优秀的图形。我把它命名为伽特利“222”模型，因为它在伽特利书中的222页。他在讲述这个模型所花的时间要超过其他任何模型。这个模型显示了为什么没有必要抓住顶部或者底部——只需要等待跟着顶部和底部出现的第一个“222”模型。这个模型的最美之处在于它包含了一个AB = CD图形。这让交易者通过计算不同价格波浪的比例和比率，以便决定交易中的风险大小的做法成为可能。如果日内交易者只学会了这个图形，他也能做得很好。值得注意的是，当“222”模型失败了（市场超越了X

点移动），预示着市场将继续顺着原来的趋势大幅运动。

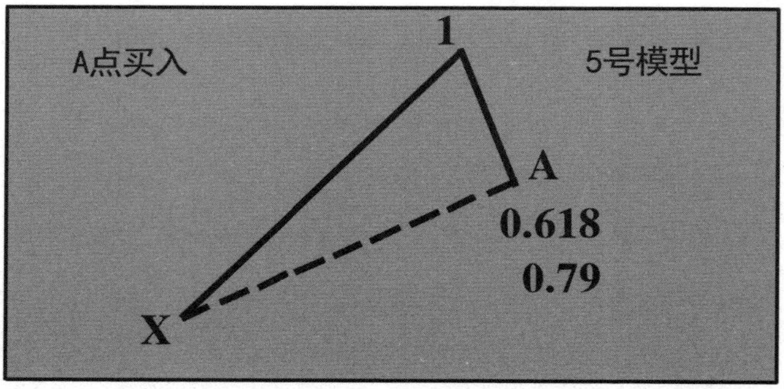

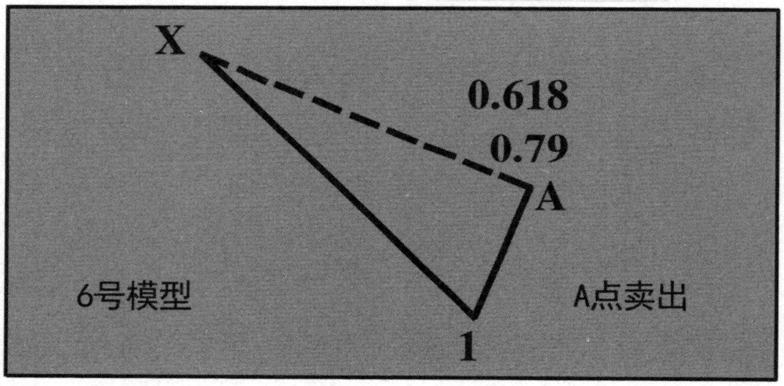

5 号模型和 6 号模型是反应模式。市场从点 1 开始的运动可能到达38%，50%，61%，70.7%，78%，100%（双顶或双底）。

我唯一一次使用 38%的回撤位作为入场点，是当市场从 X 到 1 点的运动是一个巨大的冲刺（3 到 5 倍的通常交易价差）的时候。如果你在市场的新运动中观察回撤，你将发现市场给你的关于下一步动向的强烈暗示。如果市场在第一波的价格摆动中仅仅达到 38%的位置，那么很可能接下来的第二次或第三次价格摆动也会是 38%。

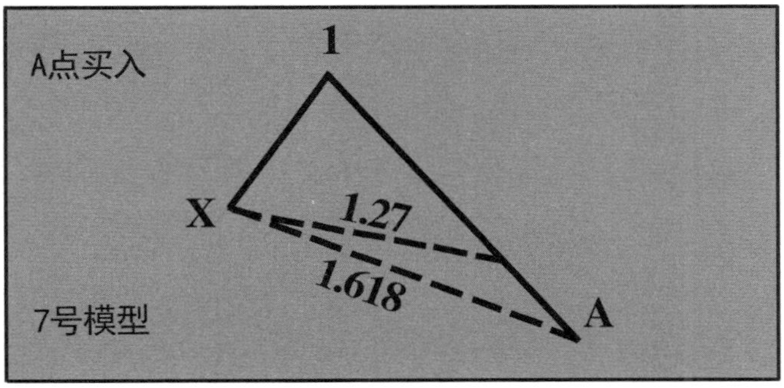

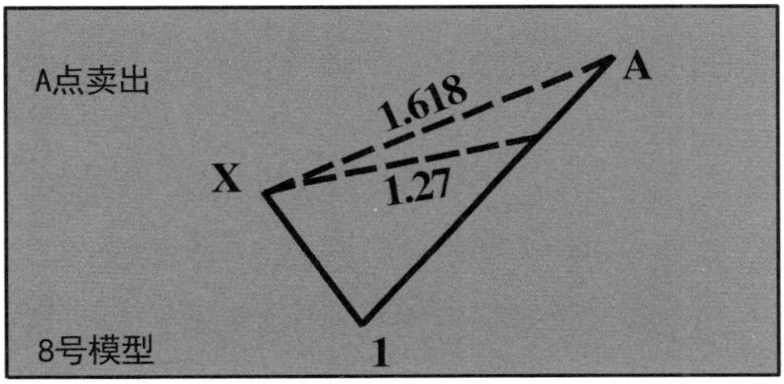

7 号模型和 8 号模型是扩展图形，这个图形改变了我的交易方式。我在瑞士做交易的时候，得和很多银行家打交道，过去几天，几乎我做的每场交易都在突破点 X 止损离场。在酒店房间里，我开始计算为什么我的止损点刚好在当天市场的高点或低点上。我的止损点刚好在从 X 到 1 的 1.27 的位置上。当我在计算器上按下根号键，我第一次意识到比例 1.27 的重要性，$\sqrt{1.618}=1.27$。

一个有益的经验是，当价格触及点 A 时，等待一个蜡烛图形出现，例如一个十字星或者大锤。记住这个图形是一个扩展图形，我们不能保证价格不运动到更高的点位上去。

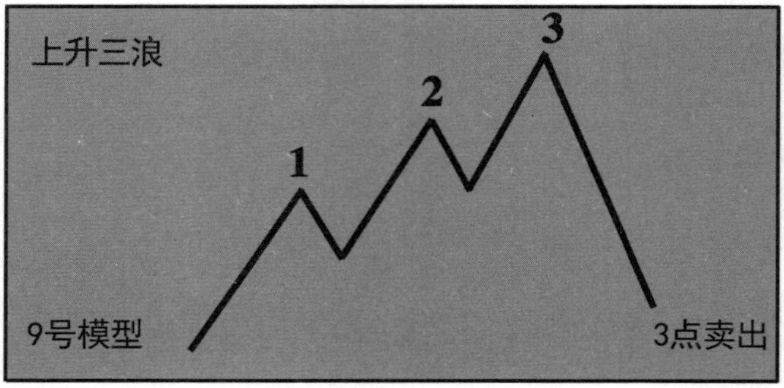

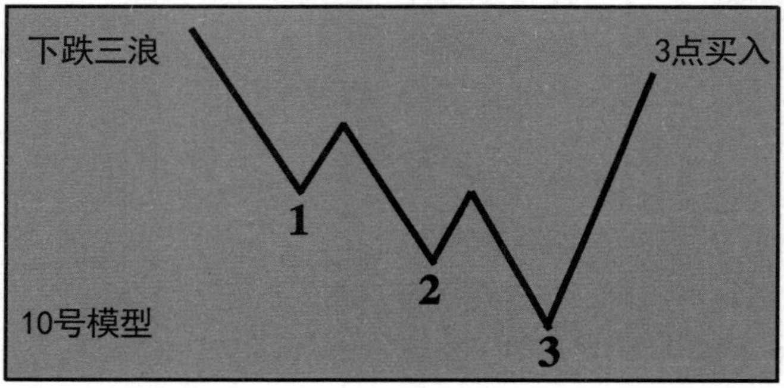

9 号模型和 10 号模型在日线图中很难发现，它们在日内交易图中经常出现（例如 5 分钟图、30 分钟图）。威廉·邓尼肯在邓尼肯单向法和邓尼肯穿刺法中介绍了这两个图形。在交易者眼里三段式冲刺模型充满了美感。它应该跃入你的眼帘。如果你发现你硬把三段式冲刺模型套入市场，它或许就不是适用的模型。

对这个模型来说，最重要的应该被牢记的事是对称。在价格和时间上这些波浪应该是对称的。

注意：琳达·布拉德福德·拉舍克在她的《街头智慧》中提到了这个图形，并把它叫做三个小印第安人。

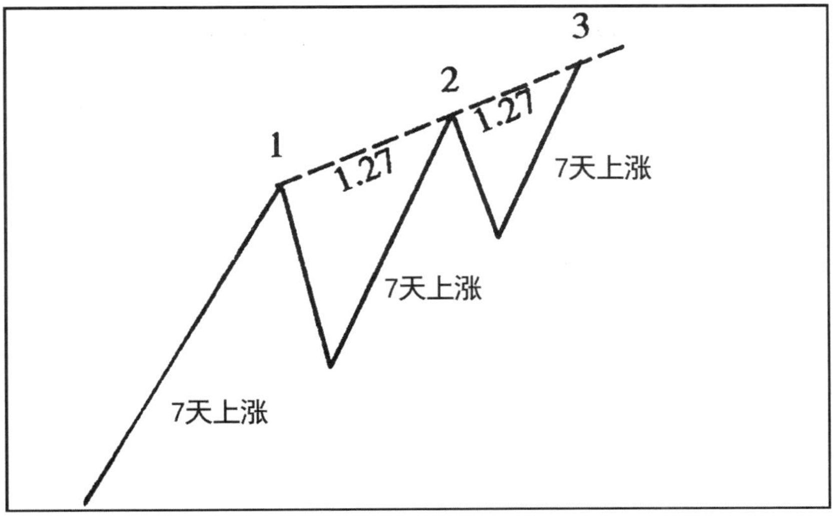

上图只是一个例子。它显示了时间段的长度可以是 3~13。价格的波动同样可以是 1.618 的幅度。

模型特征

1 号模型

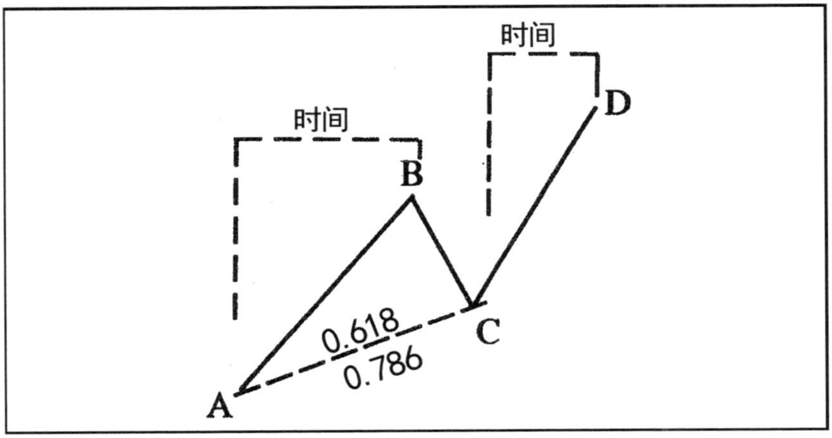

1. 价格从 A 波动到 B 有 60%的可能与 CD 的价差相同。剩下 40%的可能是 CD 的价差是 AB 价差的 1.618。

2. BC 的价格波动可以是 AB 价差的 0.618 或 0.786 倍。在趋势非常强的市场里，BC 波动只会出现在 0.382 的回撤点位上。

3. 如果 AB 的波动非常强烈，它对于 BC 将如何运动给出了很好的线索。

4. 从点 A 到点 B 的时间段 60%的情况下和 CD 的时间长度一致。另外 40%的情况是这些时间长度可能是 1.27 或 1.618 倍的 AB 时间段。

5. 如果 CD 的价格波动出现了跳空价差或者一根长线，交易者应该把这理解为市场动力强劲，并期待价格扩展到 1.27 或 1.618 倍。

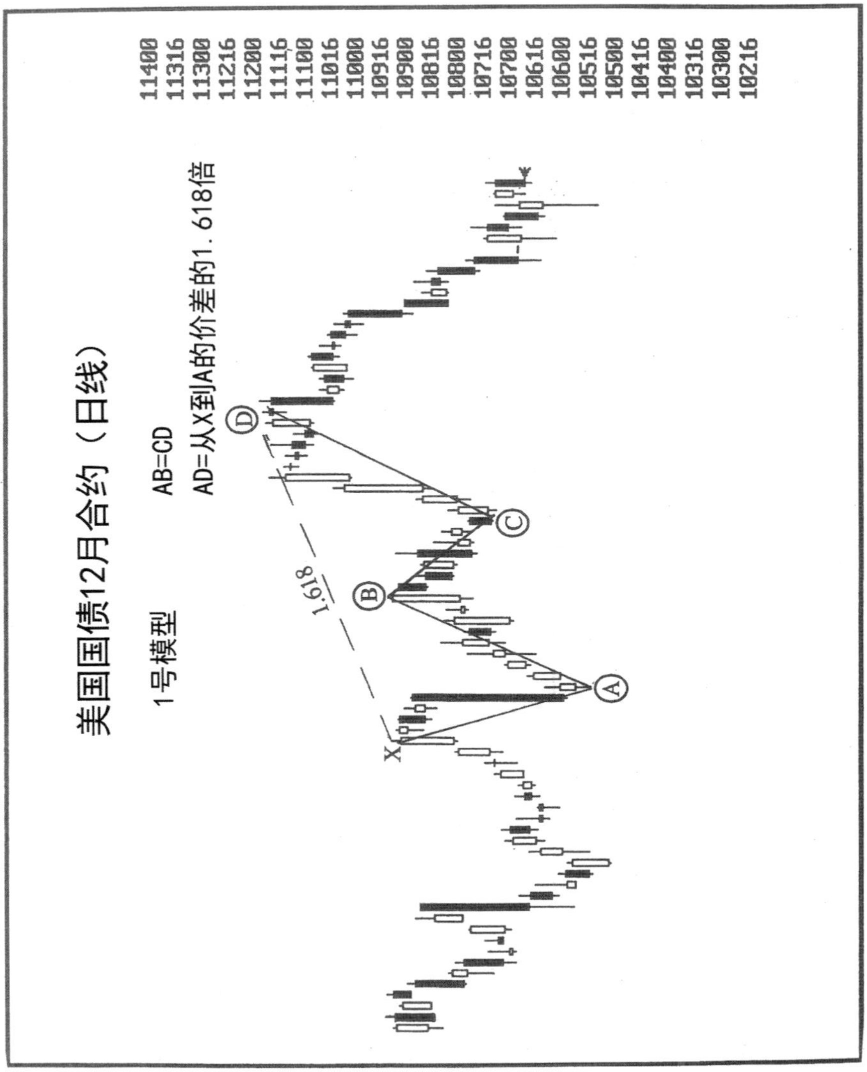
美国国债12月合约（日线）
1号模型
AB=CD
AD=从X到A的价差的1.618倍
11400
11316
11300
11216
11200
11116
11100
11016
11000
10916
10900
10816
10800
10716
10700
10616
10600
10516
10500
10416
10400
10316
10300
10216
D
C
B
A
X
1.618

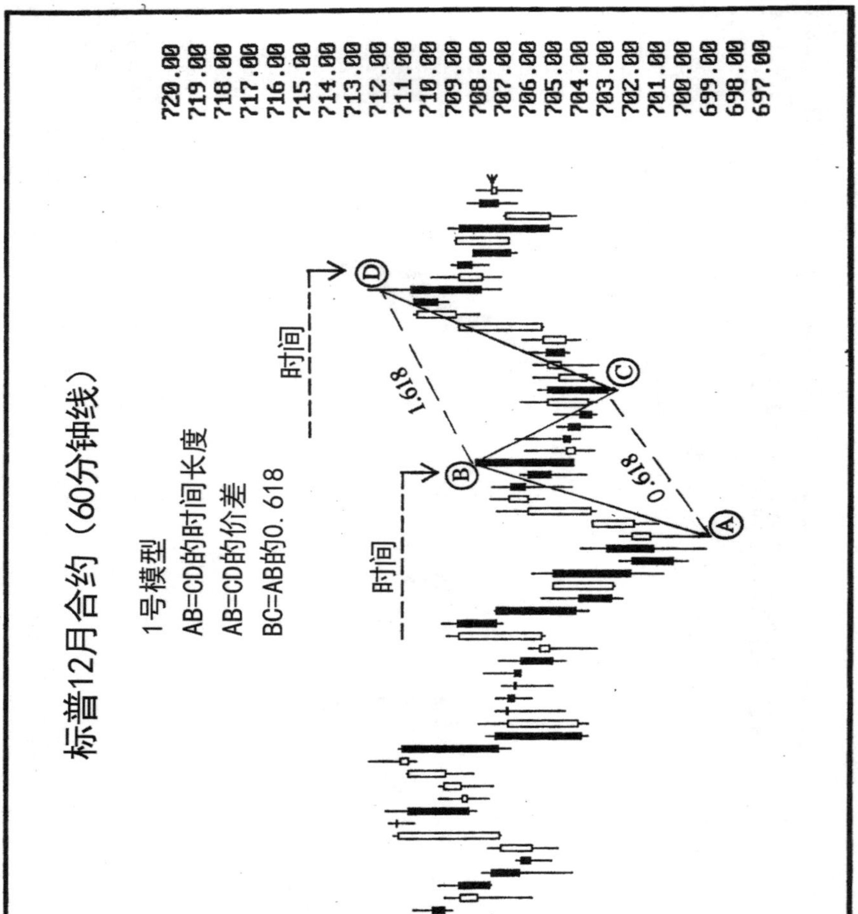
标普12月合约（60分钟线）
1号模型
AB=CD的时间长度
AB=CD的价差
BC=AB的0.618
时间
时间
1.618
0.618
A
B
C
D
720.00
719.00
718.00
717.00
716.00
715.00
714.00
713.00
712.00
711.00
710.00
709.00
708.00
707.00
706.00
705.00
704.00
703.00
702.00
701.00
700.00
699.00
698.00
697.00

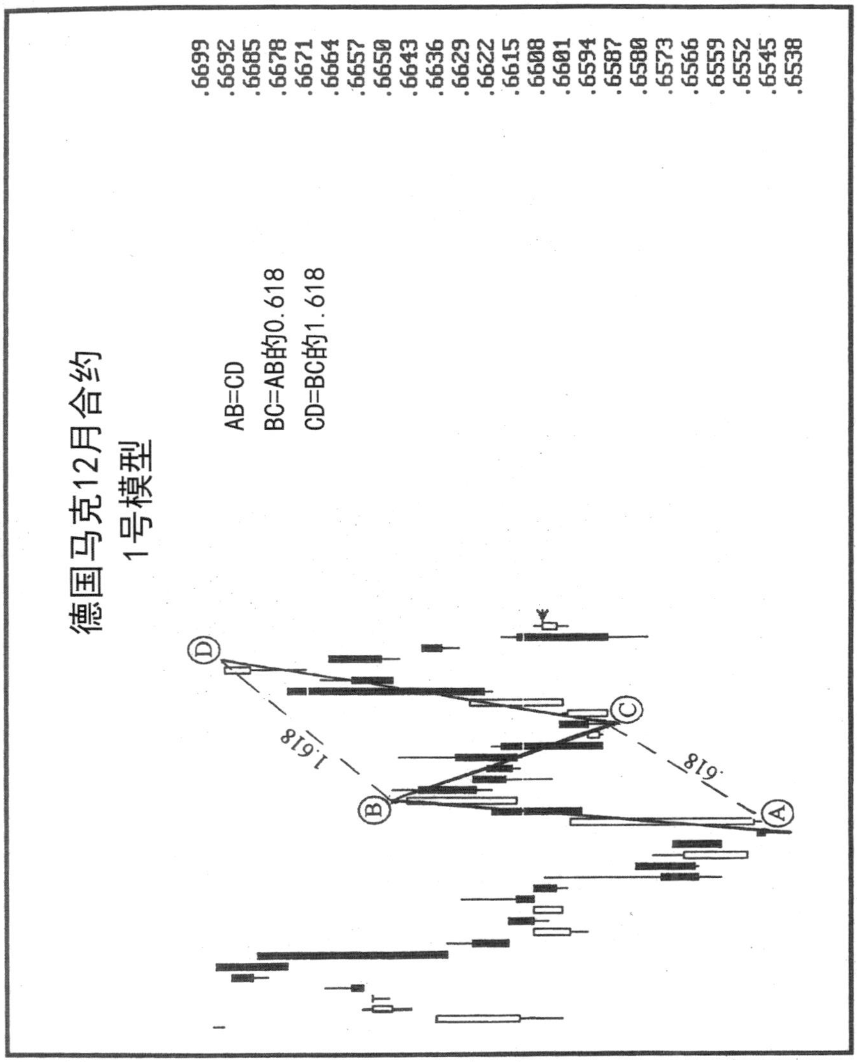
德国马克12月合约
1号模型
AB=CD
BC=AB的0.618
CD=BC的1.618
1.618
.618
A
B
C
D
.6699
.6692
.6685
.6678
.6671
.6664
.6657
.6650
.6643
.6636
.6629
.6622
.6615
.6608
.6601
.6594
.6587
.6580
.6573
.6566
.6559
.6552
.6545
.6538

2 号模型

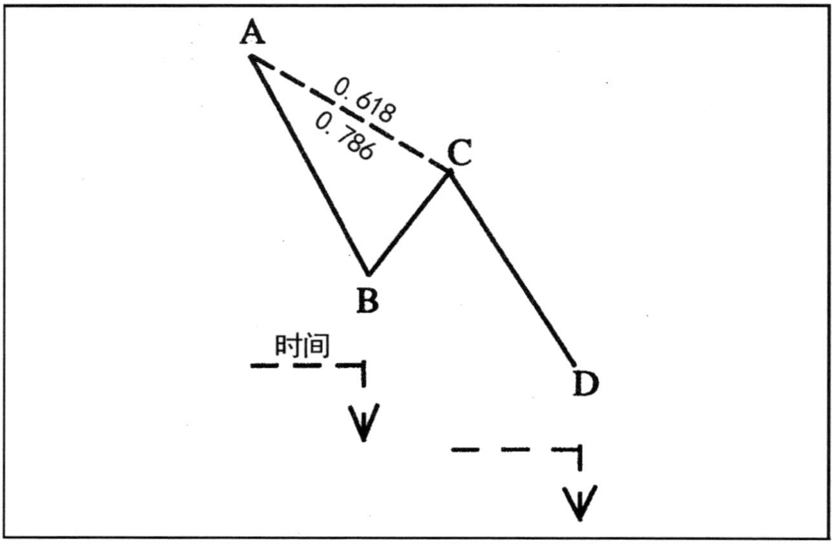

1. A 到 B 的价差在 60%的情况下与 CD 相等。剩下 40%的情况下 CD 是 AB 的 1.27 或 1.618 倍。

2. BC 的价差将是 AB 的 0.618 或者 0.786 倍。在市场趋势非常强的情况下，BC 的价格波动只能到达 0.382 的回撤位。

3. 如果 AB 的价格波动非常强烈，它将对预测 BC 的走势给出很好的线索。

4. 从 A 到 B 的时间跨度在 60%的情况下应该与 CD 的时间跨度相等。剩下 40%的情况下这些时间跨度会扩展到 1.27 或者 1.618 倍的 AB 时间跨度。

5. 如果 CD 的价格走势有一个跳空价差或出现一根长线，交易者应该把这看作为市场动力极强的信号并且期望价格扩展到 1.27 或 1.618 倍。

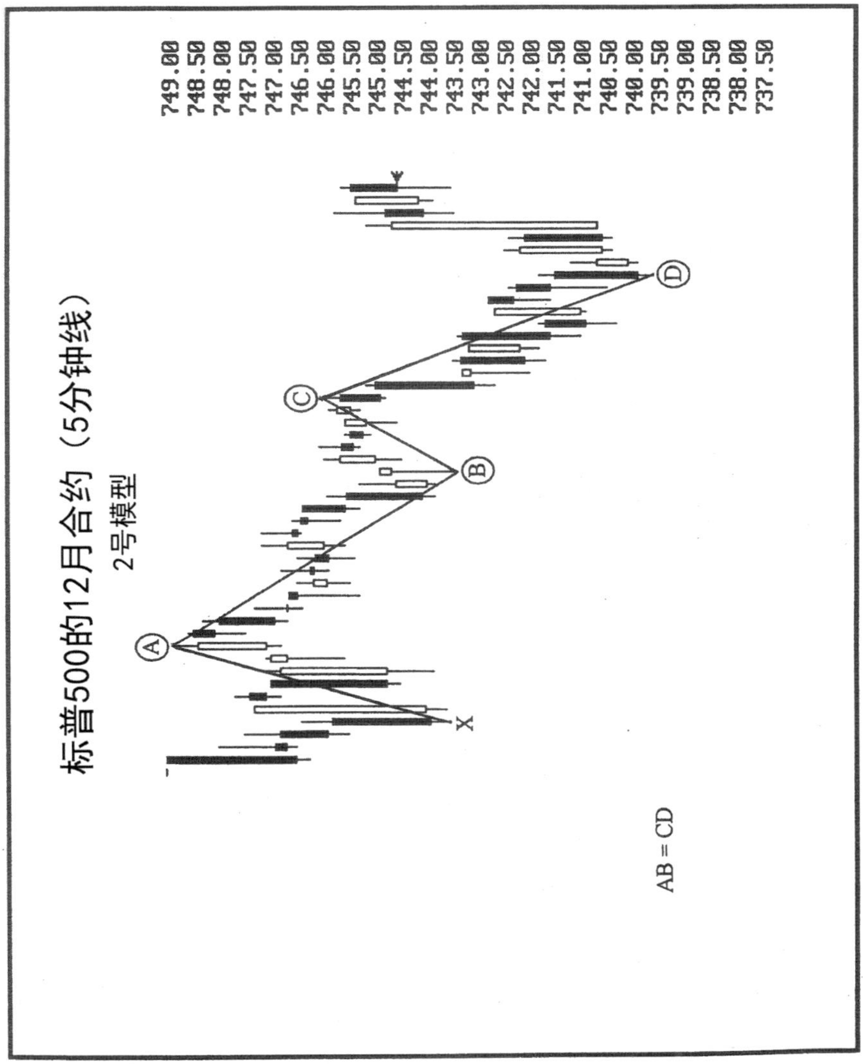
标普500的12月合约（5分钟线）
2号模型
A
B
C
D
X
AB = CD
749.00
748.50
748.00
747.50
747.00
746.50
746.00
745.50
745.00
744.50
744.00
743.50
743.00
742.50
742.00
741.50
741.00
740.50
740.00
739.50
739.00
738.50
738.00
737.50

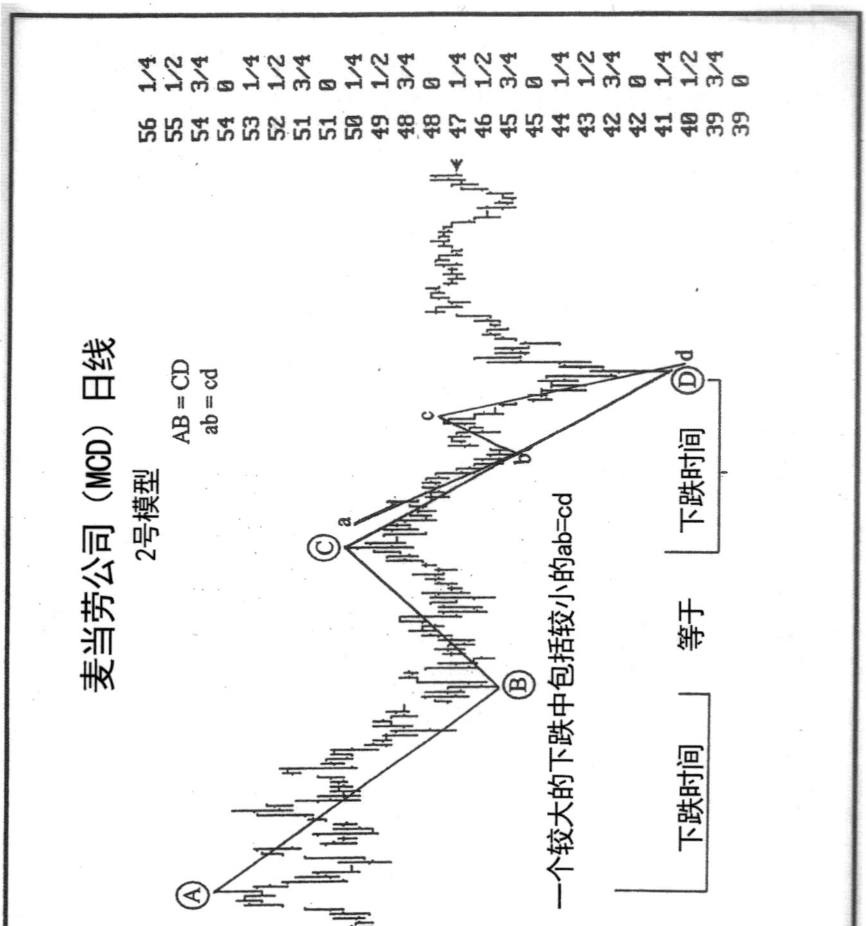
麦当劳公司（MCD）日线
2号模型
AB = CD
ab = cd
A
B
C
D
a
b
c
d
一个较大的下跌中包括较小的ab=cd
下跌时间
等于
下跌时间
56 1/4
55 1/2
54 3/4
54 0
53 1/4
52 1/2
51 3/4
51 0
50 1/4
49 1/2
48 3/4
48 0
47 1/4
46 1/2
45 3/4
45 0
44 1/4
43 1/2
42 3/4
42 0
41 1/4
40 1/2
39 3/4
39 0

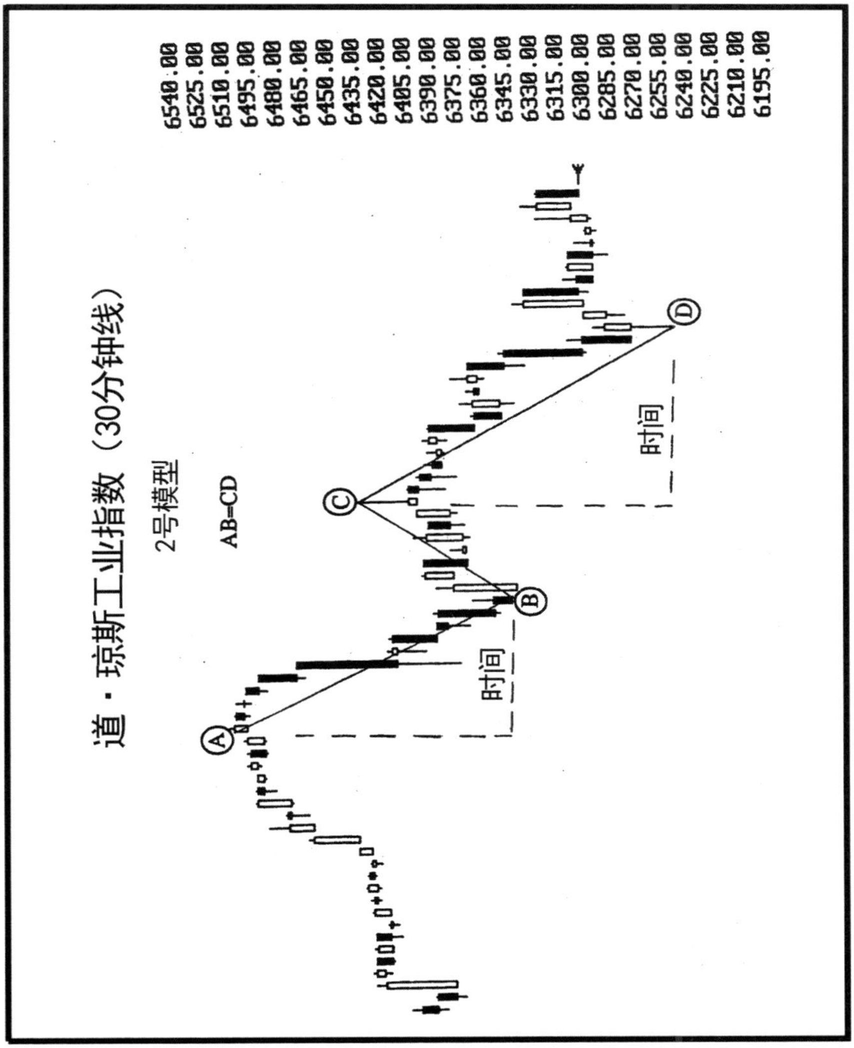
道·琼斯工业指数（30分钟线）
2号模型
AB=CD
A
B
C
D
时间
时间
6540.00
6525.00
6510.00
6495.00
6480.00
6465.00
6450.00
6435.00
6420.00
6405.00
6390.00
6375.00
6360.00
6345.00
6330.00
6315.00
6300.00
6285.00
6270.00
6255.00
6240.00
6225.00
6210.00
6195.00

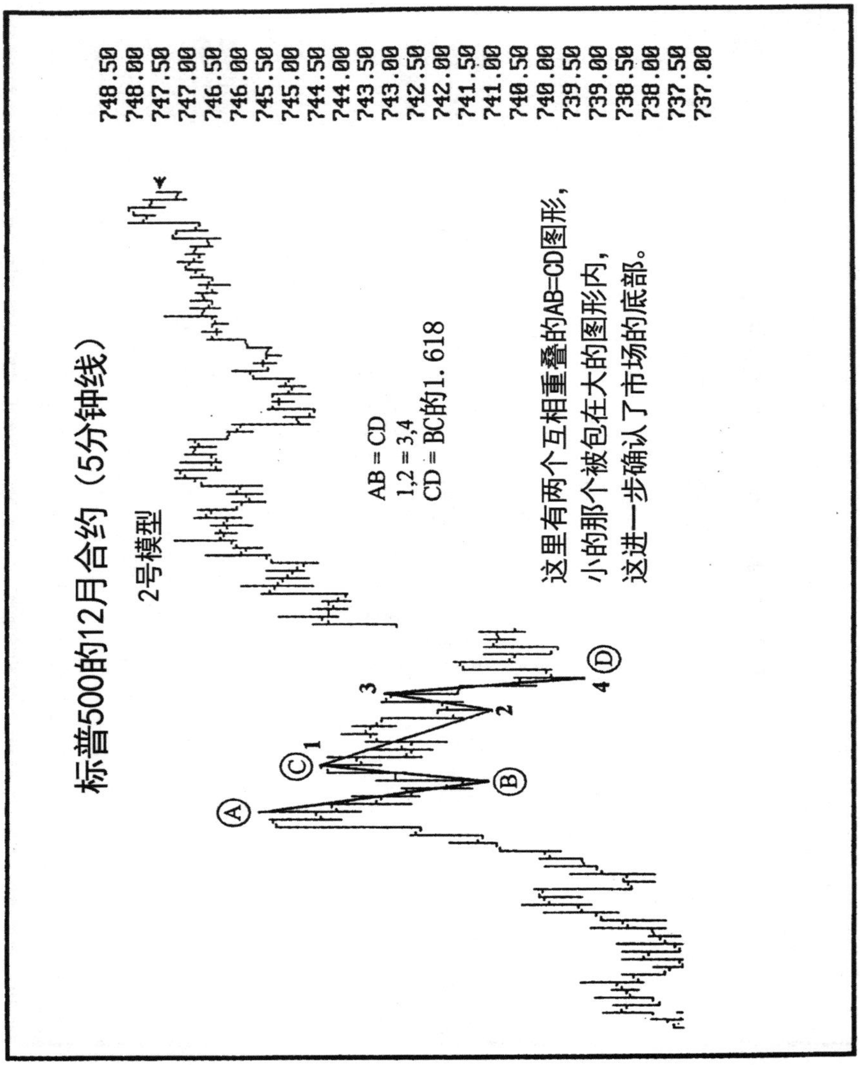
标普500的12月合约（5分钟线）
2号模型
AB = CD
1,2 = 3,4
CD = BC的1.618
这里有两个互相重叠的AB=CD图形，
小的那个被包在大的图形内，
这进一步确认了市场的底部。
A
B
C
D
1
2
3
4
748.50
748.00
747.50
747.00
746.50
746.00
745.50
745.00
744.50
744.00
743.50
743.00
742.50
742.00
741.50
741.00
740.50
740.00
739.50
739.00
738.50
738.00
737.50
737.00

3 号模型

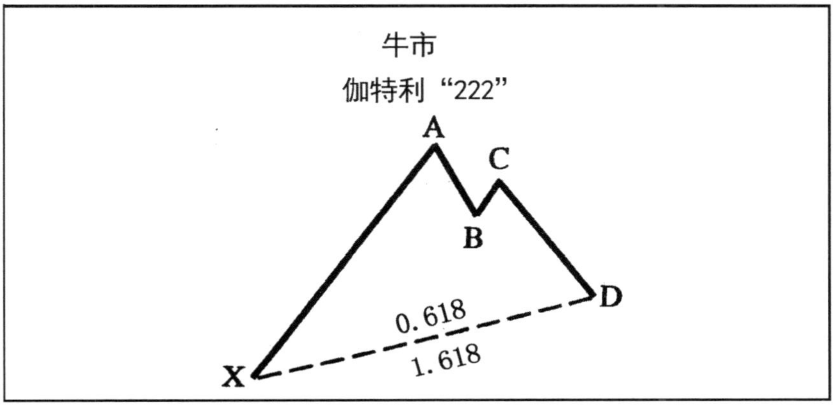

1. 价格从点 A 开始运动到 D 点结束。大概 75%的情况下 D 点会落在 0.618 或 0.786 的位置。剩下 25%的几率回撤点在 0.382、0.500 或 0.707 的位置。

2. 市场从 A 到 D 的运动过程中一定会有 AB=CD 的图形出现。

3. BC 应该运动到 AB 的 0.618 或 0.786 的位置。在趋势较强的市场 BC 将会运动到 AB 的 0.382 或 0.500 的回撤位。

4. 分析从点 X 到 A 和从 A 到 D 的时间段。我们发现这些时间段也有比例和比率关系。例如，从点 X 到 A 的 K 线数目为 17 个。从 A 点到 D 点的 K 线数目为 11 个。17 基本上是 11 的 1.618 倍。

5. 在一些情况下，AB=CD 的图表形态会把 X 作为目标价位。这是一个真正的双底形态。

6. 如果市场走势超过了 X 点，那么市场将继续下行的幅度至少为从 X 点到 A 点距离的 1.27 倍或 1.618 倍。

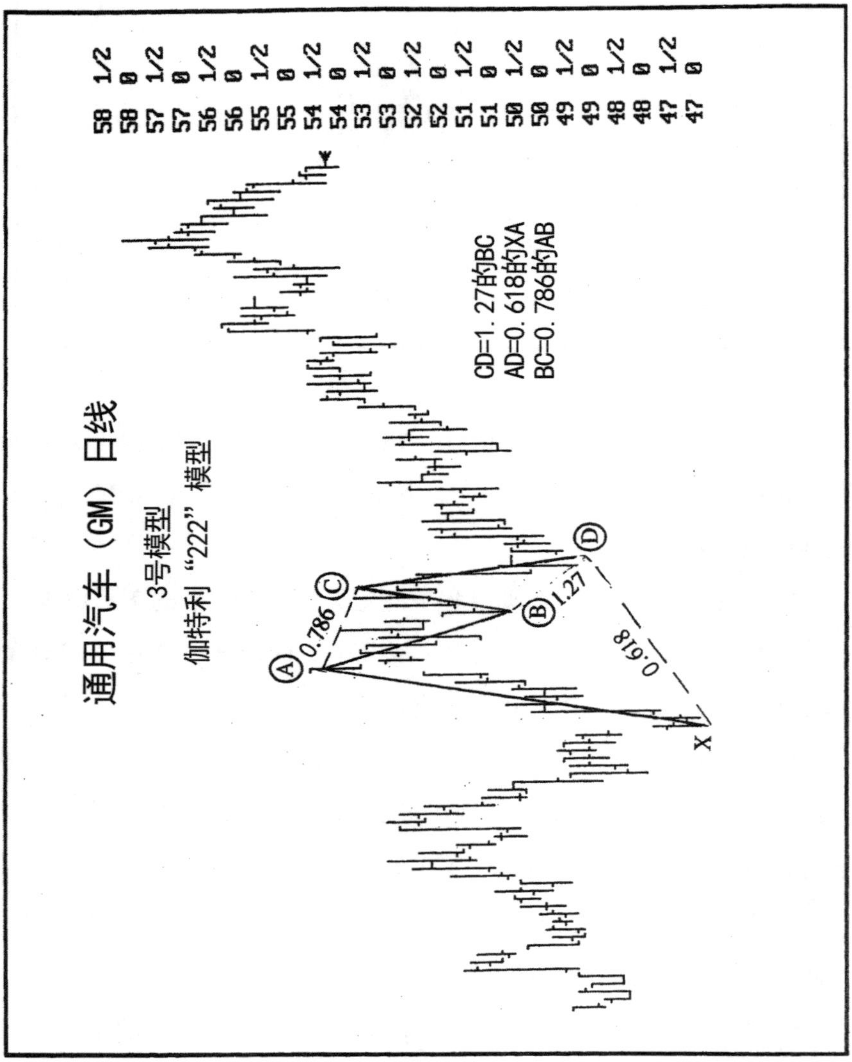
通用汽车（GM）日线
3号模型
伽特利"222"模型
CD=1.27的BC
AD=0.618的XA
BC=0.786的AB
A
B
C
D
X
0.786
1.27
0.618
58 1/2
58 0
57 1/2
57 0
56 1/2
56 0
55 1/2
55 0
54 1/2
54 0
53 1/2
53 0
52 1/2
52 0
51 1/2
51 0
50 1/2
50 0
49 1/2
49 0
48 1/2
48 0
47 1/2
47 0

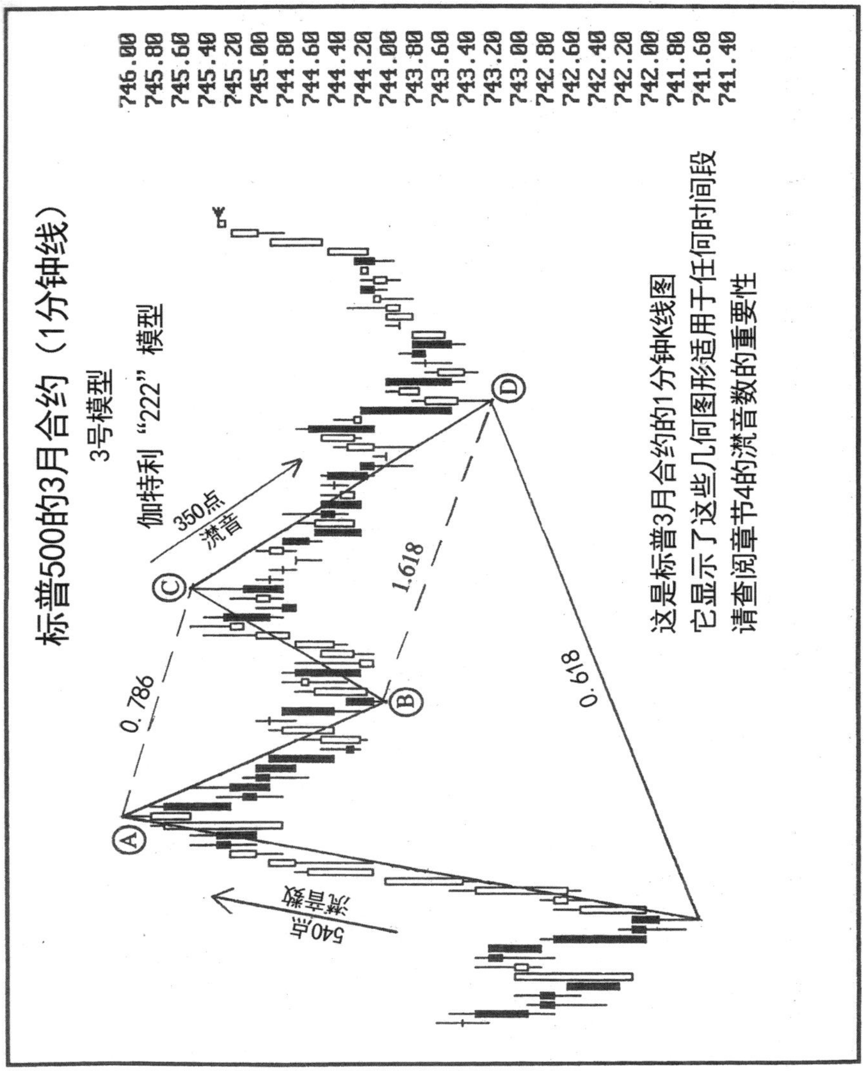
标普500的3月合约（1分钟线）
3号模型
伽特利“222”模型
350点
潸音
540点
潸音数
0.786
1.618
0.618
A
B
C
D
746.00
745.80
745.60
745.40
745.20
745.00
744.80
744.60
744.40
744.20
744.00
743.80
743.60
743.40
743.20
743.00
742.80
742.60
742.40
742.20
742.00
741.80
741.60
741.40
这是标普3月合约的1分钟K线图
它显示了这些几何图形适用于任何时间段
请查阅章节4的潸音数的重要性

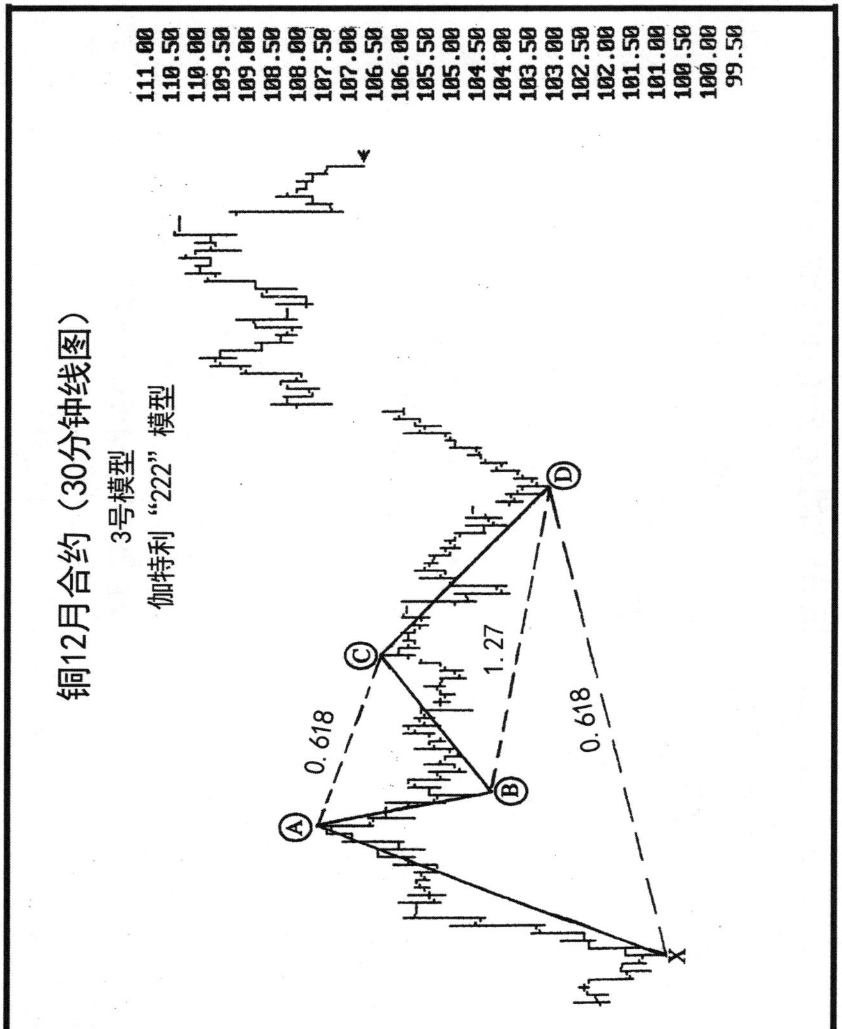
铜12月合约（30分钟线图）
3号模型
伽特利“222”模型
A
B
C
D
X
0.618
1.27
0.618
111.00
110.50
110.00
109.50
109.00
108.50
108.00
107.50
107.00
106.50
106.00
105.50
105.00
104.50
104.00
103.50
103.00
102.50
102.00
101.50
101.00
100.50
100.00
99.50

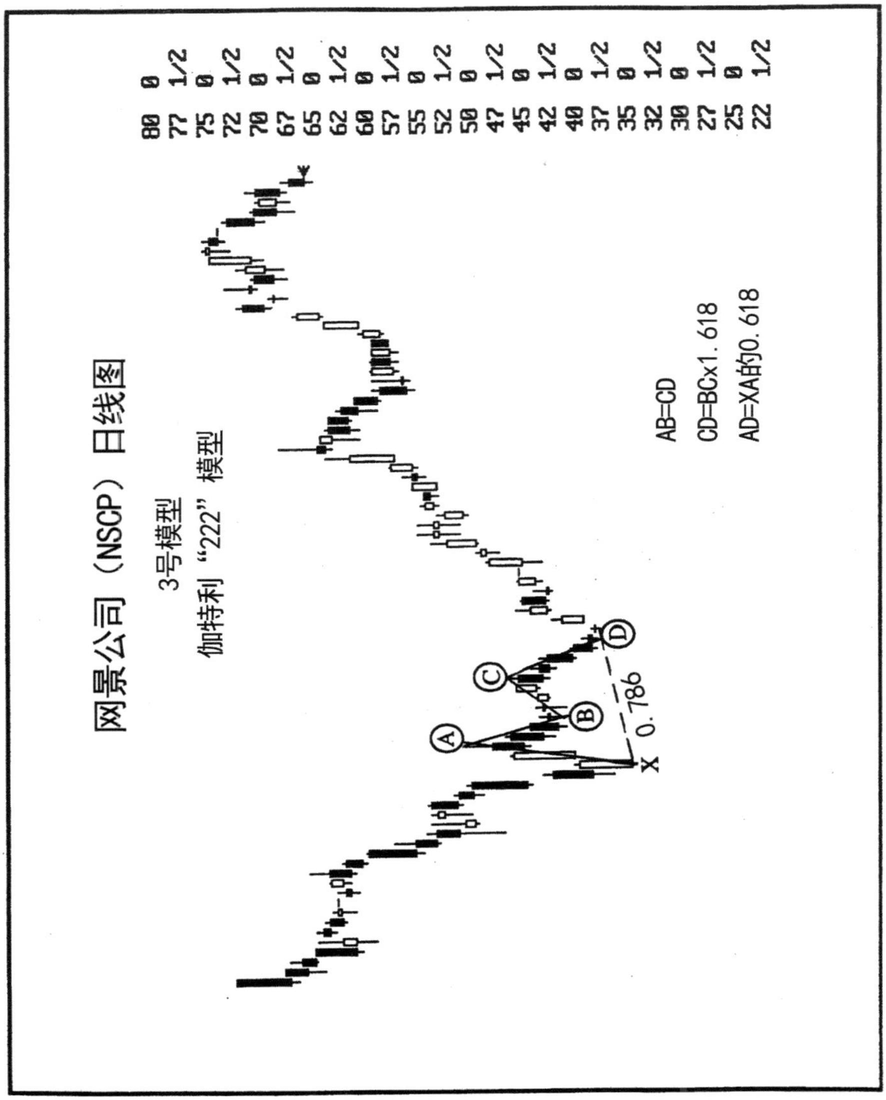
网景公司（NSCP）日线图
3号模型
伽特利“222”模型
AB=CD
CD=BCx1.618
AD=XA的0.618
0.786
A
B
C
D
X
80 0
77 1/2
75 0
72 1/2
70 0
67 1/2
65 0
62 1/2
60 0
57 1/2
55 0
52 1/2
50 0
47 1/2
45 0
42 1/2
40 0
37 1/2
35 0
32 1/2
30 0
27 1/2
25 0
22 1/2

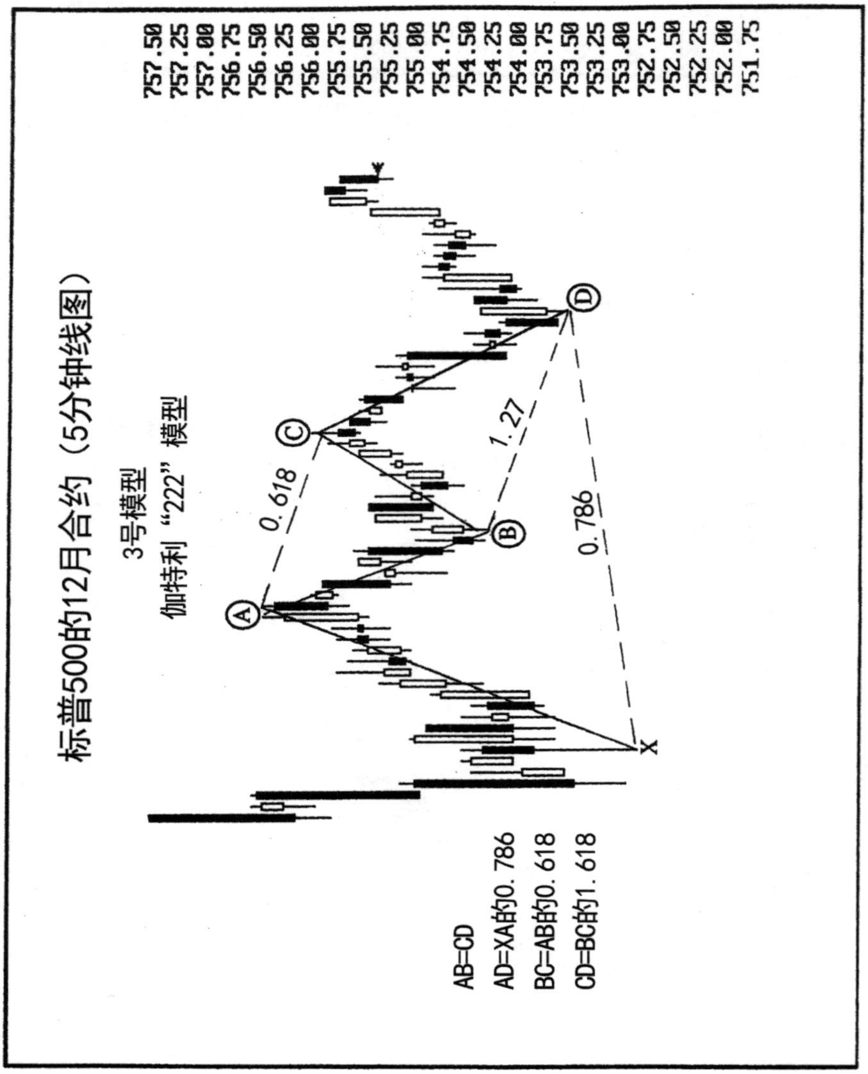

标普500的12月合约（5分钟线图）
3号模型
伽特利“222”模型
AB=CD
AD=XA的0.786
BC=AB的0.618
CD=BC的1.618
A
B
C
D
X
0.618
1.27
0.786
757.50
757.25
757.00
756.75
756.50
756.25
756.00
755.75
755.50
755.25
755.00
754.75
754.50
754.25
754.00
753.75
753.50
753.25
753.00
752.75
752.50
752.25
752.00
751.75

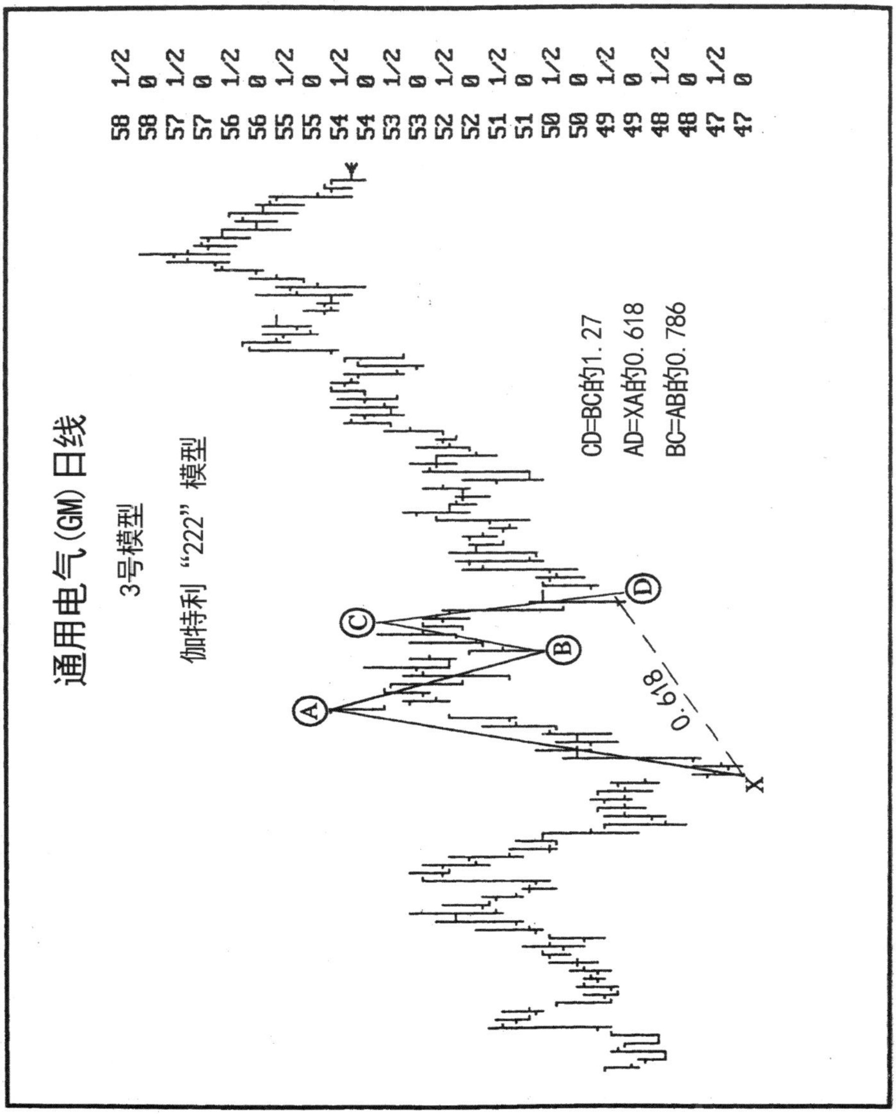
通用电气(GM)日线
3号模型
伽特利“222”模型
CD=BC的1.27
AD=XA的0.618
BC=AB的0.786
A
B
C
D
X
0.618
58 1/2
58 0
57 1/2
57 0
56 1/2
56 0
55 1/2
55 0
54 1/2
54 0
53 1/2
53 0
52 1/2
52 0
51 1/2
51 0
50 1/2
50 0
49 1/2
49 0
48 1/2
48 0
47 1/2
47 0

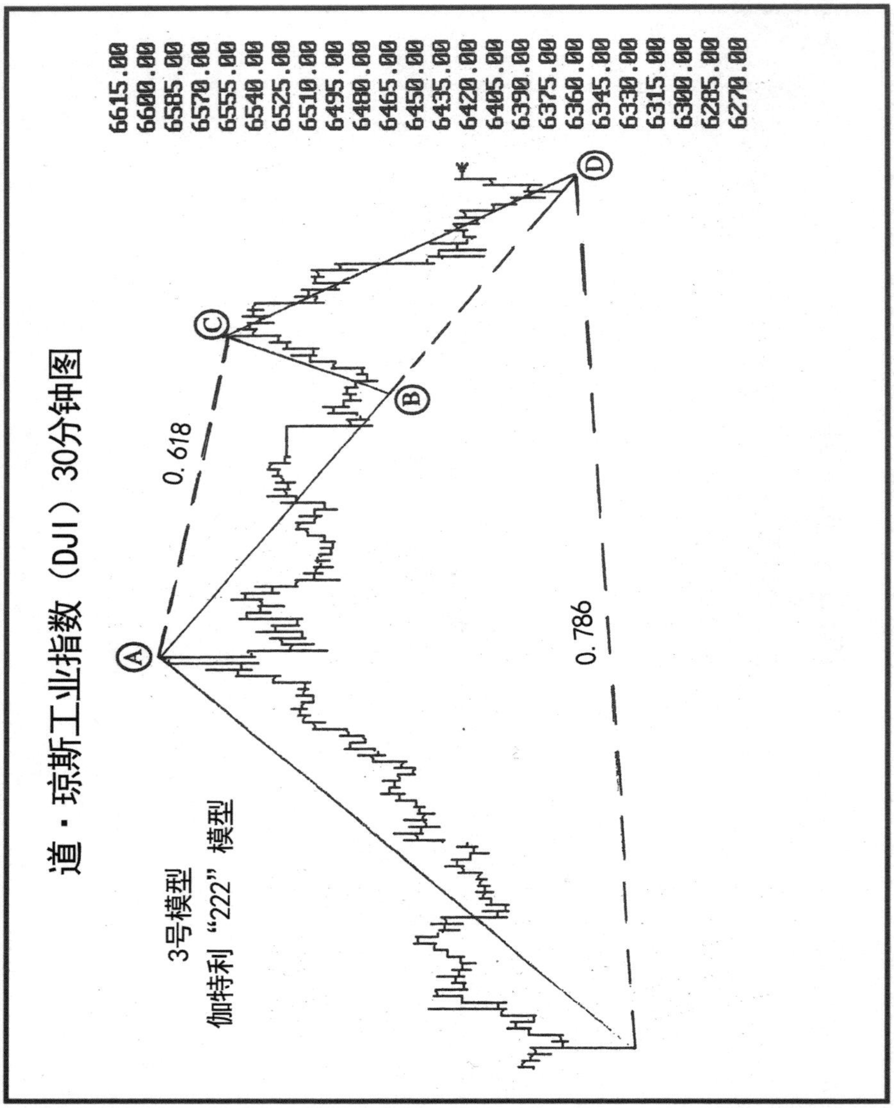
道·琼斯工业指数（DJI）30分钟图
3号模型
伽特利"222"模型
A
B
C
D
0.618
0.786
6615.00
6600.00
6585.00
6570.00
6555.00
6540.00
6525.00
6510.00
6495.00
6480.00
6465.00
6450.00
6435.00
6420.00
6405.00
6390.00
6375.00
6360.00
6345.00
6330.00
6315.00
6300.00
6285.00
6270.00

4号模型

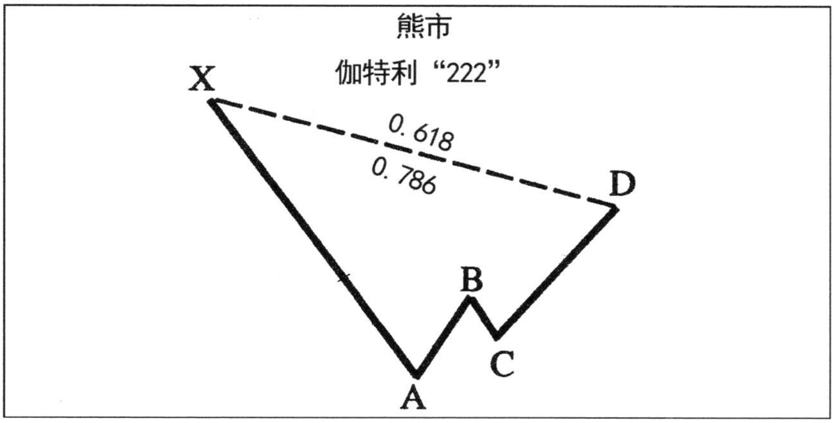

1. 价格从 A 点反弹到 D 点结束。75%的情况下 D 点反弹到 0.618 或者 0.786 的位置。剩下 25%的情况下，价格在 0.382、0.500 或者 0.707 的位置回撤。

2. 市场从 A 到 D 的运动过程中一定会有 AB=CD 的图形出现。

3. BC 应该运动到 AB 的 0.618 或 0.786 的位置。在趋势较强的市场 BC 将会运动到 AB 的 0.382 或 0.500 的回撤位。

4. 分析从点 X 到 A 和从 A 到 D 的时间段。我们发现这些时间段也有比例和比率关系。例如，从点 X 到 A 的 K 线数目为 17 个，而从 A 到 D 的数目是 11。

5. 在一些情况下，AB=CD 的图表形态会把 X 作为目标价位，这是一个真正的双顶形态。

6. 如果市场走势超过了 X 点，那么市场将继续上行的幅度至少为从 X 点至 A 点的距离的 1.27 倍或 1.618 倍。

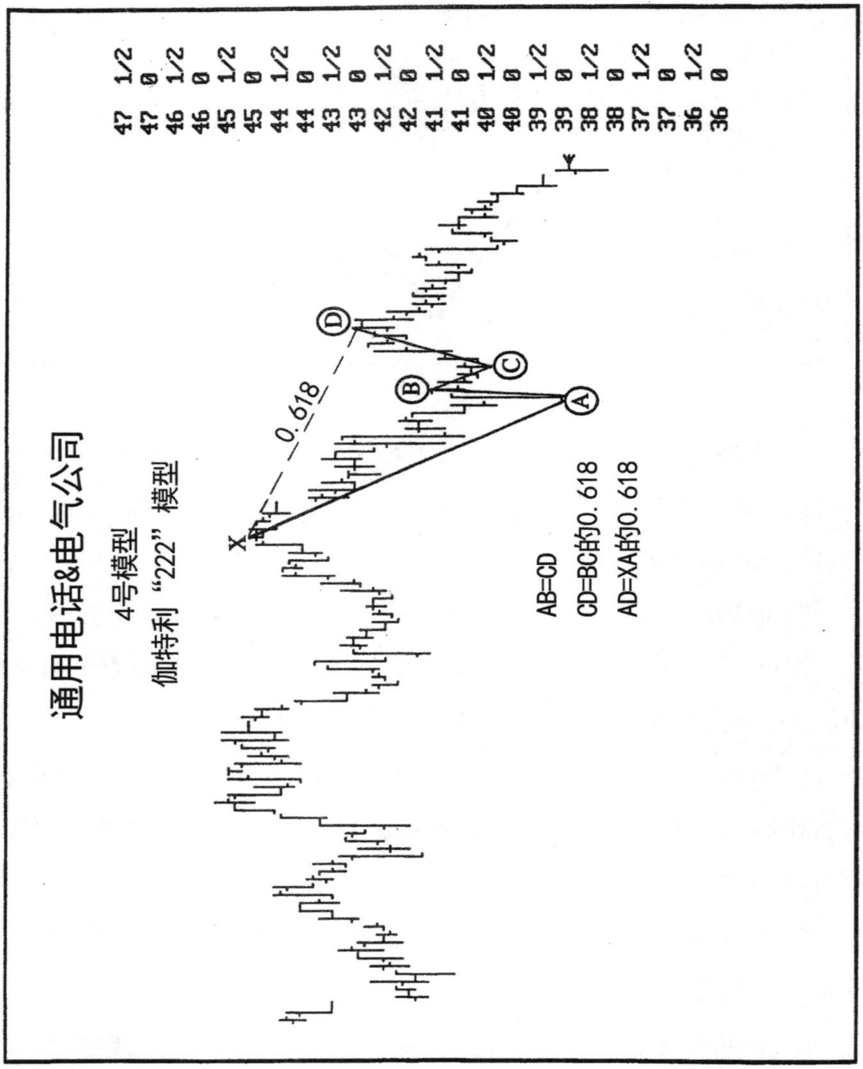
通用电话&电气公司
4号模型
伽特利“222”模型
0.618
X
A
B
C
D
AB=CD
CD=BC的0.618
AD=XA的0.618
47 1/2
47 0
46 1/2
46 0
45 1/2
45 0
44 1/2
44 0
43 1/2
43 0
42 1/2
42 0
41 1/2
41 0
40 1/2
40 0
39 1/2
39 0
38 1/2
38 0
37 1/2
37 0
36 1/2
36 0

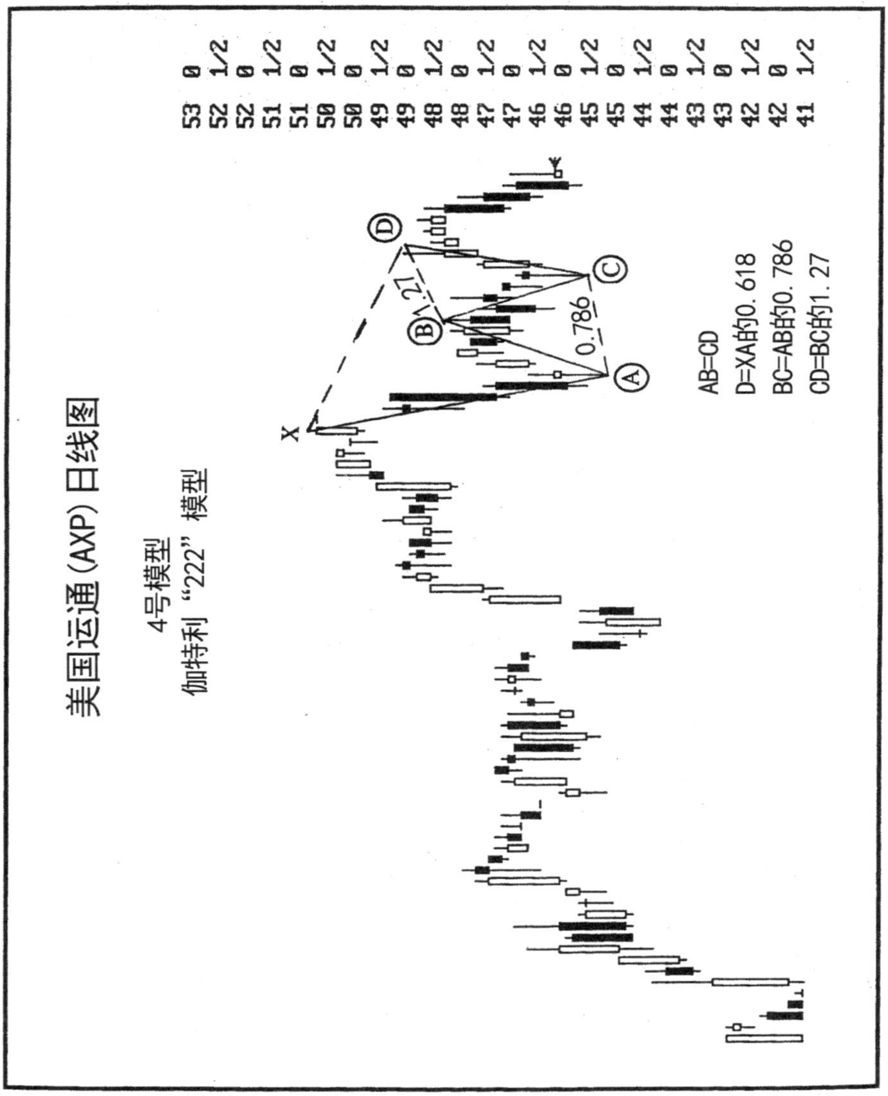
美国运通(AXP)日线图
4号模型
伽特利“222”模型
X
A
B
C
D
1.27
0.786
AB=CD
D=XA的0.618
BC=AB的0.786
CD=BC的1.27
53 0
52 1/2
52 0
51 1/2
51 0
50 1/2
50 0
49 1/2
49 0
48 1/2
48 0
47 1/2
47 0
46 1/2
46 0
45 1/2
45 0
44 1/2
44 0
43 1/2
43 0
42 1/2
42 0
41 1/2

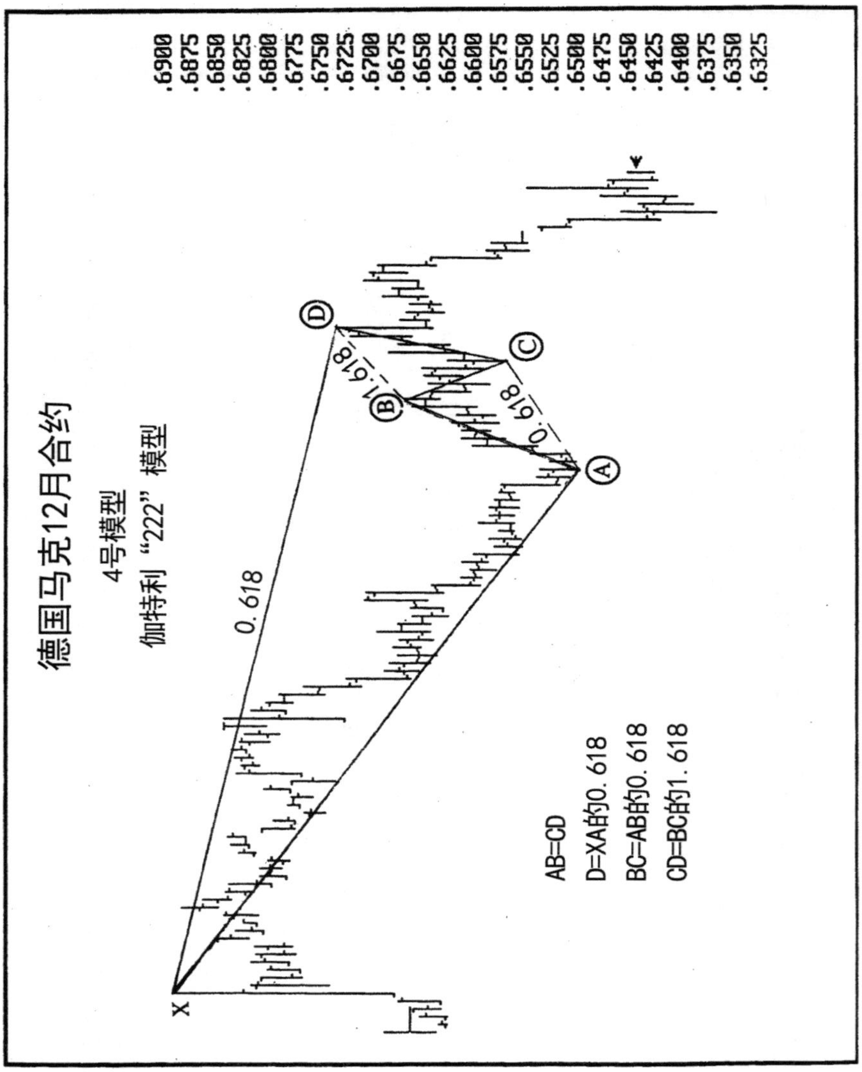
德国马克12月合约
4号模型
伽特利“222”模型
0.618
1.618
0.618
X
A
B
C
D
AB=CD
D=XA的0.618
BC=AB的0.618
CD=BC的1.618
.6900
.6875
.6850
.6825
.6800
.6775
.6750
.6725
.6700
.6675
.6650
.6625
.6600
.6575
.6550
.6525
.6500
.6475
.6450
.6425
.6400
.6375
.6350
.6325

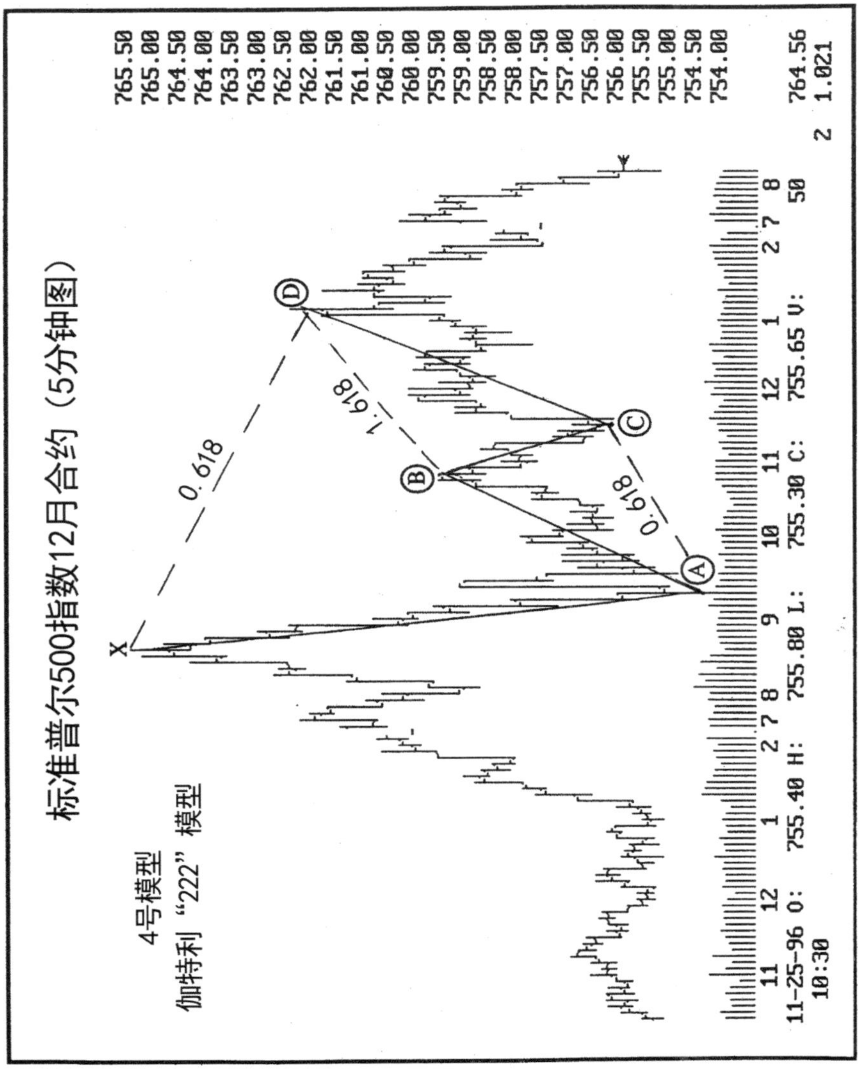
标准普尔500指数12月合约（5分钟图）
4号模型
伽特利“222”模型
X
A
B
C
D
0.618
1.618
0.618
765.50
765.00
764.50
764.00
763.50
763.00
762.50
762.00
761.50
761.00
760.50
760.00
759.50
759.00
758.50
758.00
757.50
757.00
756.50
756.00
755.50
755.00
754.50
754.00
764.56
2 1.021
11 12 1 2 7 8 9 10 11 12 1 2 7 8
11-25-96 O: 755.40 H: 755.80 L: 755.30 C: 755.65 V: 50
10:30

5 号模型

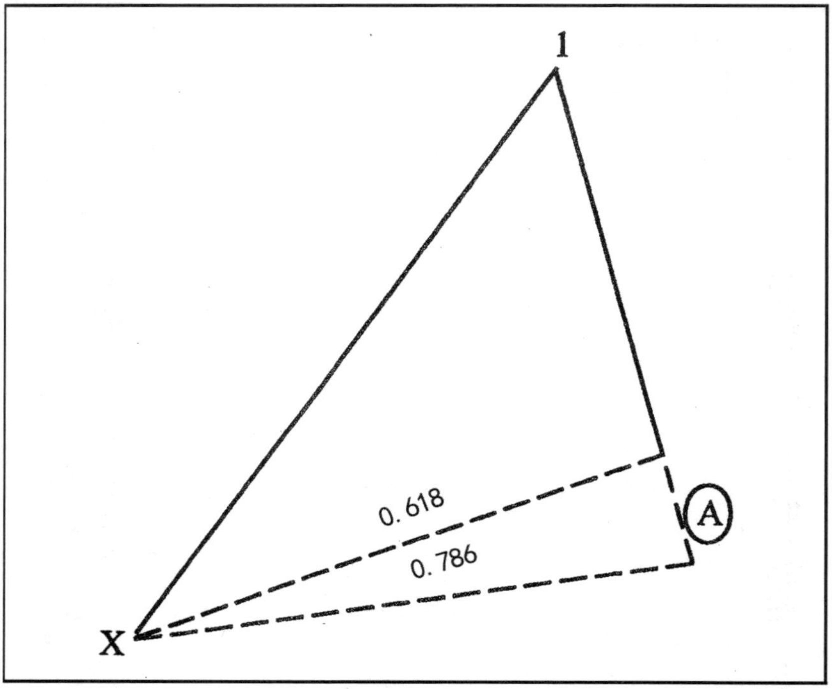

1. 点 X 和点 A 的时间段在 5 到 13 根 K 线之间（例如 5 分钟线，30 分钟线或日线）。在罕见的情况下也可能是 21 根 K 线。这些都是斐波那契数字。

2. 在点 1 和 A 之间没有价格模型。

3. 当价格从 X 到 1 的运动非常强烈时，那么到 A 点的回撤可能只到达 1X 的 38.2%或者 50%。

4. 如果从 0.618 到 0.786 的价差非常大以至于交易者不愿意承受，交易者应该等待进一步验证（例如，动能的改变或者蜡烛图形：

十字星、锤线)。以标普 500 指数为例，如果 0.618 和 0.786 的价差大于 1.70 点，我将等待进一步确认后才进入市场。

5. 时间段，下一个市场运动通常猛烈地向下进行。如果从点 1 到 A 的时间超过了 8 根 K 线，紧接着的回撤将很可能不那么强烈。

6. 交易者永远不会知道市场将会到达哪一个回撤数字，交易者需要决定在交易中承担多大的风险。

7. 这个模型迫使你利用短线趋势交易，你不需要努力抓住市场的顶部或底部。

8. 在进入市场后，一旦价格跟随趋势到达了 61.8%的位置，保护性止损点也应该移动到点 A。这样我们后面的交易就是风险较少的。

9. 价格的最小目标应该与点 A 到 1 的距离相等。

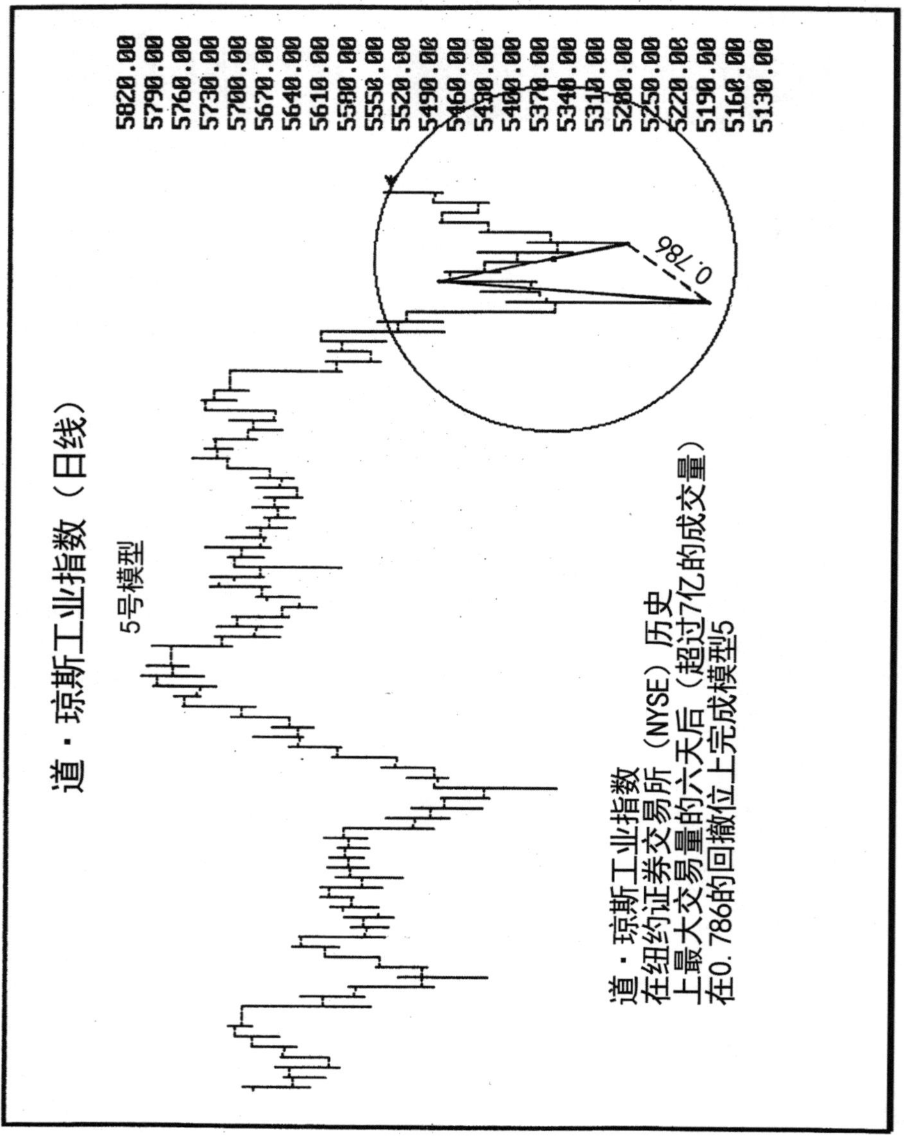
道·琼斯工业指数（日线）
5号模型
道·琼斯工业指数
在纽约证券交易所（NYSE）历史
上最大交易量的六天后（超过7亿的成交量）
在0.786的回撤位上完成模型5
0.786
5820.00
5790.00
5760.00
5730.00
5700.00
5670.00
5640.00
5610.00
5580.00
5550.00
5520.00
5490.00
5460.00
5430.00
5400.00
5370.00
5340.00
5310.00
5280.00
5250.00
5220.00
5190.00
5160.00
5130.00

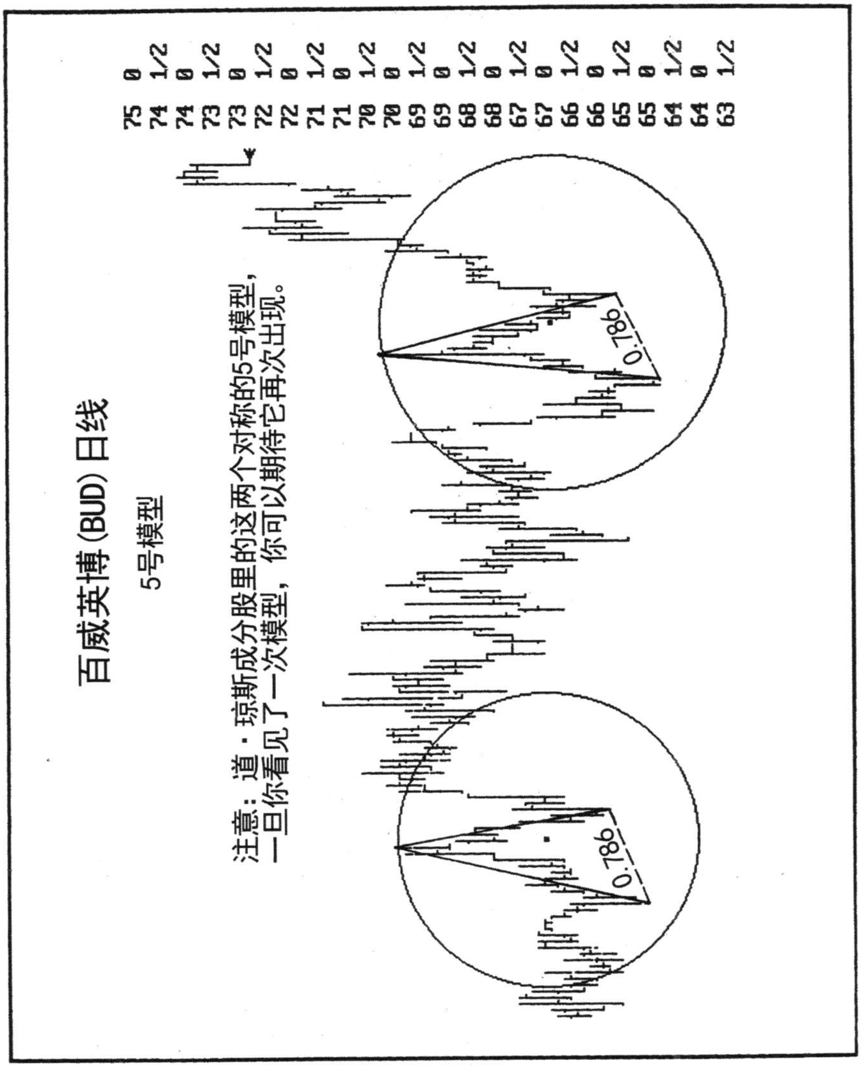
百威英博（BUD）日线
5号模型
注意：道·琼斯成分股里的这两个对称的5号模型，
一旦你看见了一次模型，你可以期待它再次出现。
0.786
0.786
75 0
74 1/2
74 0
73 1/2
73 0
72 1/2
72 0
71 1/2
71 0
70 1/2
70 0
69 1/2
69 0
68 1/2
68 0
67 1/2
67 0
66 1/2
66 0
65 1/2
65 0
64 1/2
64 0
63 1/2

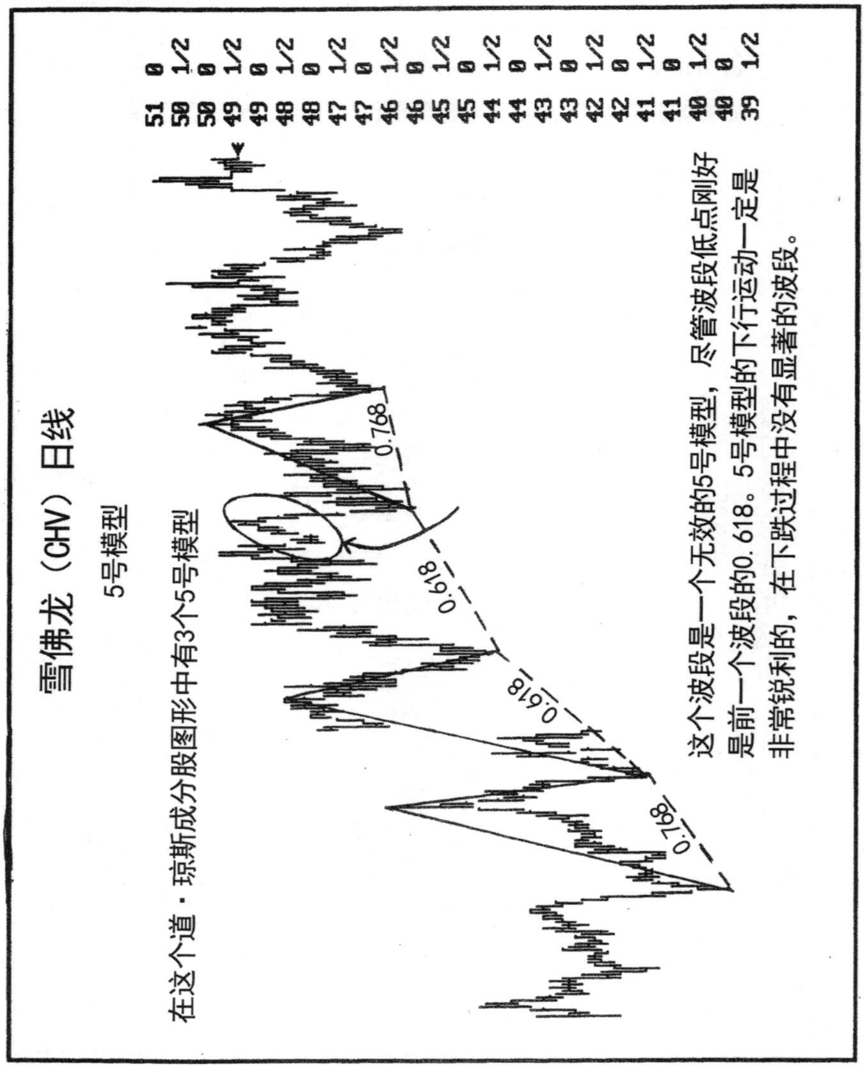
雪佛龙（CHV）日线
5号模型
在这个道·琼斯成分股图形中有3个5号模型
0.768
0.618
0.618
0.768
这个波段是一个无效的5号模型，尽管波段低点刚好是前一个波段的0.618。5号模型的下行运动一定是非常锐利的，在下跌过程中没有显著的波段。

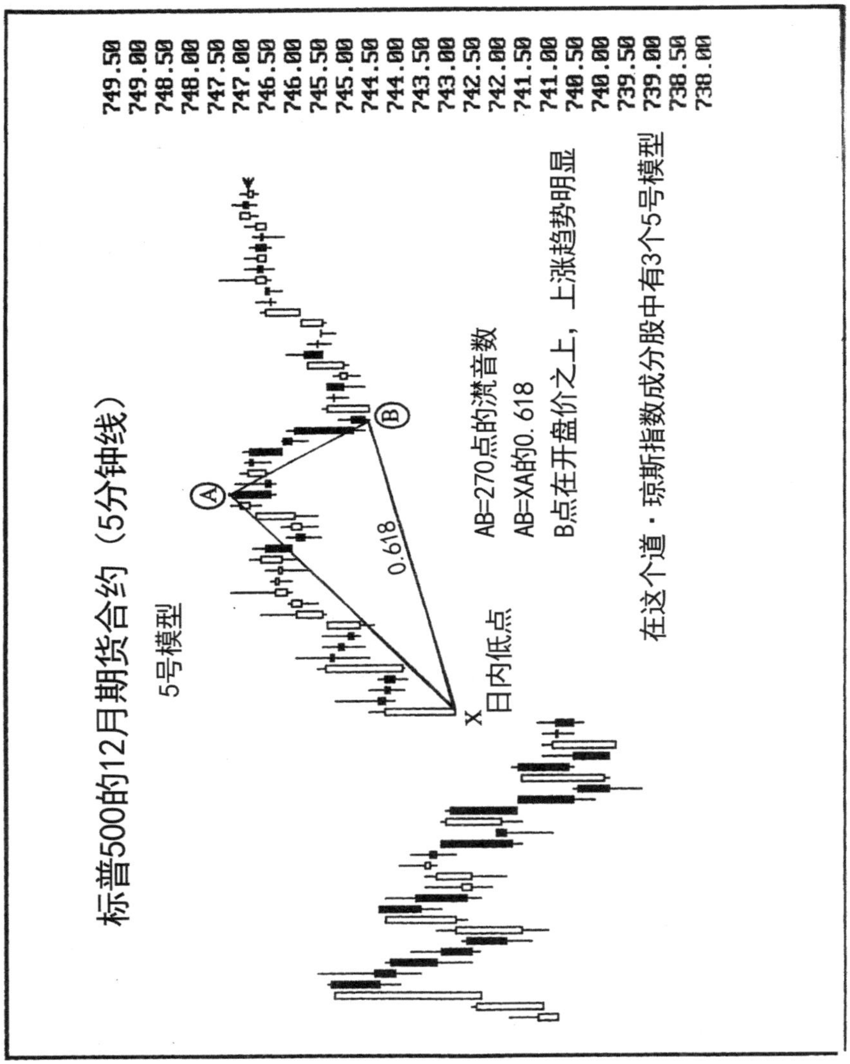
标普500的12月期货合约（5分钟线）
5号模型
A
B
0.618
X
日内低点
AB=270点的潹音数
AB=XA的0.618
B点在开盘价之上，上涨趋势明显
在这个道·琼斯指数成分股中有3个5号模型
749.50
749.00
748.50
748.00
747.50
747.00
746.50
746.00
745.50
745.00
744.50
744.00
743.50
743.00
742.50
742.00
741.50
741.00
740.50
740.00
739.50
739.00
738.50
738.00

6 号模型

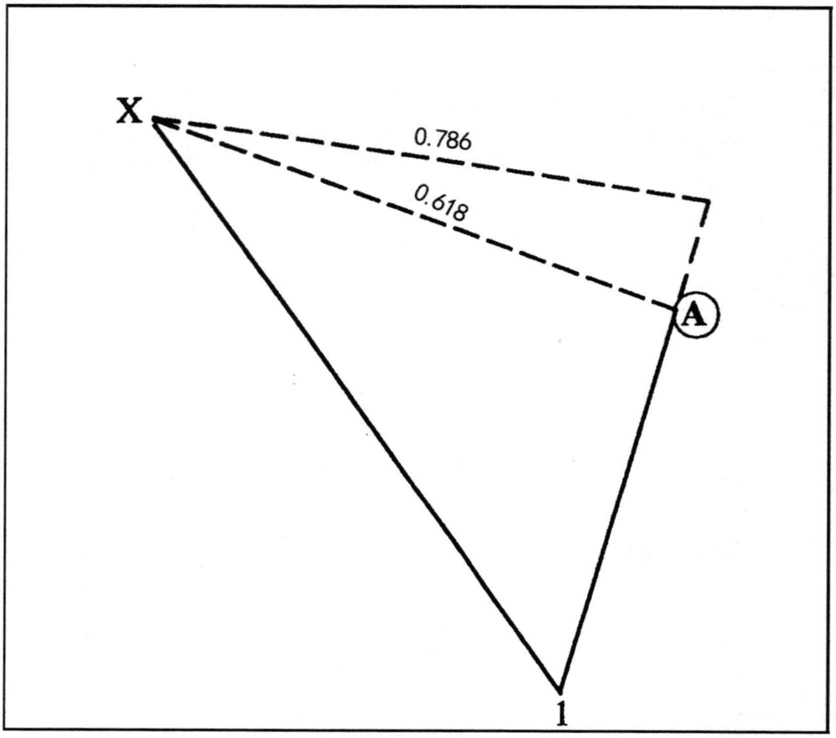

1. 点 X 和点 A 之间的 K 线数目介于 5 和 13 之间（例如，5 分钟线、30 分钟线或者日线）。在罕见情况下会出现 21 根 K 线。

2. 通常，在点 1 和点 A 之间不存在波段图形。

3. 如果从 X 点到 1 点的运动非常迅猛，到点 A 的回撤可能只能达到 1X 的 38.2%或者 50%。

4. 如果在 0.618 回撤位和 0.786 回撤位之间的价差比投资者愿意冒的风险要大，投资者应该等待市场的进一步确认（例如动能的改变或者蜡烛图形出现十字星或锤线）。在标普 500 指数合约中，举例来说，如果 0.618 和 0.786 之间的差额大于 170 点，我将等待市场的进一步确认信号才入场交易。

5. 点 X 和点 A 之间的 K 线数目给出市场下一个波段的强烈提示。当从 1 到 A 的距离非常短，3~5 根 K 线，下一个波段将会强力上涨。如果从下方的点 1 到点 A 的 K 线长于 8 根 K 线，那么随后的反弹将很可能不那么强劲。

6. 投资者永远不会知道市场将会达到哪一个回撤数字，这得由投资者来决定在交易中承受多大的风险。

7. 这个图形迫使你做短线交易，你不要去努力追寻顶部或底部。

8. 入场后，一旦价格顺着趋势的方向移动到 0.618 的位置，止损点应该移动到点 A。这样将给投资者一个风险较小的交易。

9. 最小价格目标应该和点 X 到点 1 的距离相等。

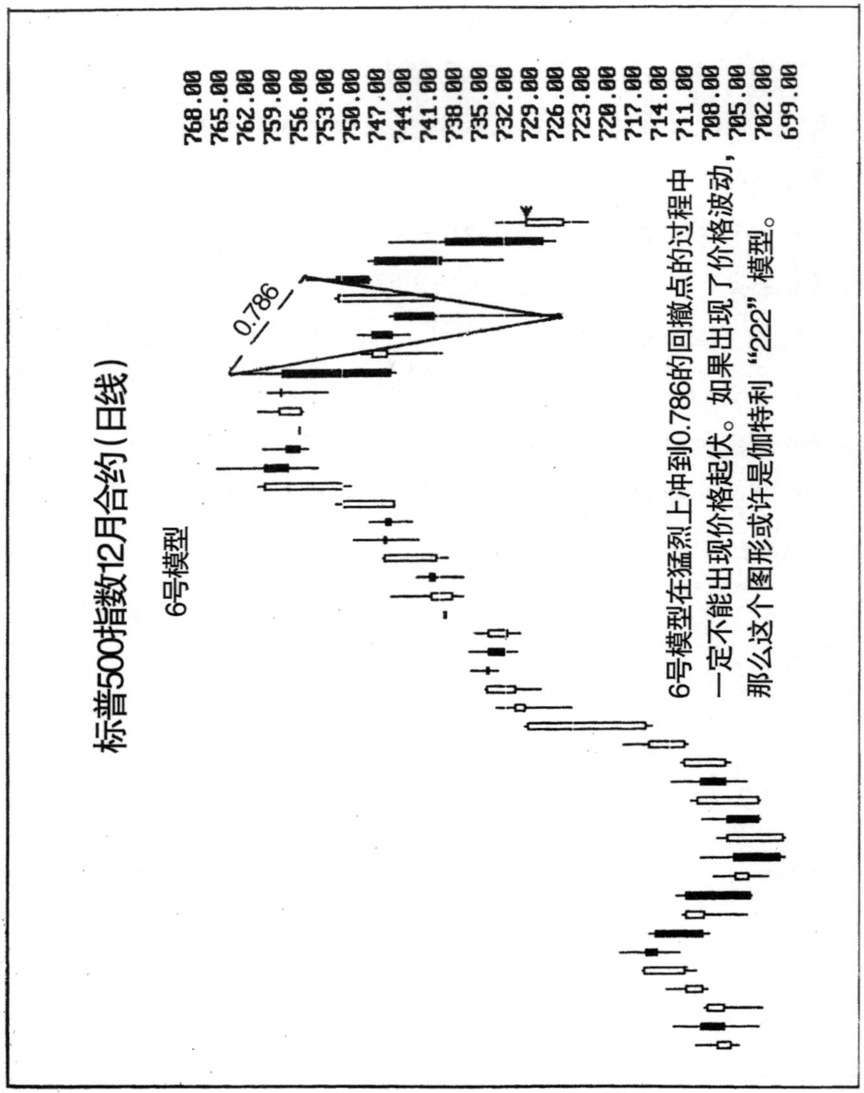

6号模型在猛烈上冲到0.786的回撤点的过程中一定不能出现价格起伏。如果出现了价格波动，那么这个图形或许是伽特利“222”模型。

7 号模型

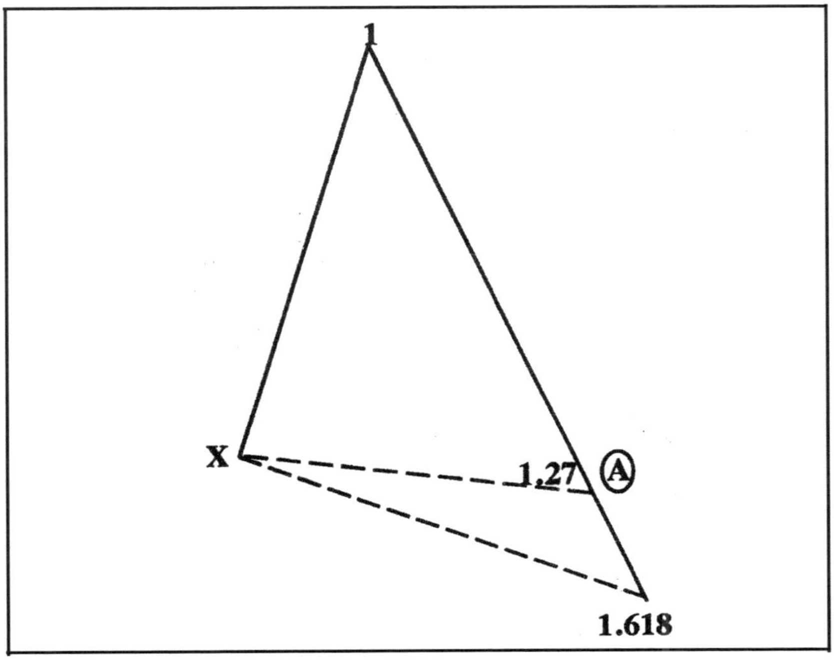

1. 点 X 和点 A 之间的 K 线数目介于 5 和 13 之间（例如，5 分钟、30 分钟或者日线）。在罕见情况下会出现 21 根 K 线。

2. 这是一个反转或者拓展模型。此模型期待价格在点 A 反转。

3. 如果介于 1. 27 和 1. 618 之间的价差过于巨大，交易者应该等待一个市场运动已经力竭的确认信号（例如十字星或者锤线或者另一个指标）。

4. 从点 1 到点 A 的急速下冲运动将强烈提示市场的下一步运动。如果价格仅仅用了 5 根或者更少的 K 线就到达 1. 27 的位置，价格将有很大可能扩展到 1. 618 的位置。

5. 在点 1 和点 A 之间应该没有价格起伏。如果它们中间存在一个价格波动，那么 6 号模型就变成了一个伽特利“222”模型。

6. 这是一个非常重要的日内交易模型，因为点 X 经常是当天的开盘价。

7. 当价格顺应交易方向运动，止损点应该提高至损益平衡的位置。

8. 收益目标应该是点 1 和点 A 之间的价差。

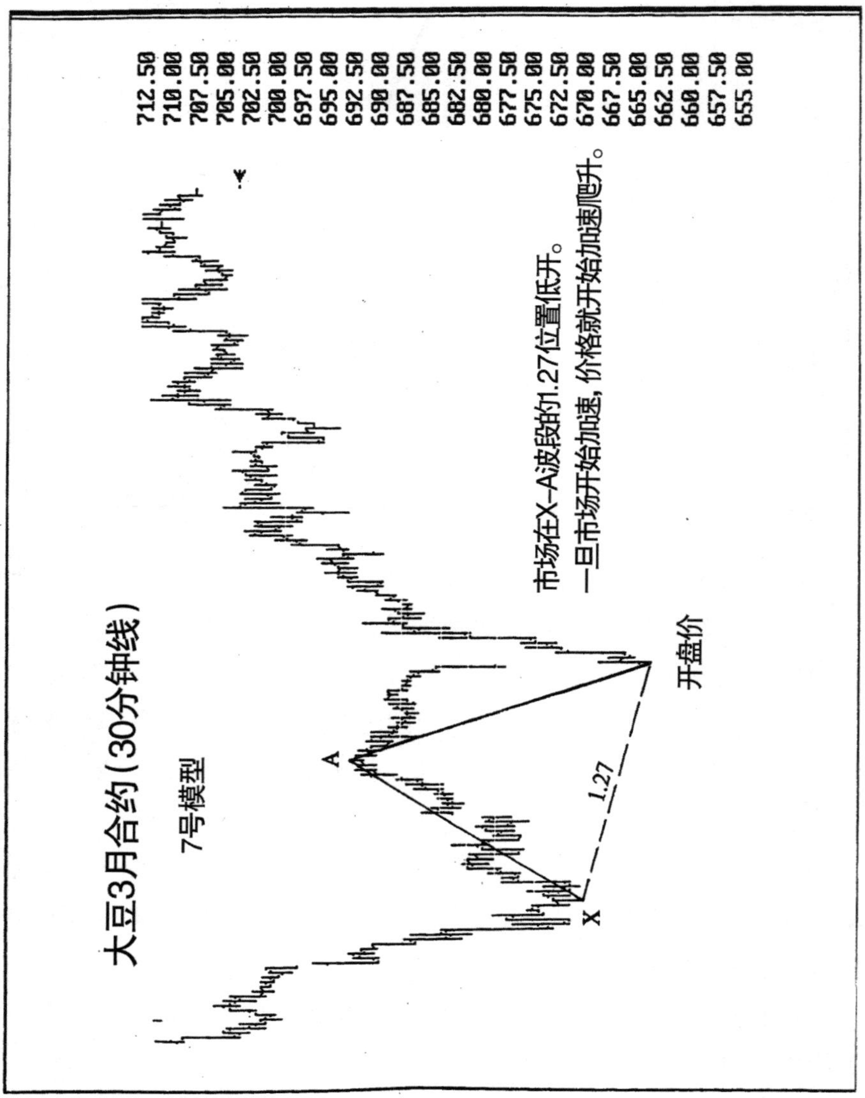

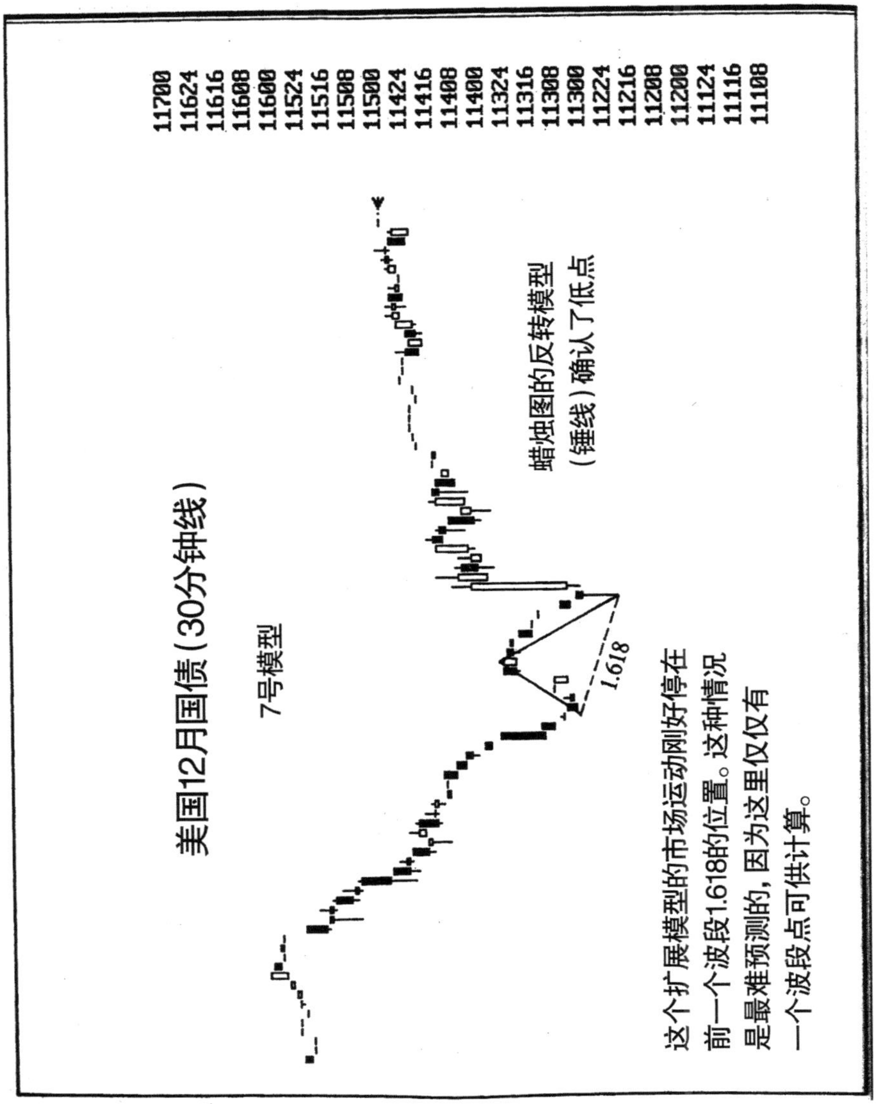
美国12月国债（30分钟线）
7号模型
蜡烛图的反转模型
（锤线）确认了低点
1.618
这个扩展模型的市场运动刚好停在前一个波段1.618的位置。这种情况是最难预测的，因为这里仅仅有一个波段点可供计算。
11700
11624
11616
11608
11600
11524
11516
11508
11500
11424
11416
11408
11400
11324
11316
11308
11300
11224
11216
11208
11200
11124
11116
11108

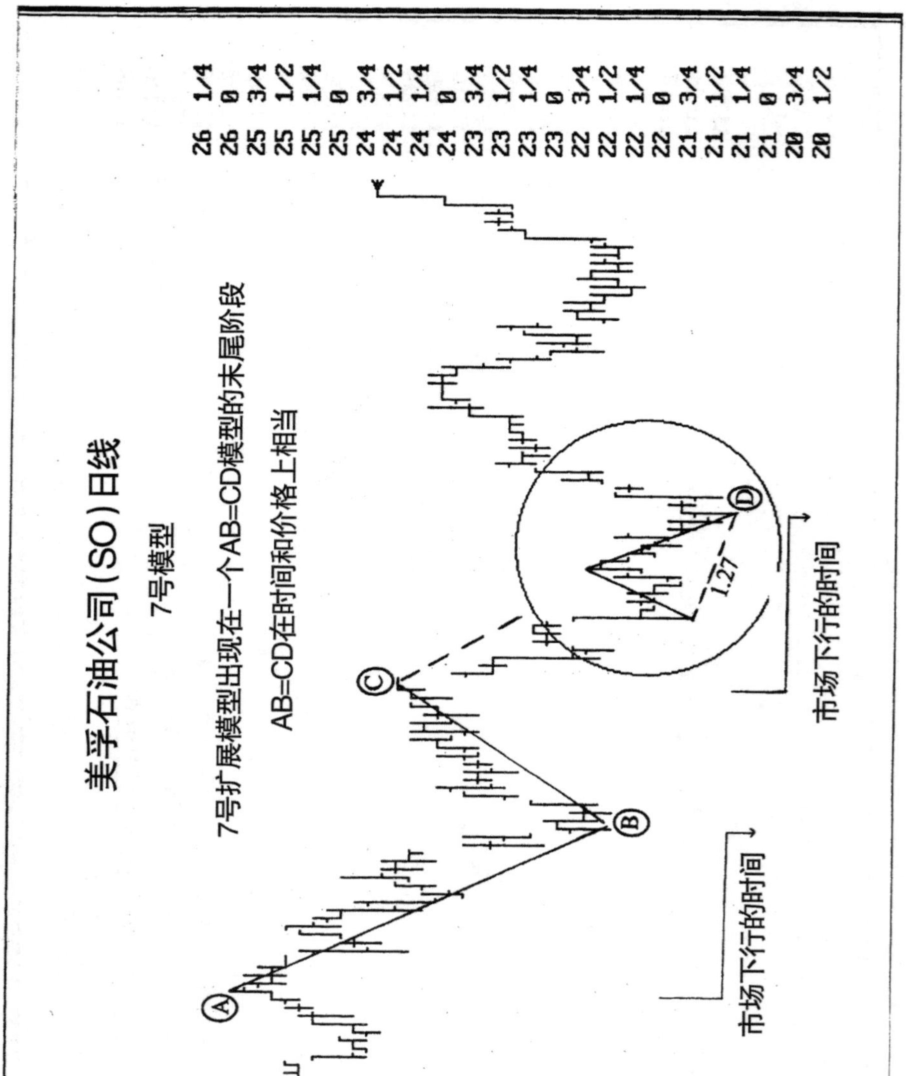
美孚石油公司(SO)日线
7号模型
7号扩展模型出现在一个AB=CD模型的末尾阶段
AB=CD在时间和价格上相当
A
B
C
D
1.27
市场下行的时间
市场下行的时间
26 1/4
26 0
25 3/4
25 1/2
25 1/4
25 0
24 3/4
24 1/2
24 1/4
24 0
23 3/4
23 1/2
23 1/4
23 0
22 3/4
22 1/2
22 1/4
22 0
21 3/4
21 1/2
21 1/4
21 0
20 3/4
20 1/2

8 号模型

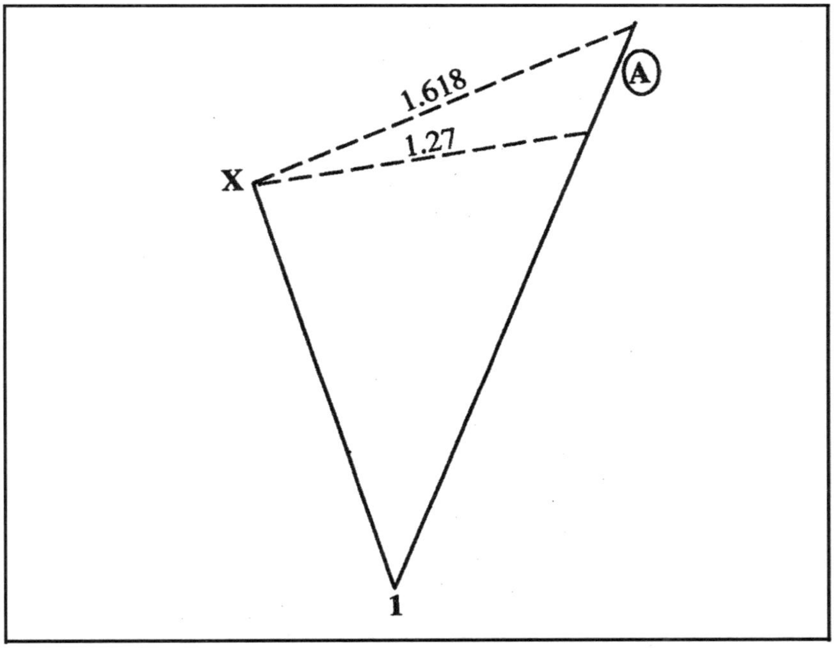

1. 点 X 和点 A 之间的 K 线数目介于 5 和 13 之间（例如，5 分钟、30 分钟或者日线）。在罕见情况下会出现 21 根。

2. 这是一个反转或者拓展模型，此模型期待价格在点 A 反转。

3. 如果介于 1. 27 和 1. 618 之间的价差过于巨大，交易者应该等待一个市场运动已经力竭的确认信号（例如十字星或者锤线或者另一个指标）。

4. 从点 1 到点 A 的急速上冲运动将强烈提示市场的下一步运动。如果价格仅仅用了 5 根或者更少的 K 线就到达 1. 27 的位置，价格将有很大可能扩展到 1. 618 的位置。

5. 在点 1 和点 A 之间应该没有价格起伏。如果它们中间存在一个价格波动，那么 8 号模型就变成了一个伽特利“222”模型。

6. 这是一个非常重要的日内交易模型，因为点 X 经常是当天的开盘价。

7. 当价格顺应交易方向运动，止损点应该提高至损益平衡的位置。

8. 收益目标应该是点 1 和点 A 之间的全部价差。

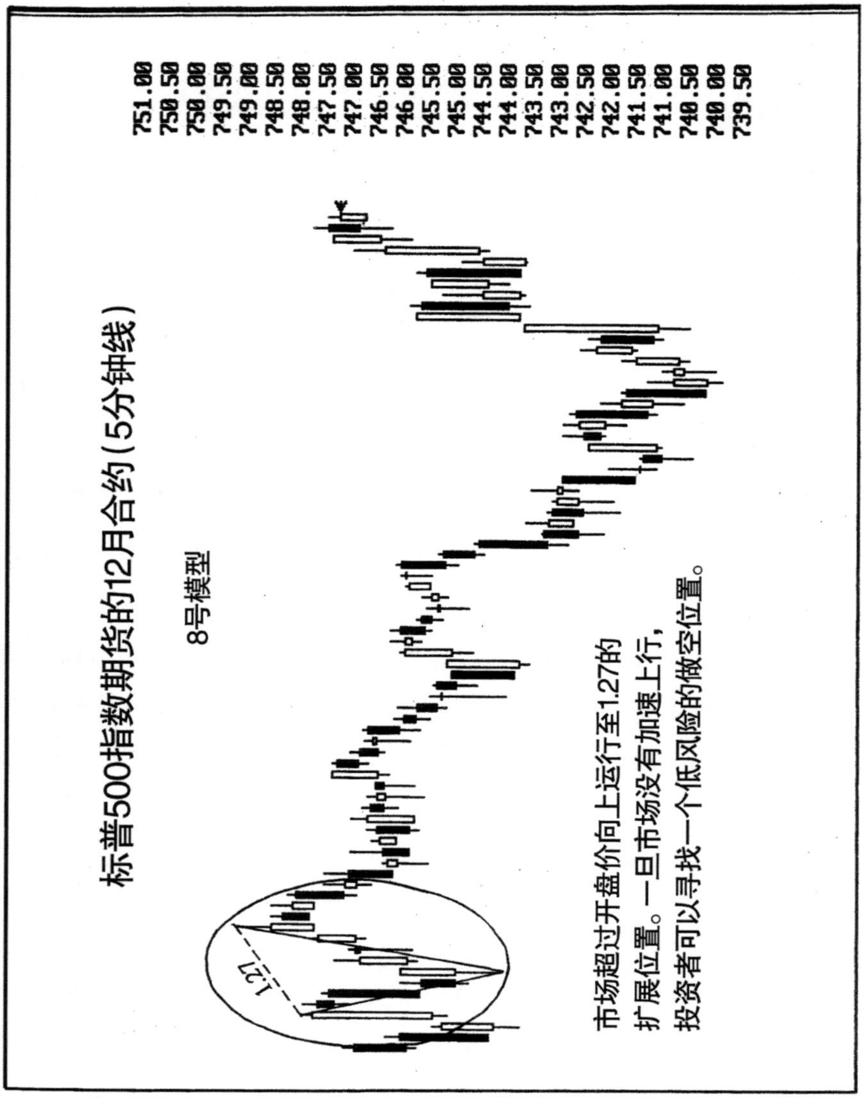

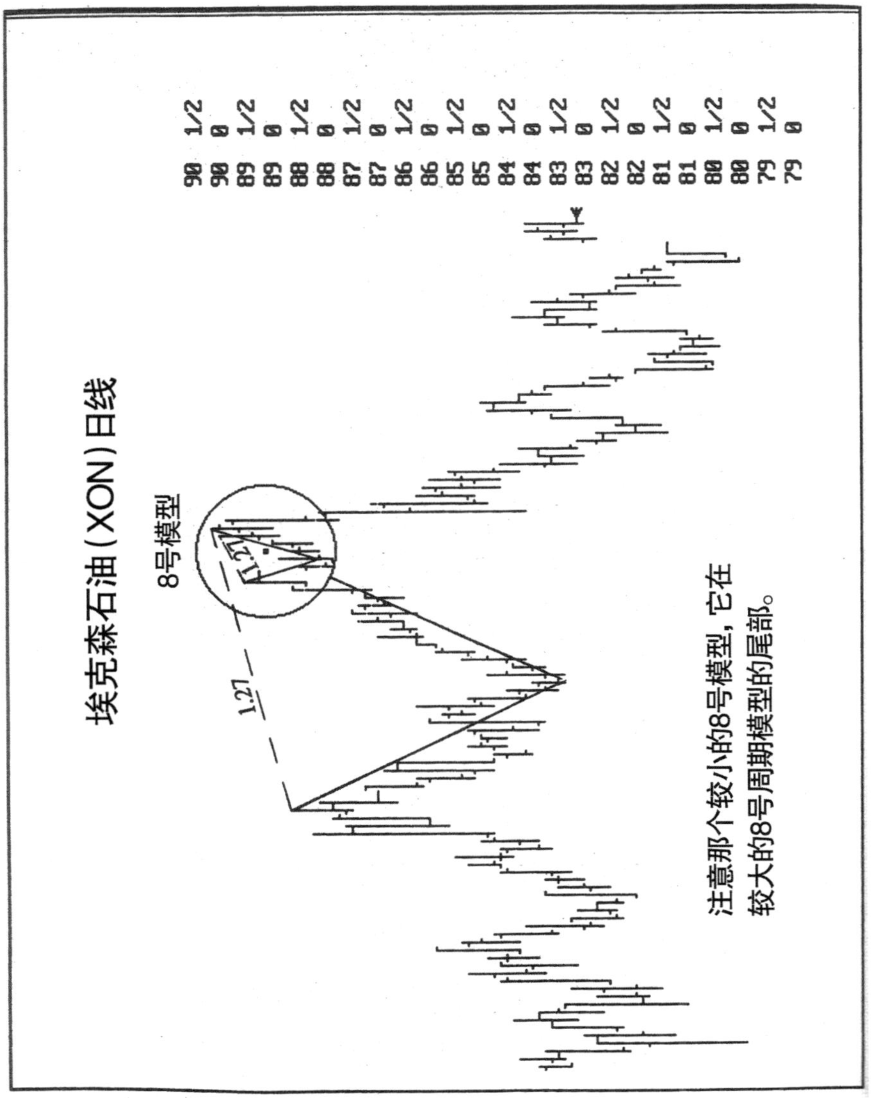

注意那个较小的8号模型，它在较大的8号周期模型的尾部。

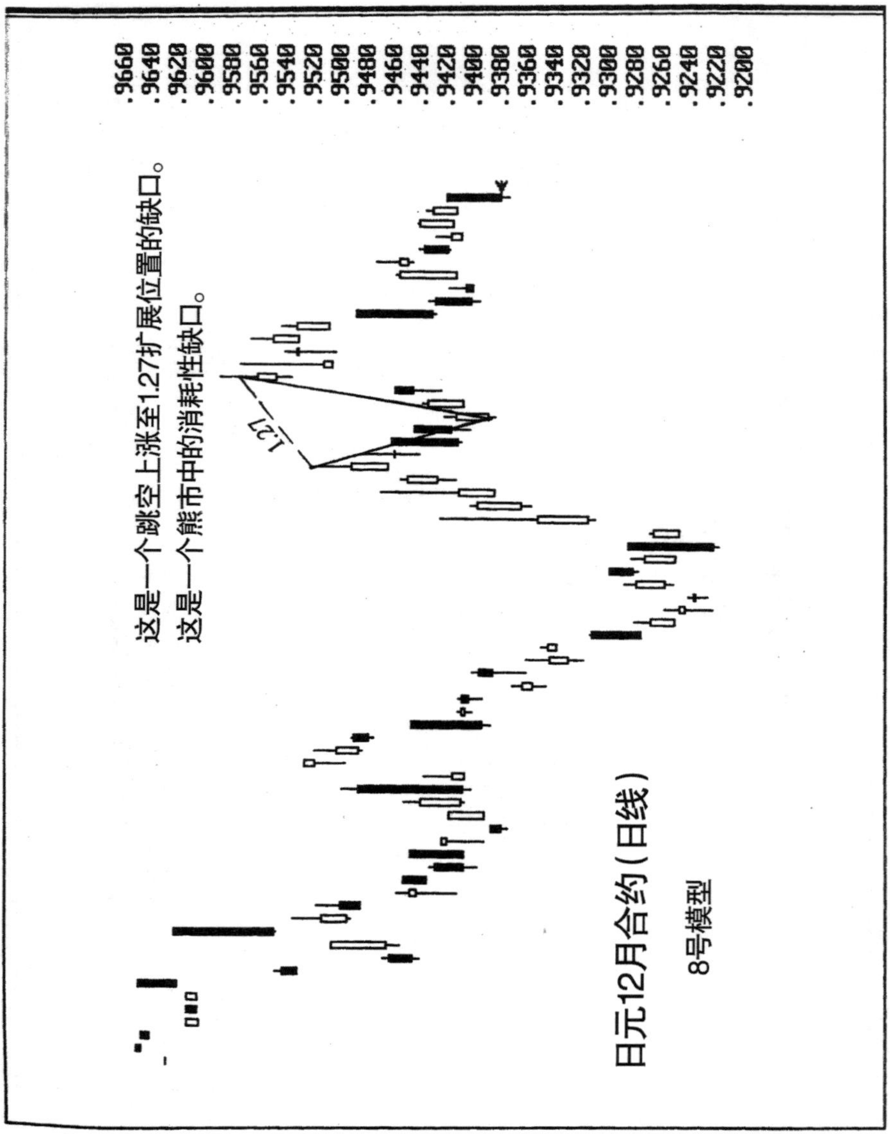
这是一个跳空上涨至1.27扩展位置的缺口。
这是一个熊市中的消耗性缺口。
1.27
.9660
.9640
.9620
.9600
.9580
.9560
.9540
.9520
.9500
.9480
.9460
.9440
.9420
.9400
.9380
.9360
.9340
.9320
.9300
.9280
.9260
.9240
.9220
.9200
日元12月合约（日线）
8号模型

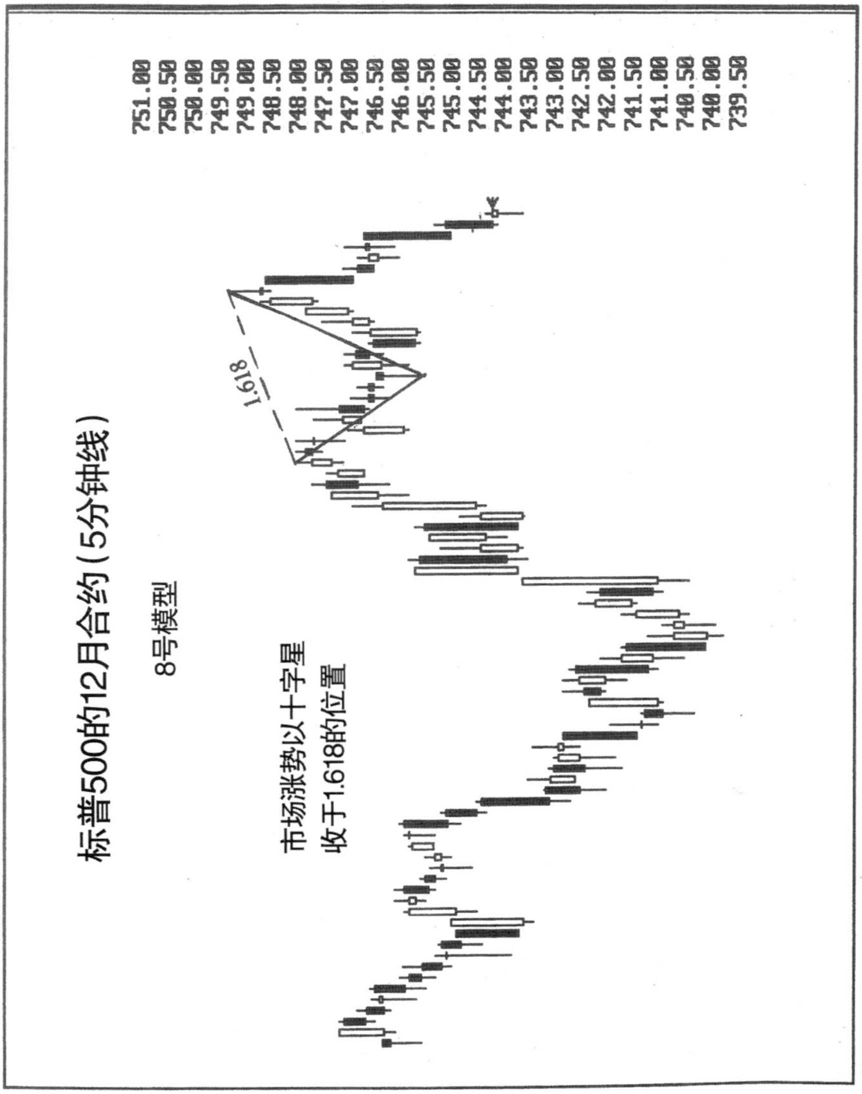
标普500的12月合约（5分钟线）
8号模型
市场涨势以十字星
收于1.618的位置
1.618
751.00
750.50
750.00
749.50
749.00
748.50
748.00
747.50
747.00
746.50
746.00
745.50
745.00
744.50
744.00
743.50
743.00
742.50
742.00
741.50
741.00
740.50
740.00
739.50

9号模型

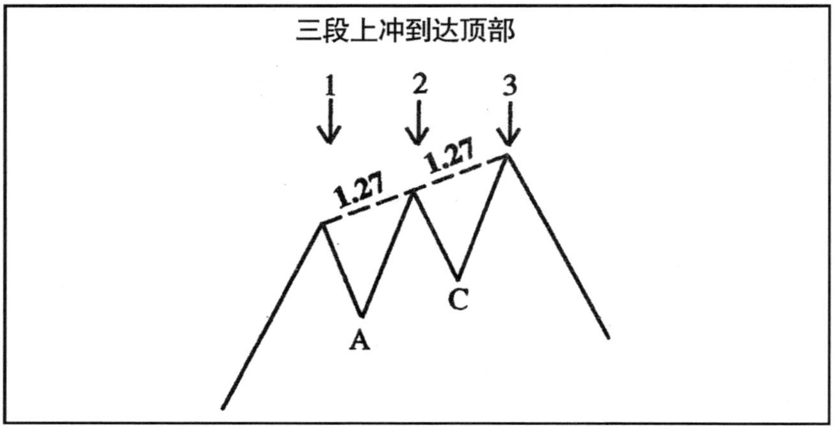

1. 这个模型应该很容易辨认。如果你得凑出这些数字，那它或许就不是这个模型。

2. 对称是这个模型的关键。点2和3一定是A波段和C波段的1.27或者1.618倍。

3. 从点A到点2和从点C到点3的时间段应该是相等的。

4. 任何时候如果在这个模型中有一个巨大的价格跳空缺口，这表明3段上冲模型是错的，交易者应该等待顶部正在形成的更多信号。

5. 点A和C的波段通常将在前一个波段的0.618或0.786的位置。当市场主势是陡峭上升时，这些回撤位仅仅能到达0.382的位置。

6. 三段上冲到顶模型是一个罕见的模型。当你开始注意到这个图形后，它很容易被解释。不要浪费精力寻找这个图形，它应该在你研究图形的时候跳到你的面前。

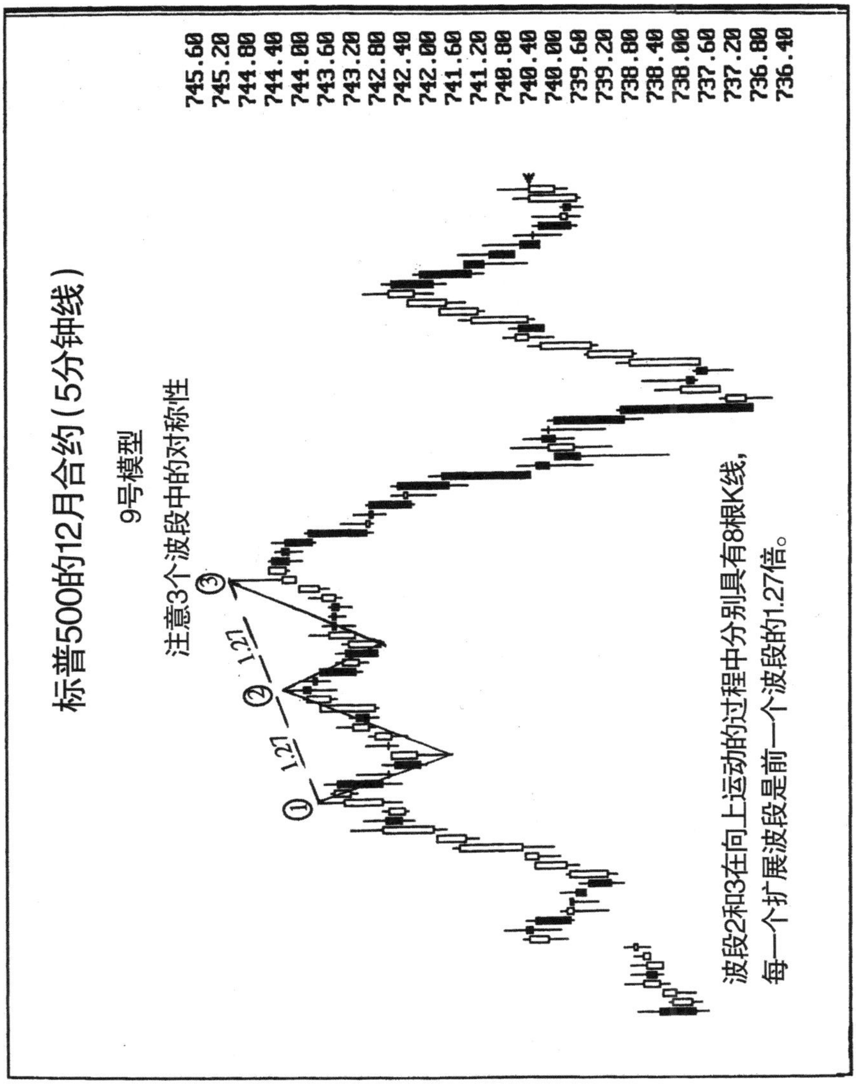
标普500的12月合约（5分钟线）
9号模型
注意3个波段中的对称性
①
②
③
1.27
1.27
745.60
745.20
744.80
744.40
744.00
743.60
743.20
742.80
742.40
742.00
741.60
741.20
740.80
740.40
740.00
739.60
739.20
738.80
738.40
738.00
737.60
737.20
736.80
736.40
波段2和3在向上运动的过程中分别具有8根K线，
每一个扩展波段是前一个波段的1.27倍。

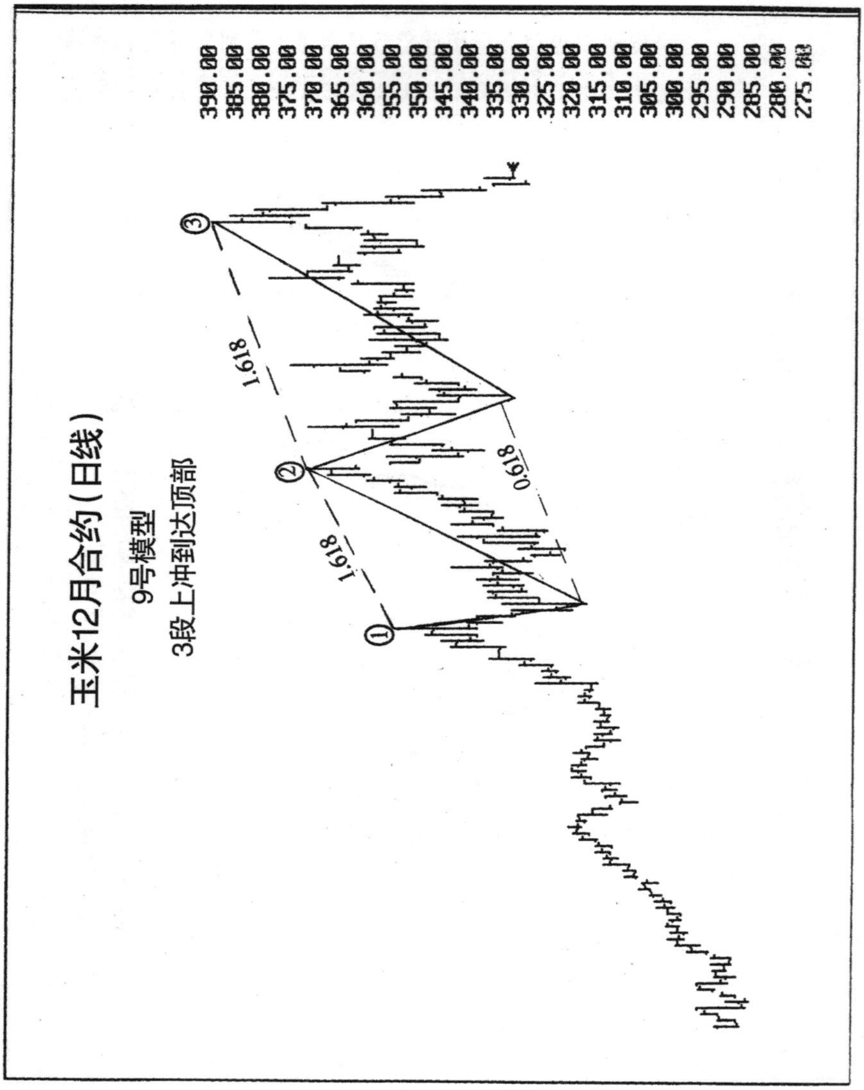
玉米12月合约(日线)
9号模型
3段上冲到达顶部
1
2
3
1.618
1.618
0.618
390.00
385.00
380.00
375.00
370.00
365.00
360.00
355.00
350.00
345.00
340.00
335.00
330.00
325.00
320.00
315.00
310.00
305.00
300.00
295.00
290.00
285.00
280.00
275.00

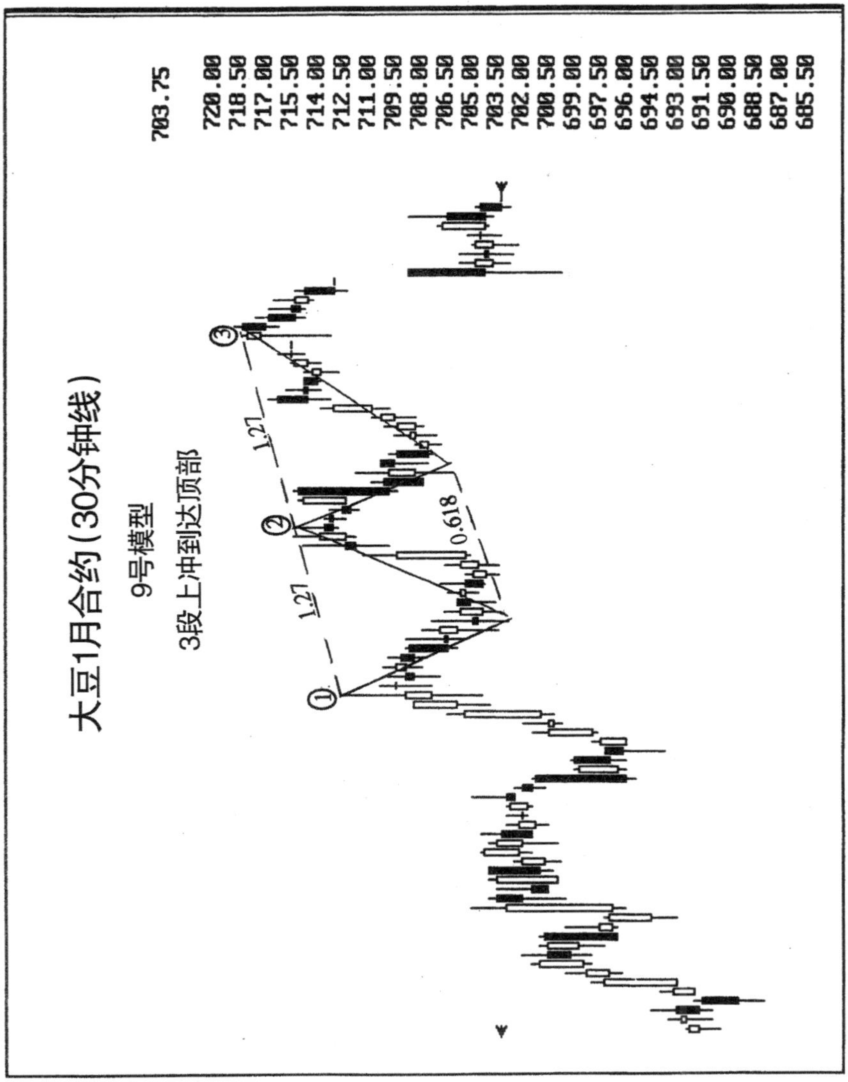
大豆1月合约(30分钟线)
9号模型
3段上冲到达顶部
1.27
1.27
0.618
703.75
720.00
718.50
717.00
715.50
714.00
712.50
711.00
709.50
708.00
706.50
705.00
703.50
702.00
700.50
699.00
697.50
696.00
694.50
693.00
691.50
690.00
688.50
687.00
685.50

10 号模型

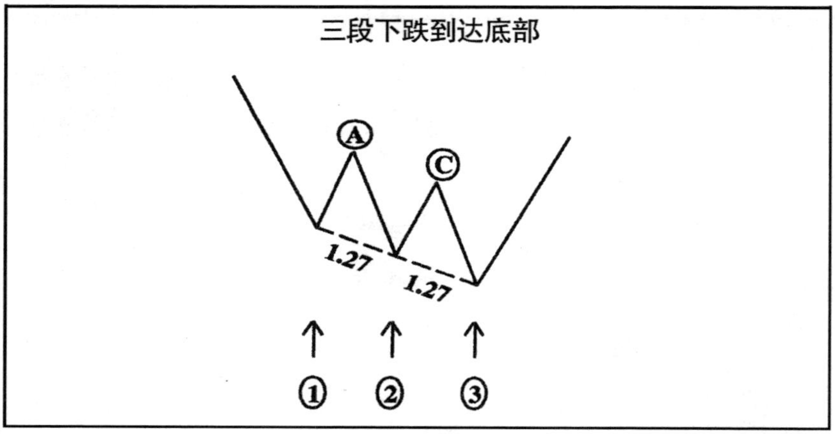

1. 这个模型应该很容易辨认。如果你得凑出这些数字，那它或许就不是这个模型。

2. 对称是这个模型的关键。点 2 和 3 一定是 A 波段和 C 波段的 1.27 或者 1.618 倍。

3. 从点 A 到点 2 和从点 C 到点 3 的时间段应该是相等的。

4. 任何时候如果在这个模型中有一个巨大的价格缺口，这表明 3 段下跌模型是错的，交易者应该等待底部正在形成的更多信号。

5. 点 A 和 C 的波段通常将在前一个波段的 0.618 或 0.786 的位置。当市场走势是陡峭下跌时，这些回撤位仅仅能到达 0.382 的位置。

6. 三段下跌到底模型是一个罕见的模型。当你开始注意到这个图形后，它很容易被解释。不要浪费精力寻找这个图形，它应该在你研究图形的时候跳到你的面前。

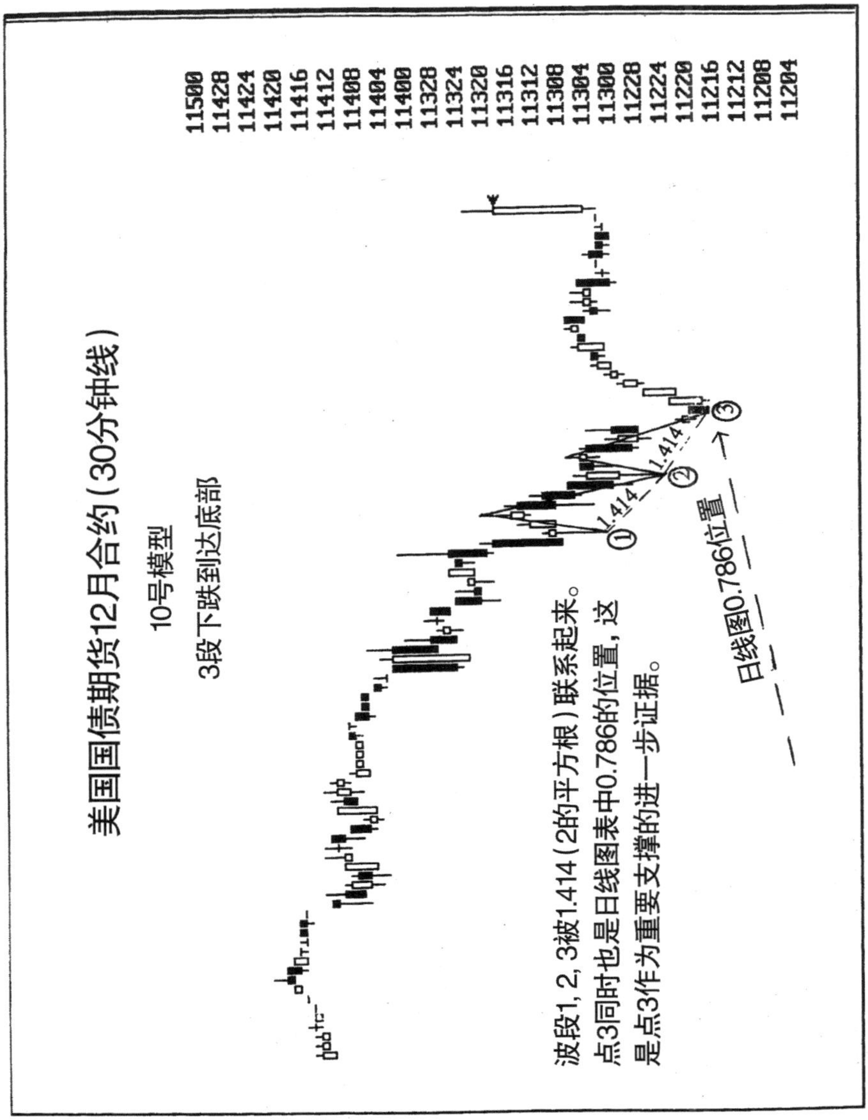
美国国债期货12月合约（30分钟线）
10号模型
3段下跌到达底部
波段1，2，3被1.414（2的平方根）联系起来。点3同时也是日线图表中0.786的位置，这是点3作为重要支撑的进一步证据。
日线图0.786位置
1.414
1.414
①
②
③
11500
11428
11424
11420
11416
11412
11408
11404
11400
11328
11324
11320
11316
11312
11308
11304
11300
11228
11224
11220
11216
11212
11208
11204

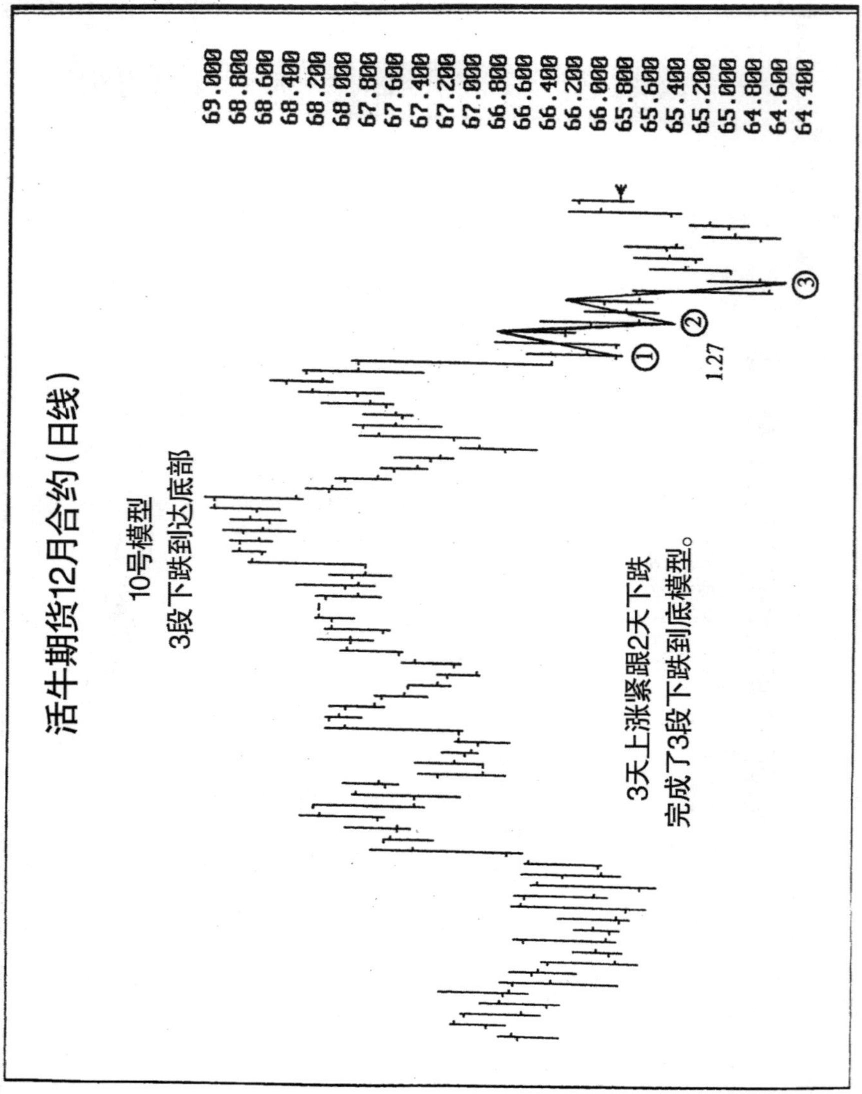
活牛期货12月合约(日线)
10号模型
3段下跌到达底部
3天上涨紧跟2天下跌
完成了3段下跌到底模型。
1.27
①
②
③
69.000
68.800
68.600
68.400
68.200
68.000
67.800
67.600
67.400
67.200
67.000
66.800
66.600
66.400
66.200
66.000
65.800
65.600
65.400
65.200
65.000
64.800
64.600
64.400

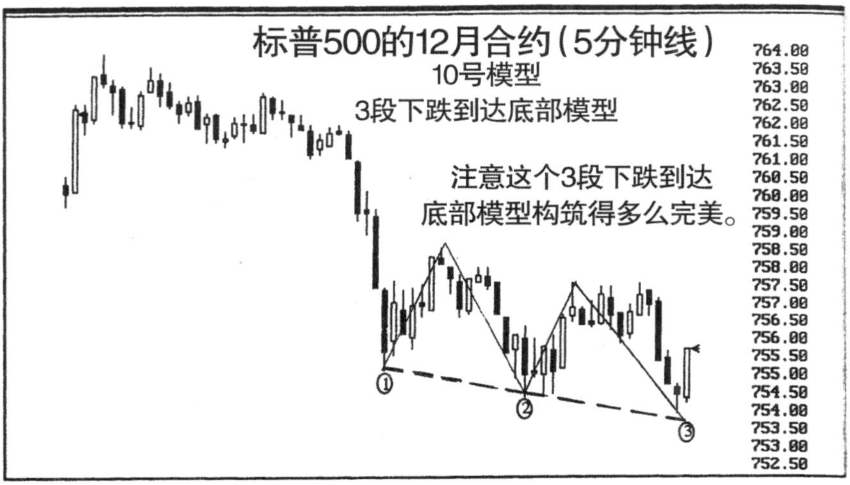
标普500的12月合约（5分钟线）
10号模型
3段下跌到达底部模型
注意这个3段下跌到达
底部模型构筑得多么完美。
764.00
763.50
763.00
762.50
762.00
761.50
761.00
760.50
760.00
759.50
759.00
758.50
758.00
757.50
757.00
756.50
756.00
755.50
755.00
754.50
754.00
753.50
753.00
752.50
①
②
③

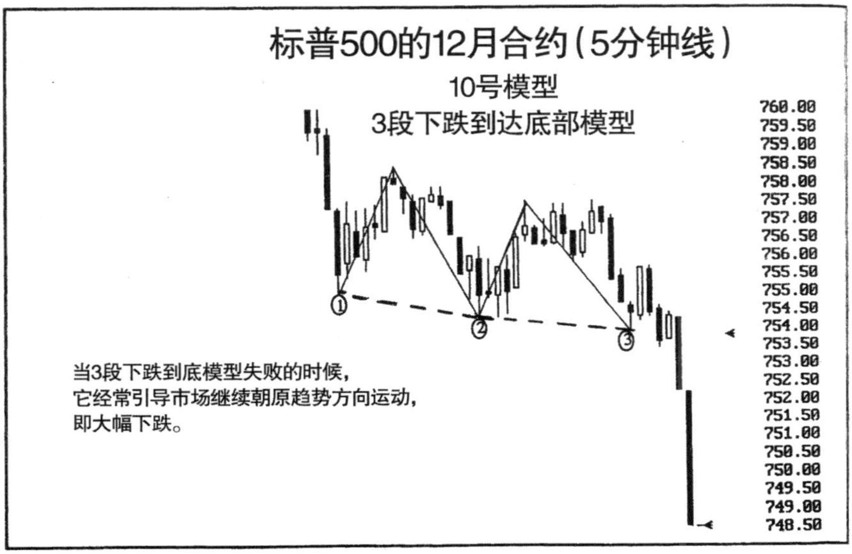
标普500的12月合约（5分钟线）
10号模型
3段下跌到达底部模型
当3段下跌到底模型失败的时候，
它经常引导市场继续朝原趋势方向运动，
即大幅下跌。
760.00
759.50
759.00
758.50
758.00
757.50
757.00
756.50
756.00
755.50
755.00
754.50
754.00
753.50
753.00
752.50
752.00
751.50
751.00
750.50
750.00
749.50
749.00
748.50
①
②
③

利用比率和比例的经典图形

遵从技术分析中讨论的标准交易模型的交易者，或许会发现这一章十分有趣。我选择了四个交易者经常遇到的模型。如果交易者未来在分析这些模型的过程中运用本书中讨论的比例，除了能提高交易获利的胜算之外，交易者也很可能从中得到灵感。

1. 头肩模型（底部和顶部）；
2. 双底和双头模型；
3. 对称三角形模型（扩展的顶部和底部）；
4. 爆炸三角形*。

---

* 爆炸三角形（Dyamite Triangles）指运行很短时间（Short-term）即突破的三角形形态。

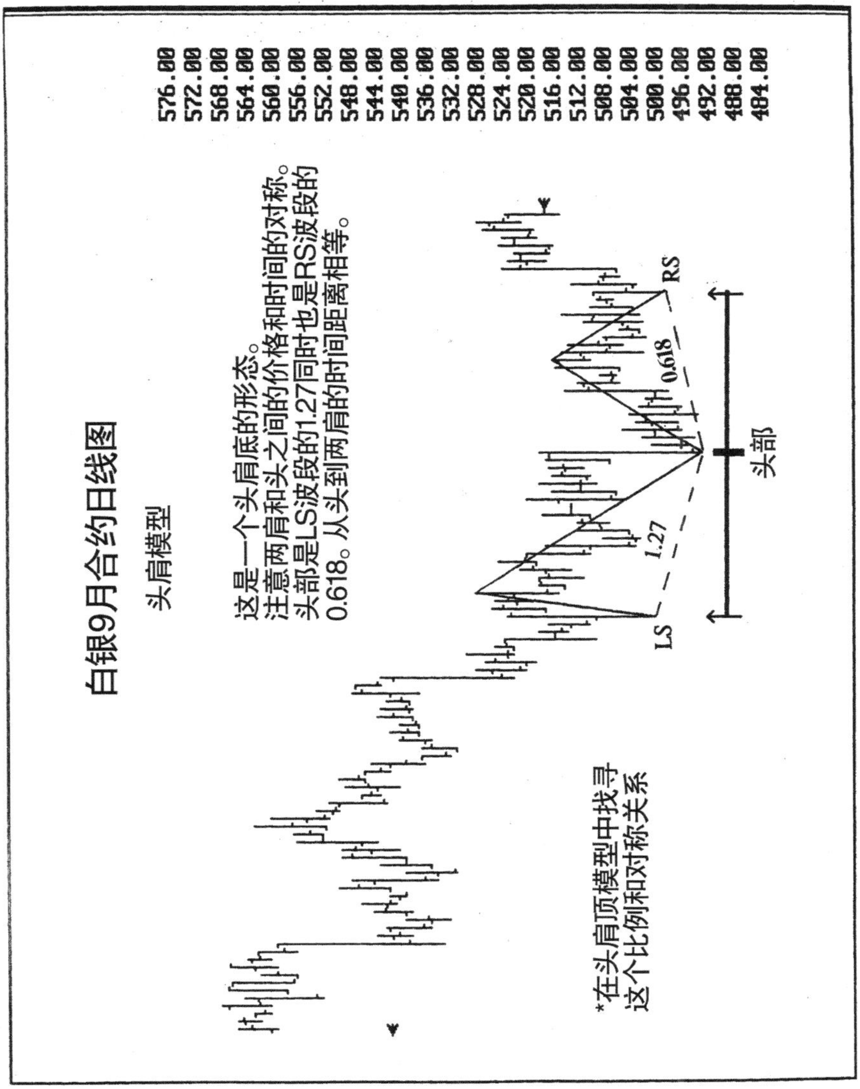
白银9月合约日线图
头肩模型
这是一个头肩底的形态。
注意两肩和头之间的价格和时间的对称。
头部是LS波段的1.27同时也是RS波段的
0.618。从头到两肩的时间距离相等。
*在头肩顶模型中找寻
这个比例和对称关系
LS
RS
1.27
0.618
头部
576.00
572.00
568.00
564.00
560.00
556.00
552.00
548.00
544.00
540.00
536.00
532.00
528.00
524.00
520.00
516.00
512.00
508.00
504.00
500.00
496.00
492.00
488.00
484.00

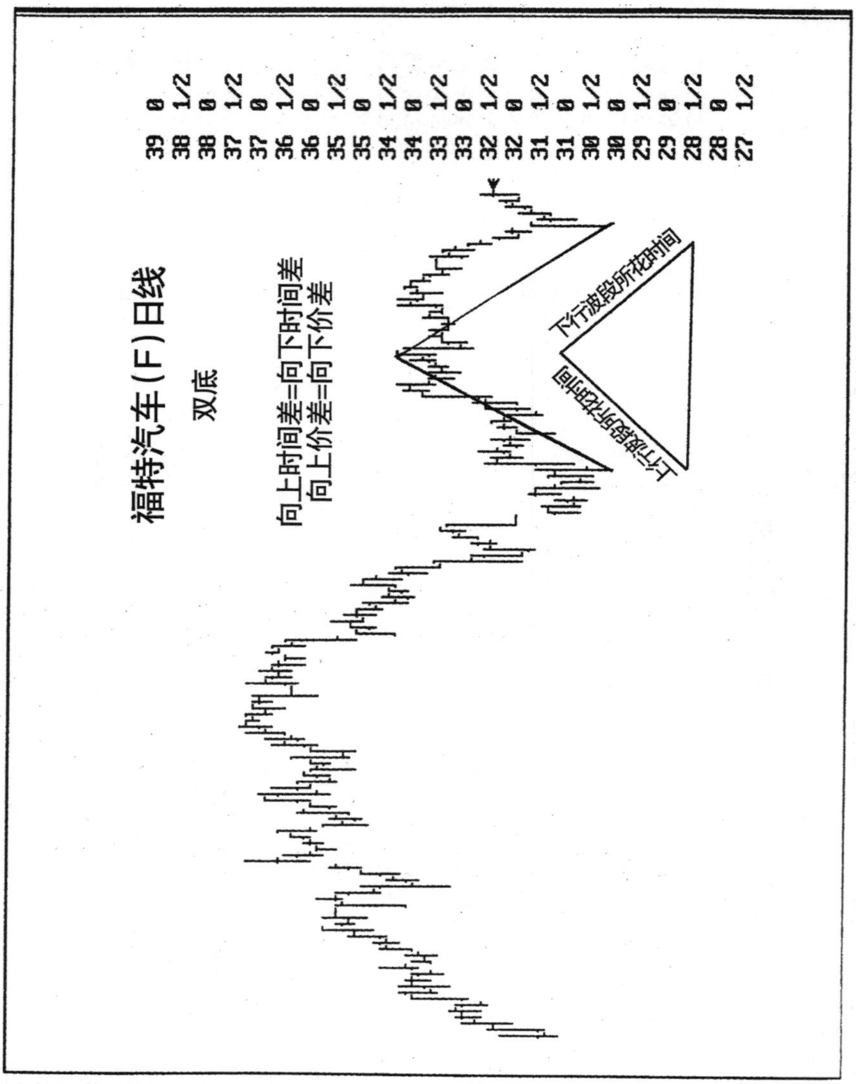
福特汽车（F）日线
双底
向上时间差=向下时间差
向上价差=向下价差
下行波段所花时间
上行波段所花时间
39 0
38 1/2
38 0
37 1/2
37 0
36 1/2
36 0
35 1/2
35 0
34 1/2
34 0
33 1/2
33 0
32 1/2
32 0
31 1/2
31 0
30 1/2
30 0
29 1/2
29 0
28 1/2
28 0
27 1/2

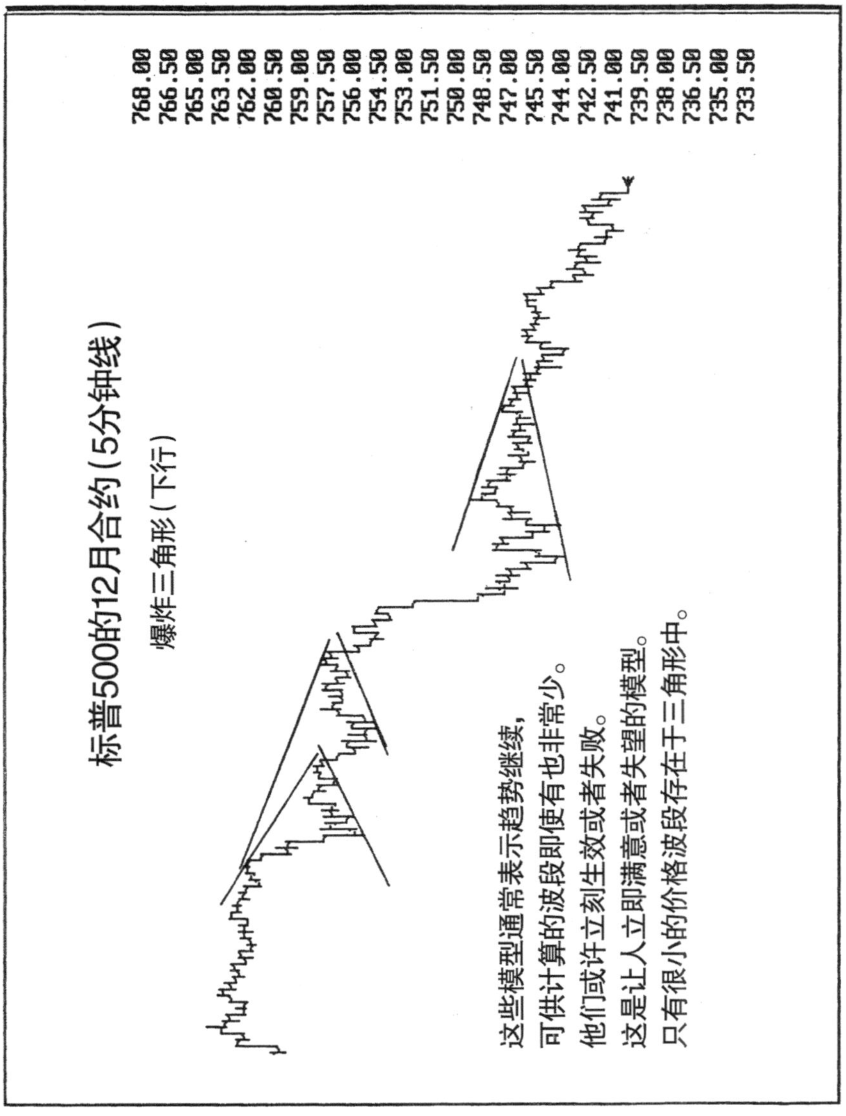
标普500的12月合约（5分钟线）
爆炸三角形（下行）
768.00
766.50
765.00
763.50
762.00
760.50
759.00
757.50
756.00
754.50
753.00
751.50
750.00
748.50
747.00
745.50
744.00
742.50
741.00
739.50
738.00
736.50
735.00
733.50
这些模型通常表示趋势继续，
可供计算的波段即使有也非常少。
他们或许立刻生效或者失败。
这是让人立即满意或者失望的模型。
只有很小的价格波段存在于三角形中。

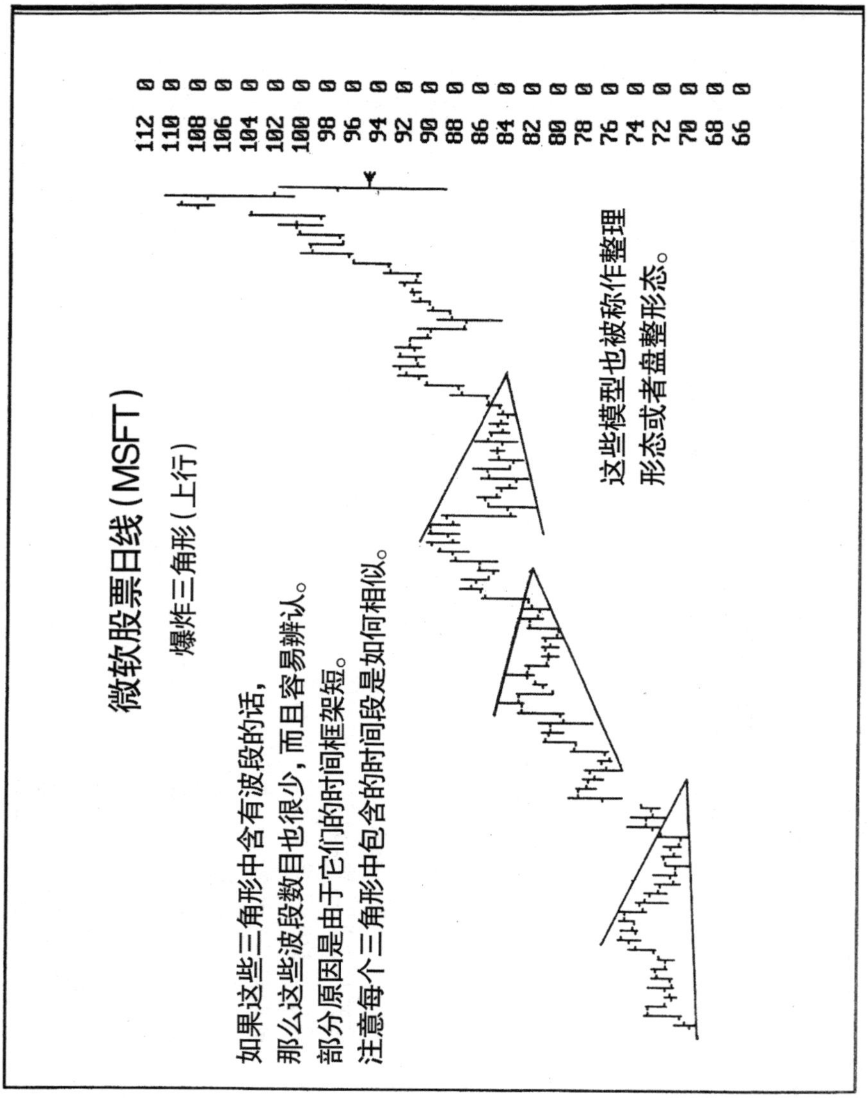
微软股票日线（MSFT）
爆炸三角形（上行）
如果这些三角形中含有波段的话，
那么这些波段数目也很少，而且容易辨认。
部分原因是由于它们的时间框架短。
注意每个三角形中包含的时间段是如何相似。
这些模型也被称作整理
形态或者盘整形态。
112 0
110 0
108 0
106 0
104 0
102 0
100 0
98 0
96 0
94 0
92 0
90 0
88 0
86 0
84 0
82 0
80 0
78 0
76 0
74 0
72 0
70 0
68 0
66 0

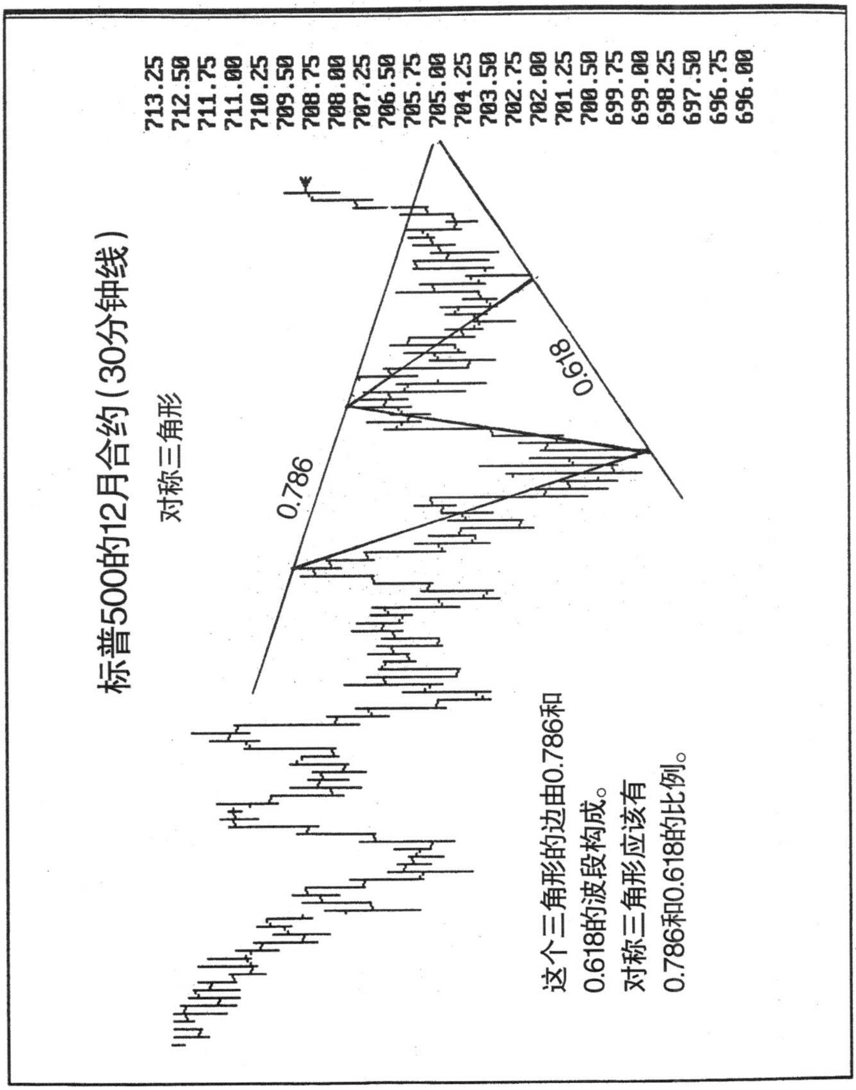
标普500的12月合约（30分钟线）
对称三角形
0.786
0.618
713.25
712.50
711.75
711.00
710.25
709.50
708.75
708.00
707.25
706.50
705.75
705.00
704.25
703.50
702.75
702.00
701.25
700.50
699.75
699.00
698.25
697.50
696.75
696.00
这个三角形的边由0.786和
0.618的波段构成。
对称三角形应该有
0.786和0.618的比例。

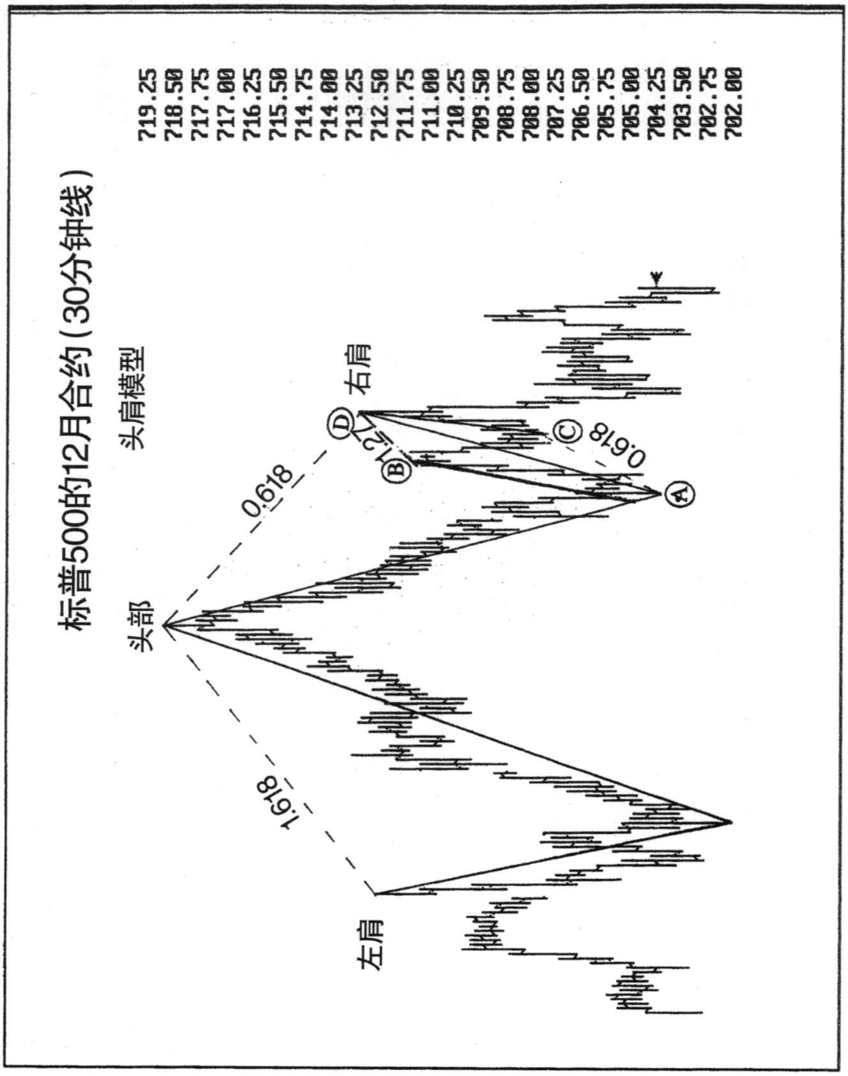
标普500的12月合约（30分钟线）
头肩模型
头部
左肩
右肩
1.618
0.618
1.27
0.618
A
B
C
D
719.25
718.50
717.75
717.00
716.25
715.50
714.75
714.00
713.25
712.50
711.75
711.00
710.25
709.50
708.75
708.00
707.25
706.50
705.75
705.00
704.25
703.50
702.75
702.00

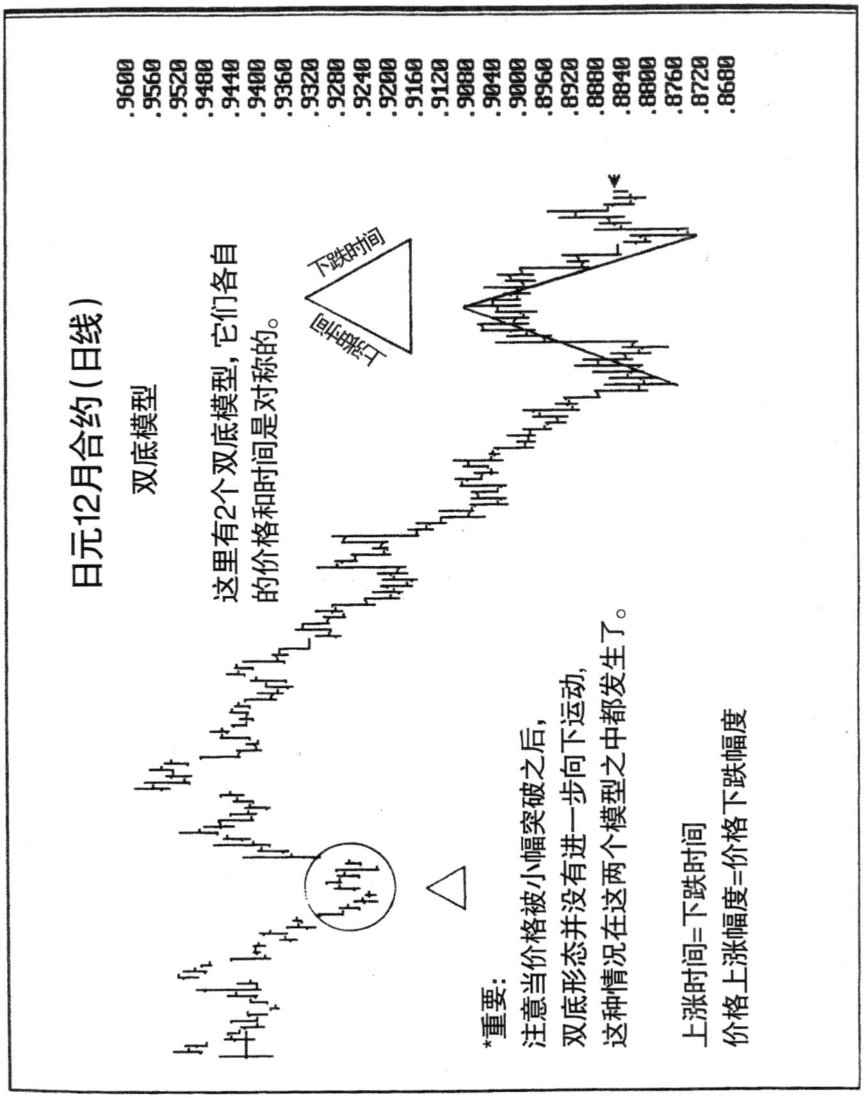
日元12月合约(日线)
双底模型
这里有2个双底模型，它们各自的价格和时间是对称的。
下跌时间
上涨时间
*重要：
注意当价格被小幅突破之后，
双底形态并没有进一步向下运动，
这种情况在这两个模型之中都发生了。
上涨时间=下跌时间
价格上涨幅度=价格下跌幅度
.9600
.9560
.9520
.9480
.9440
.9400
.9360
.9320
.9280
.9240
.9200
.9160
.9120
.9080
.9040
.9000
.8960
.8920
.8880
.8840
.8800
.8760
.8720
.8680

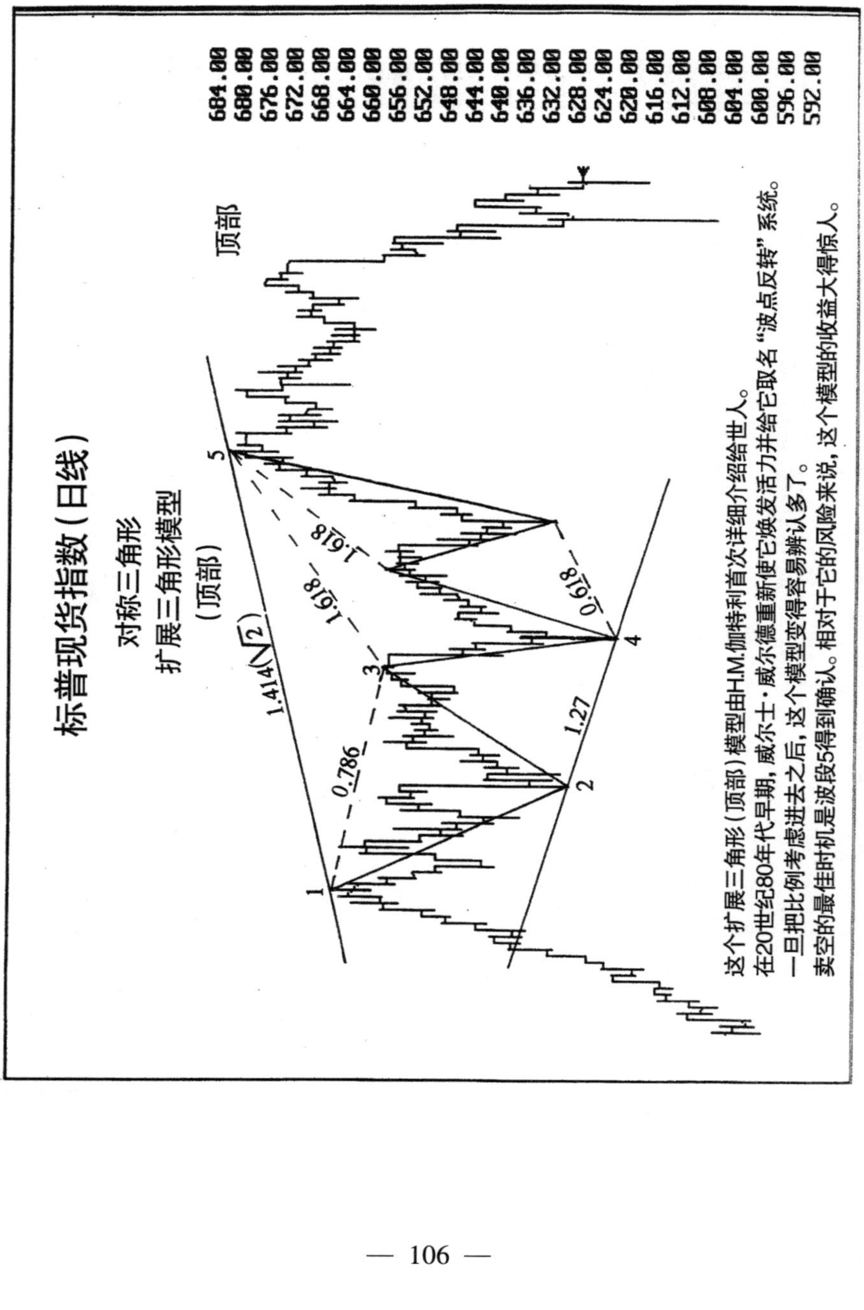
标普现货指数（日线）
对称三角形
扩展三角形模型
（顶部）
顶部
1.414(√2)
0.786
1.618
1.618
1.27
0.618
1
2
3
4
5
684.00
680.00
676.00
672.00
668.00
664.00
660.00
656.00
652.00
648.00
644.00
640.00
636.00
632.00
628.00
624.00
620.00
616.00
612.00
608.00
604.00
600.00
596.00
592.00
这个扩展三角形（顶部）模型由H.M.伽特利首次详细介绍给世人。
在20世纪80年代早期，威尔士·威尔德重新使它焕发活力并给它取名“波点反转”系统。
一旦把比例考虑进去之后，这个模型变得容易辨认多了。
卖空的最佳时机是波段5得到确认。相对于它的风险来说，这个模型的收益大得惊人。

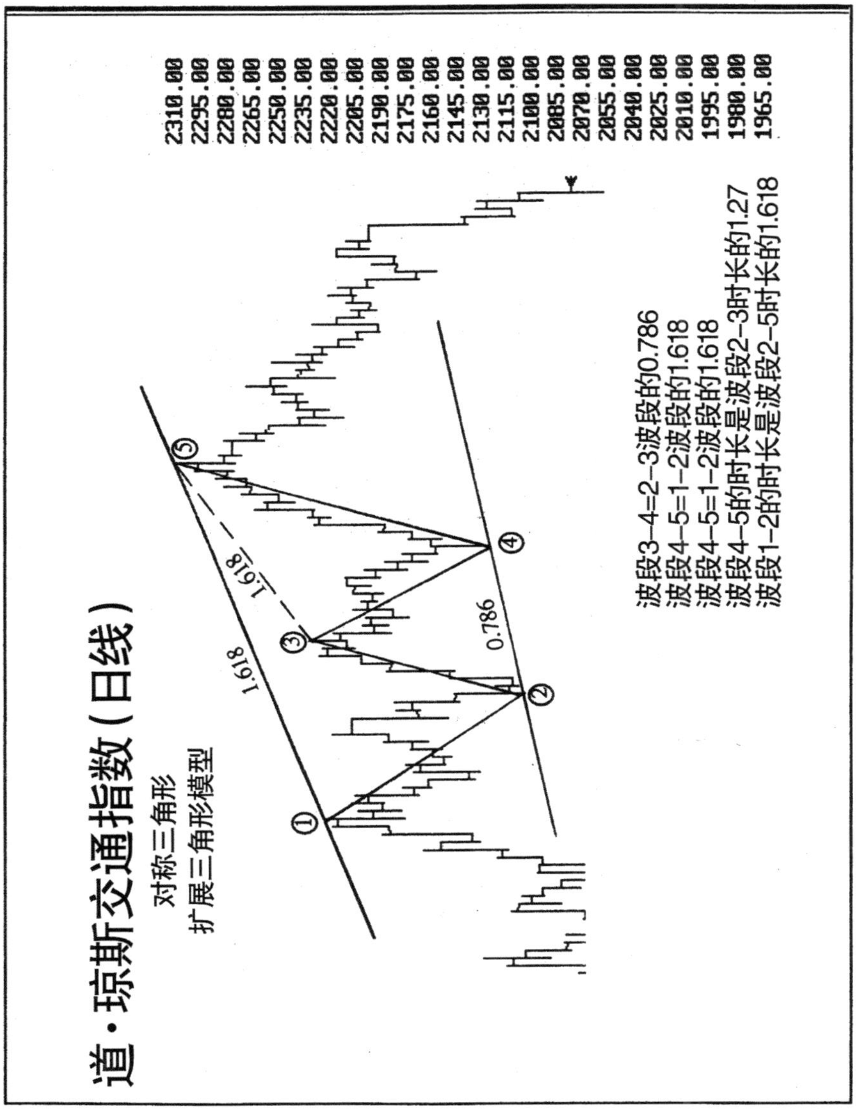
道·琼斯交通指数(日线)
对称三角形
扩展三角形模型
1.618
1.618
0.786
①
②
③
④
⑤
波段3–4=2–3波段的0.786
波段4–5=1–2波段的1.618
波段4–5=1–2波段的1.618
波段4–5的时长是波段2–3时长的1.27
波段1–2的时长是波段2–5时长的1.618
2310.00
2295.00
2280.00
2265.00
2250.00
2235.00
2220.00
2205.00
2190.00
2175.00
2160.00
2145.00
2130.00
2115.00
2100.00
2085.00
2070.00
2055.00
2040.00
2025.00
2010.00
1995.00
1980.00
1965.00

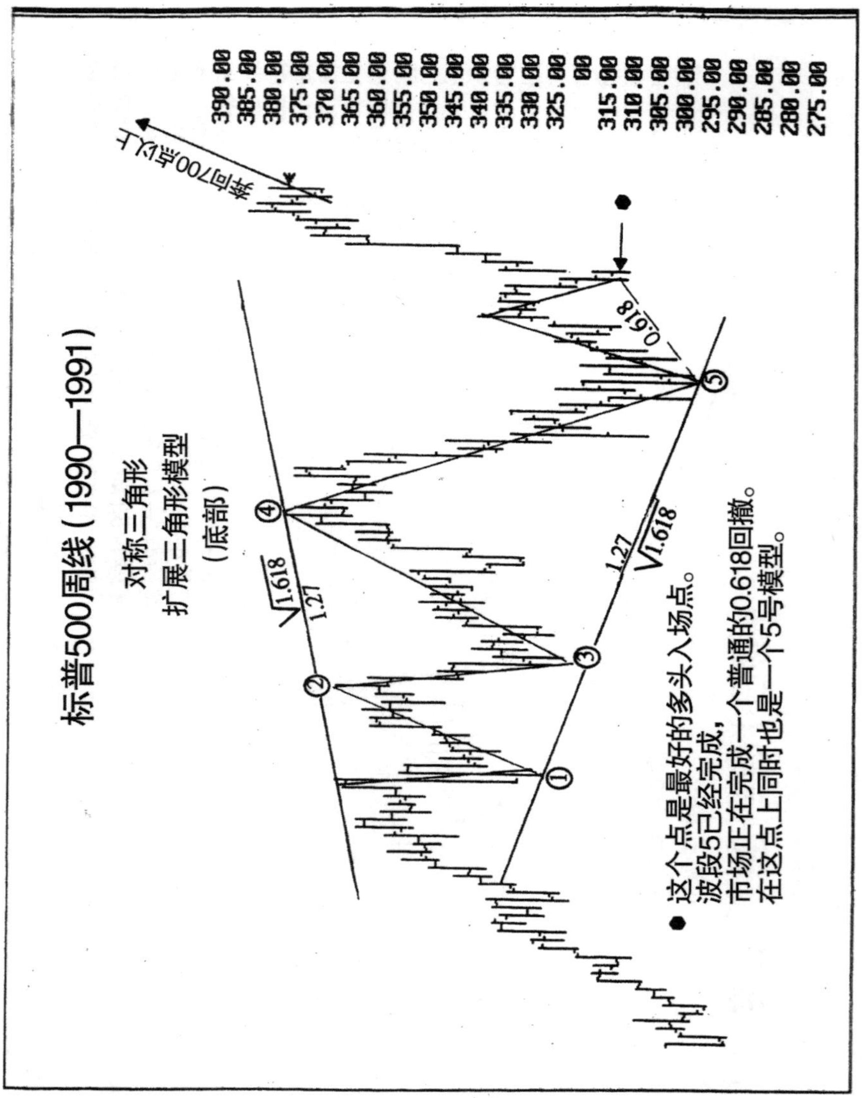
标普500周线(1990—1991)
对称三角形
扩展三角形模型
(底部)
朝向700点以上
1.618
1.27
0.618
● 这个点是最好的多头入场点。
波段5已经完成,
市场正在完成一个普通的0.618回撤。
在这点上同时也是一个5号模型。
390.00
385.00
380.00
375.00
370.00
365.00
360.00
355.00
350.00
345.00
340.00
335.00
330.00
325.00
00
315.00
310.00
305.00
300.00
295.00
290.00
285.00
280.00
275.00

蝴蝶图形

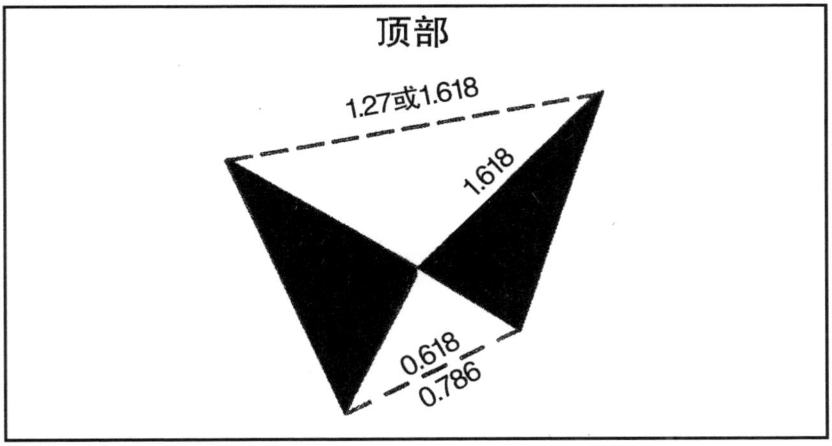

当布莱斯·吉尔莫和我在利用他的波浪交易者软件进行例行分析的时候，我们一起发现了这个模型。这是一个非常强力的模型，它只出现在非常大的顶部和底部。这个“蝴蝶”模型的美丽在于它的对称。这是我第二喜欢的模型（第一个是伽特利“222”模型）。

当我的几个密友评论这本书时，他们建议我忽略这个蝴蝶模型。我那时已然明了我对这个建议的回答。我坚信就算你给交易大众们圣杯，他们也仍然领会不了交易的本质。原因或许是普遍存在的疑心和对需要投入的工作无能为力。这个模型和任何形式的圣杯都相距甚远！你需要发现自己的圣杯并且做出你自己的判断。我相信你会发现花掉的时间是值得的。

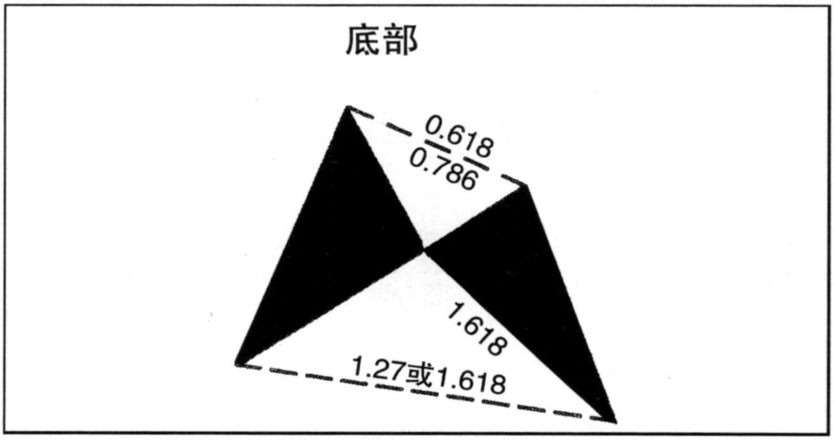

“蝴蝶”模型的特点：

1. 它由两个三角形相连构成。

2. 一个 AB=CD 模型出现在市场的扩展运动中。

3. 市场的扩展运动是 1.27 或者是 1.618。任何超过 1.618 的运动都否定了这个模型。如果发生了这种情况，说明市场在继续之前的运动。

4. 此模型只出现在非常大的顶部和底部中。

5. 时间段的关系通常和价格段的比例和比率一致。

6. 在 80%的情况下它是正确的。

7. 蝴蝶模型内部的市场运动通常包括 0.618 和 0.786 的运动。

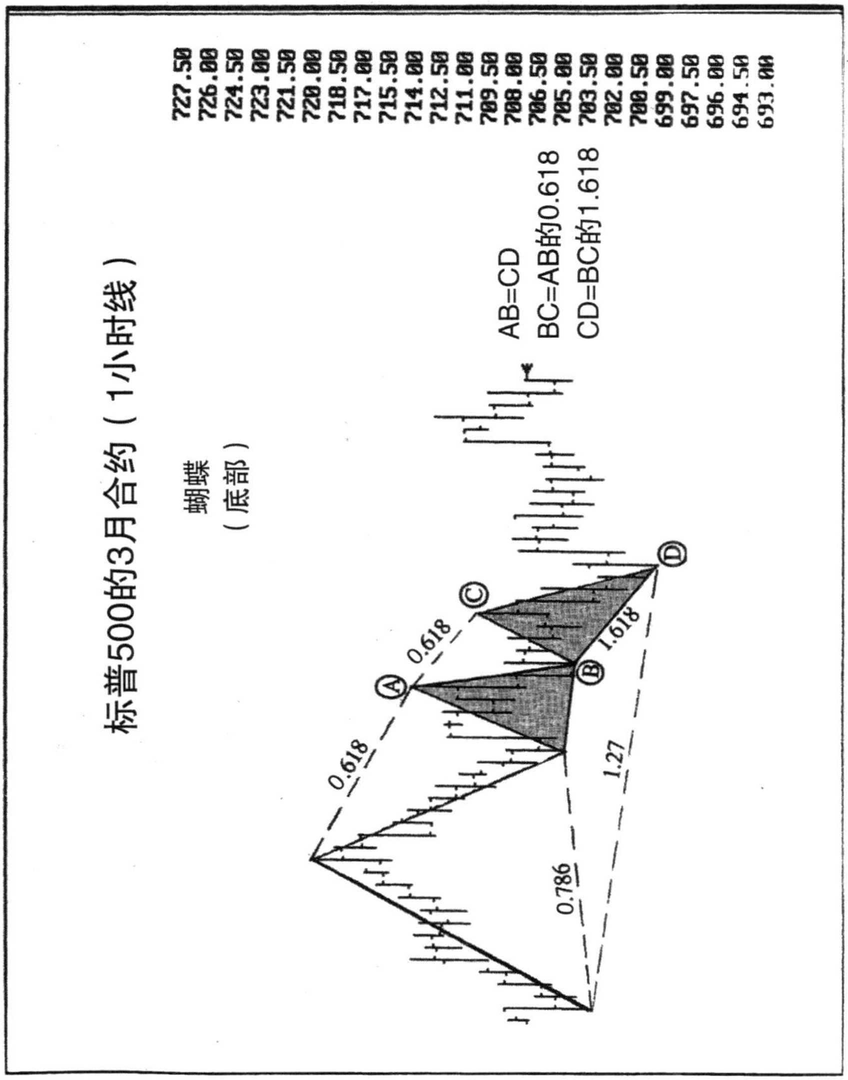
标普500的3月合约（1小时线）
蝴蝶
（底部）
AB=CD
BC=AB的0.618
CD=BC的1.618
A
B
C
D
0.618
0.618
0.786
1.27
1.618
727.50
726.00
724.50
723.00
721.50
720.00
718.50
717.00
715.50
714.00
712.50
711.00
709.50
708.00
706.50
705.00
703.50
702.00
700.50
699.00
697.50
696.00
694.50
693.00

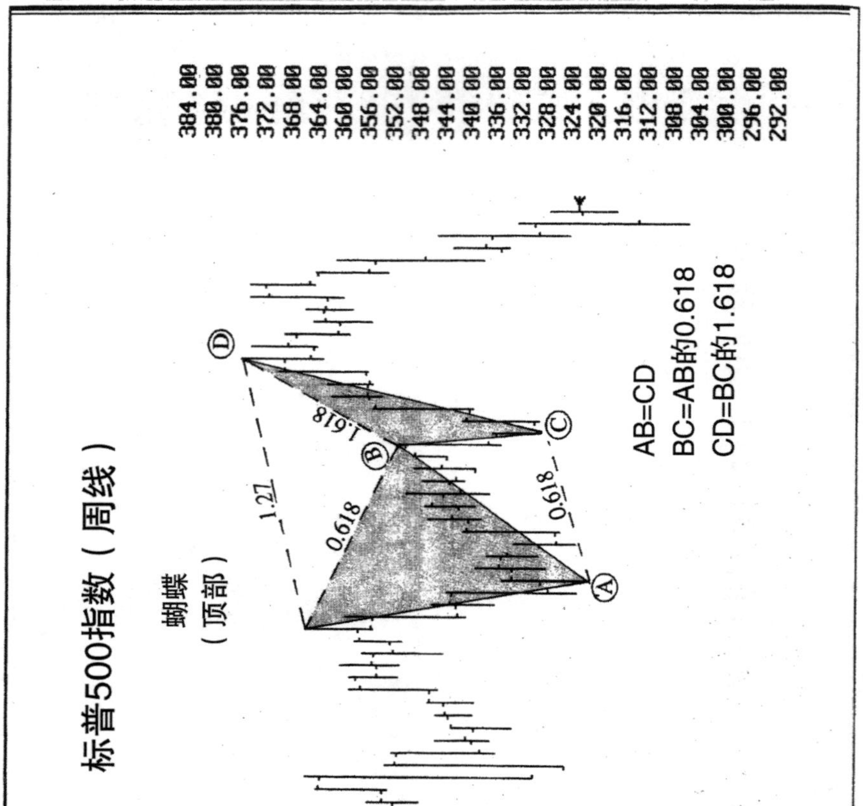
标普500指数（周线）
蝴蝶
（顶部）
AB=CD
BC=AB的0.618
CD=BC的1.618
1.27
0.618
1.618
0.618
A
B
C
D
384.00
380.00
376.00
372.00
368.00
364.00
360.00
356.00
352.00
348.00
344.00
340.00
336.00
332.00
328.00
324.00
320.00
316.00
312.00
308.00
304.00
300.00
296.00
292.00

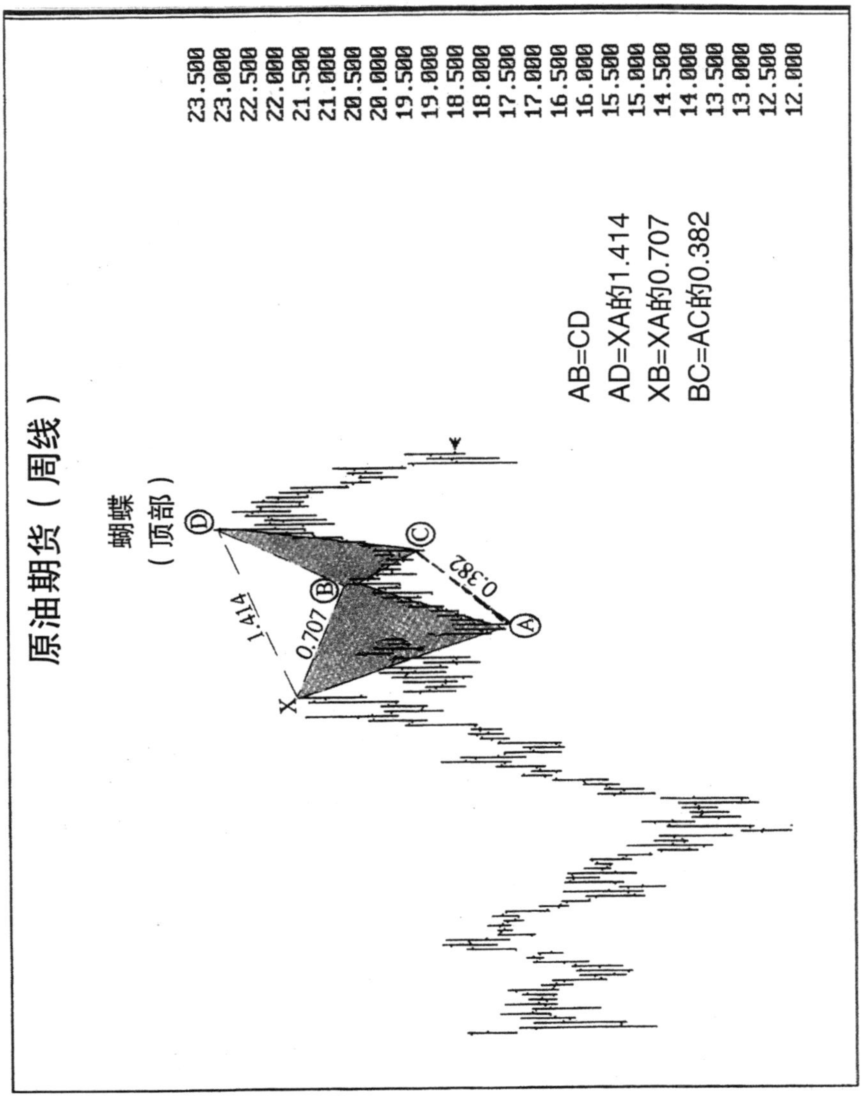
原油期货（周线）
蝴蝶
（顶部）
X
A
B
C
D
1.414
0.707
0.382
AB=CD
AD=XA的1.414
XB=XA的0.707
BC=AC的0.382
23.500
23.000
22.500
22.000
21.500
21.000
20.500
20.000
19.500
19.000
18.500
18.000
17.500
17.000
16.500
16.000
15.500
15.000
14.500
14.000
13.500
13.000
12.500
12.000

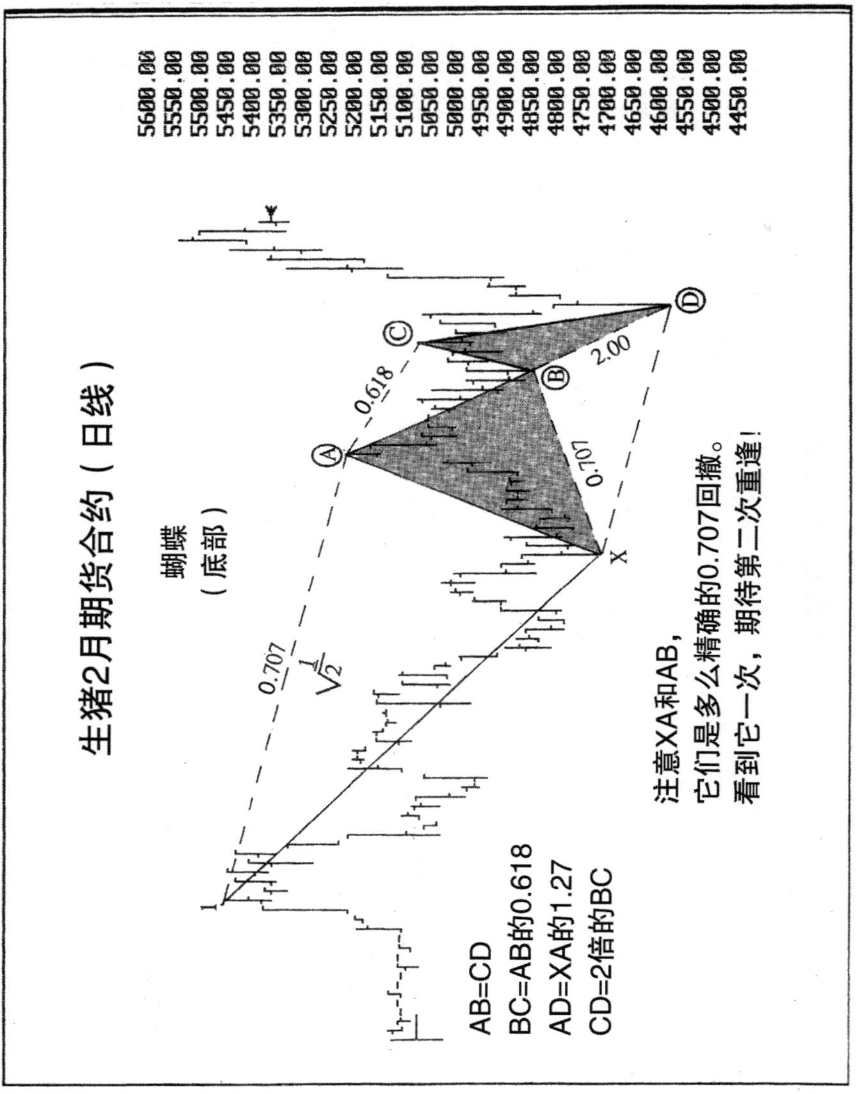
生猪2月期货合约（日线）
蝴蝶
（底部）
AB=CD
BC=AB的0.618
AD=XA的1.27
CD=2倍的BC
注意XA和AB，
它们是多么精确的0.707回撤。
看到它一次，期待第二次重逢！
0.707
$\frac{1}{\sqrt{2}}$
0.618
0.707
2.00
A
B
C
D
X
5600.00
5550.00
5500.00
5450.00
5400.00
5350.00
5300.00
5250.00
5200.00
5150.00
5100.00
5050.00
5000.00
4950.00
4900.00
4850.00
4800.00
4750.00
4700.00
4650.00
4600.00
4550.00
4500.00
4450.00

开盘价

1974年底或1975年初，在北卡罗来纳州的亨德森维尔，我首次遇见了期货研究院的约翰·希尔。那个时候，我正逐步从投资活牛期货、豆油期货和豆粕期货的巨大损失中恢复过来。在1974年10月的假期中我做多了很多期货合约。我开始做的时候一无所有，然后通过投资挣了一大笔钱。此后我知道我有在交易中获利的能力。然后，我没有意识到我的成功是恰好遇上了牛市，所以当熊市来临的时候我一败涂地。

在此后的14年里，约翰和我一直是好朋友，并且分享了大量的交易思想。1982年，我去约翰在亨德森维尔的牧场拜访，并在那儿待了两个星期，一起探索种种交易方式。我们做出的最棒发现，是一个通过计算机所作的研究，该研究揭示了顺应开盘价的方向做交易的法则。我们在几个市场里做了整整两周的研究，把开盘价和当天的市场反应联系起来。在交易商品中，我把它作为一个技术指标使用，认为这是我所用过的最令人称奇的发现之一。

几年后，哈达迪-西贝特公司的俄尔·哈达迪在一本名为开盘价的重要性的书中出版了同样的数据。对期货交易感兴趣的人，特别是那些做日内交易的人，我们诚意推荐这本书。当你顺着开盘价交易时，它能给予你巨大优势。

开盘价的重要性理论或许来自于市场一天只有六小时交易时间的事实。它留下了 18 小时的决策时间。当你意识到外围市场将在香港、东京、新加坡、悉尼、伦敦和阿姆斯特丹开盘的事实，你将对这 18 小时内发生的事情如何影响市场的开盘价有更深了解。我知道大多数交易量没有在刚开盘的时间内发生——它发生在一整天。然而，要解释开盘价是如此重要，人们必须记住这些人在过去的 18 小时内已经经过深思熟虑，以便为将来的发展提出新策略。

开盘价法则如下：85%~90%的情况下，开盘价将是或者接近当天的高点和低点。也就是说，开盘价要么与当天交易高点相差不到 10%，要么与当天交易低点相差不到 10%。你可以使用这两种方法来证明这个法则。首先，取一张期货日线图，拿红色铅笔在每个开盘价的地方画一个圈，你会发现十有八九你都圈到了当天的最高价或最低价。第二种试验开盘价重要性的方法是运用每日交易图表——也就是日内图表——如果你能获得它的话。运用这张图表，标记开盘价然后画一条线穿过当天的剩余交易时间——一张指示开盘价的水平线。你将非常惊奇地发现价格非常频繁地围绕开盘价上下波动，不论开盘价是高点还是低点。开盘价似乎是某种泍音数或者平衡价，以至于市场当天要针对这个价格波动好几次。

了解到这个信息，日内交易者和长线交易者可以凭此进入市场并拥有胜算的优势。随后几页上的图表将举例解释在一个长线交易或者日内交易的基础上，如何运用开盘价优势作为你的一个工具来为进场制定策略。记住这个技术并不是百分之百灵验，但它确实在很多时候给你提高了胜算。

这里有一个重要概念需要牢记：忘记昨天的收盘价。它对你运用开盘价的概念毫无用处。当你运用开盘价进入市场时，无论价格是走高还是走低都对你没有影响。你必须忘记前一天的收盘价；你的焦点是开盘价，特别是日内交易的时候。无论我在何时教授这个法则，学生们似乎总是想抓住昨天的收盘价不放。当你运用开盘价法则的时候必须记住不要使用昨天的收盘价。

当你变得越来越习惯于运用开盘价时，你将发现这个技术越运用越简单。下面几页的图表将会举例介绍如何把开盘价和模型结合起来提升日内交易胜算。你也许想同时使用“日内之匙”（开盘价+高点+低点的和除以 3）技术和开盘价技术。如果价格在“日内之匙”上方，买多。如果在“日内之匙”之下，卖空。

记住在日内交易——同时也在长线交易中——你必须关心价格和时间轴。一些日内交易者会在没有意识到的情况下亏损，因为他们忘记了时间轴。他们认为仅仅交易几天，事实上，他们做了日内交易然后因为没有平仓转变为长线交易，结果趋势与他们持有的头寸相反，造成损失。当你做日内交易时，你应该在收盘前平仓出场。如果你做的是长线，你应该想得长远些，比如从 3 天到 3 个月，这取决于你的交易风格。

关于如何运用开盘价的第一个例子会在 119 页进行图解，这个图显示了市场在点 A 开局然后开始下跌并持续下跌。那些买在日内高点附近的交易者现在担心市场是否会上涨并穿过高点或者在下降过程中出现反转。你可以看见，一段时间过后，市场到达了支撑位。这个支撑位是一个主要的斐波那契数字，距离开盘价 0. 618 位置的回撤。市场在这儿停顿然后开始继续爬升。

我们最喜欢的一个日内交易技巧是在距离开盘价 0.618 的回撤位买入并在 0.85 的位置设置止损。也就是说，如果市场在 0.618 之下下跌了 25%，你可以说你看错了市场；你的止损非常小，当市场再次上涨时你还可以获利。正如这个例子给出的证明，市场真的涨得更高，你在当日收盘时获得收益。

日内交易的时候，手续费的费率也非常重要。对于谷物、债券、标普指数期货以及其他一切品种来说，25 美元~30 美元的手续费价格区间完全可以接受。好的波动率对于日内交易也非常重要。要选择高波动率、高活跃度以及高成交量的市场交易。这些将在另一部分里详解。

本书第 120 页图解了第二个如何运用开盘价的例子。注意开盘价。价格迅速做出突破然后开始回归开盘价，反弹回斐波那契数字 0.618，然后继续向下运动。这两个例子揭示了如果一个交易者有足够耐心等到这个模型出现，将有双倍的胜算。首先，他在开盘价的方向交易。它在趋势进行的方向上下波动，十次有七次或八次市场站在他这一边。其次，他顺应趋势的方向交易并且卖在反弹点*，同时它也是一个非常有力的数学点位，在这个点位风险被锁定了。因为如果市场继续上涨，交易者能用很小的代价止损。这些特殊模型起作用的胜算要高于十分之七的概率。

---

* 指反弹到 0.618 位置放空。

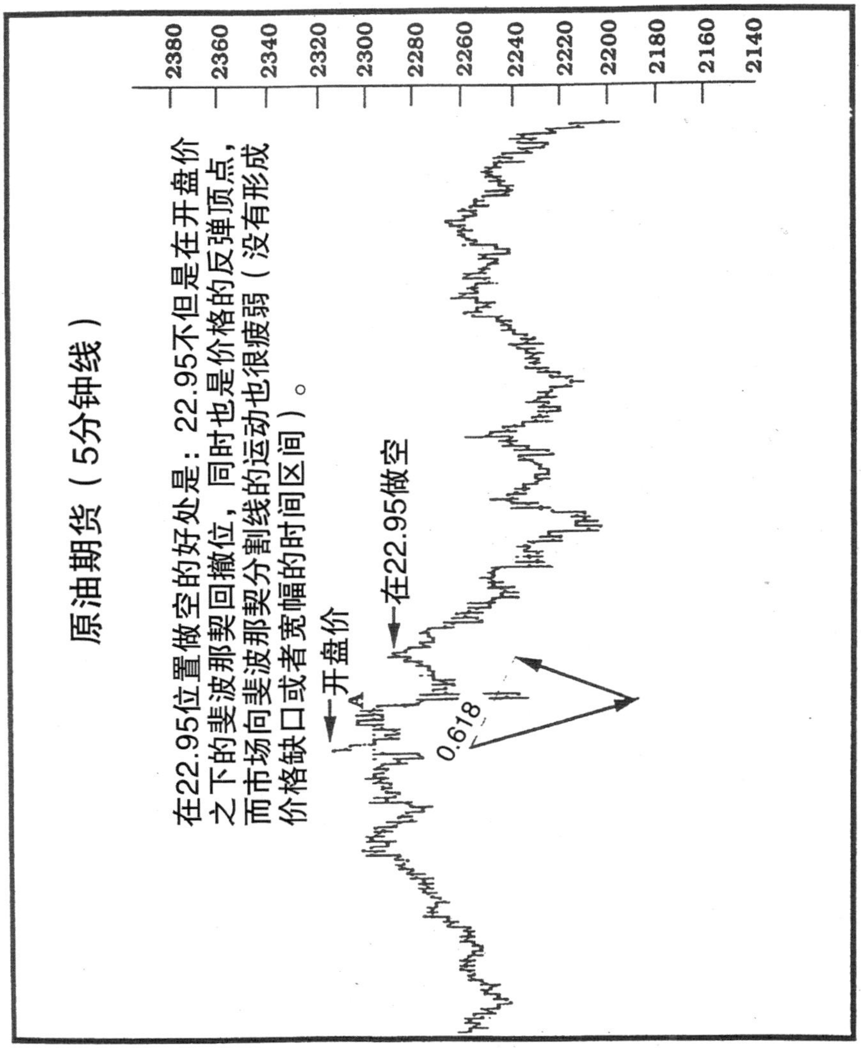
原油期货（5分钟线）
在22.95位置做空的好处是：22.95不但是在开盘价之下的斐波那契回撤位，同时也是价格的反弹顶点，而市场向斐波那契分割线的运动也很疲弱（没有形成价格缺口或者宽幅的时间区间）。
开盘价
A
在22.95做空
0.618
2380
2360
2340
2320
2300
2280
2260
2240
2220
2200
2180
2160
2140

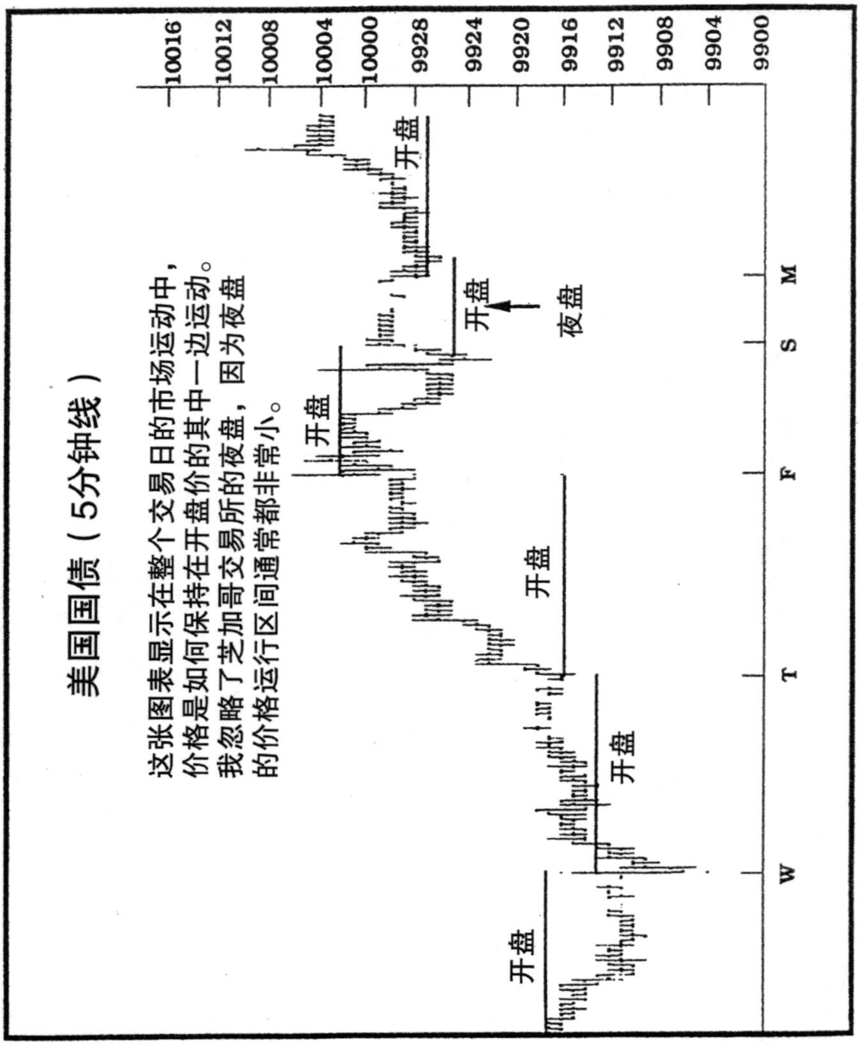
美国国债（5分钟线）
这张图表显示在整个交易日的市场运动中，价格是如何保持在开盘价的其中一边运动。我忽略了芝加哥交易所的夜盘，因为夜盘的价格运行区间通常都非常小。
开盘
开盘
开盘
开盘
开盘
开盘
夜盘
10016
10012
10008
10004
10000
9928
9924
9920
9916
9912
9908
9904
9900
W
T
F
S
M

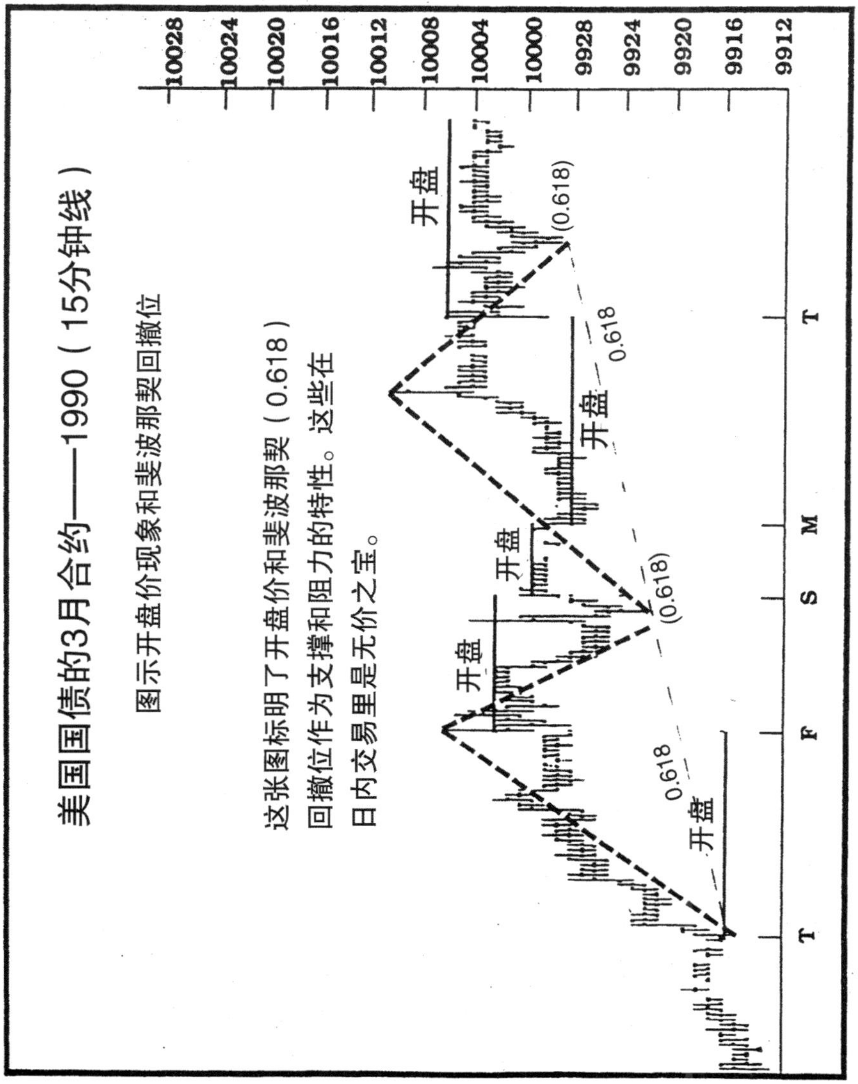
美国国债的3月合约——1990（15分钟线）
图示开盘价现象和斐波那契回撤位
这张图标明了开盘价和斐波那契（0.618）
回撤位作为支撑和阻力的特性。这些在
日内交易里是无价之宝。
开盘
开盘
开盘
开盘
开盘
0.618
(0.618)
0.618
(0.618)
10028
10024
10020
10016
10012
10008
10004
10000
9928
9924
9920
9916
9912
T
F
S
M
T

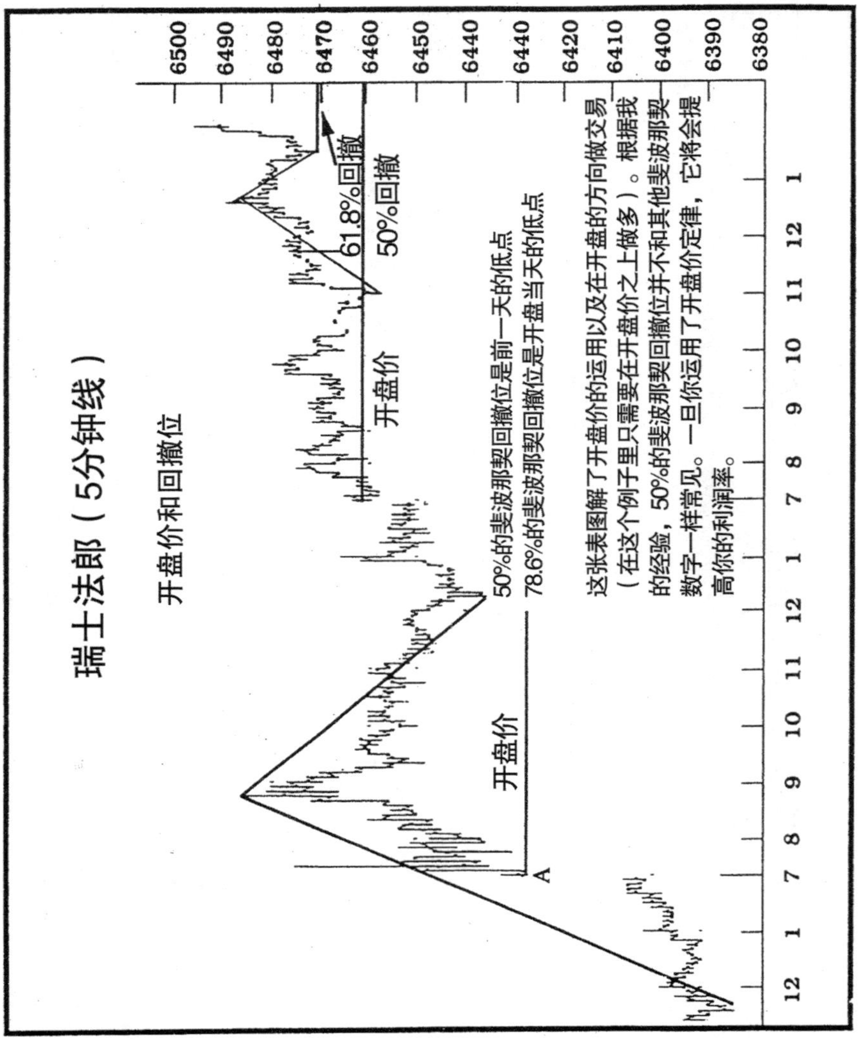
瑞士法郎（5分钟线）
开盘价和回撤位
开盘价
A
开盘价
61.8%回撤
50%回撤
50%的斐波那契回撤位是前一天的低点
78.6%的斐波那契回撤位是开盘当天的低点
这张表图解了开盘价的运用以及在开盘的方向做交易（在这个例子里只需要在开盘价之上做多）。根据我的经验，50%的斐波那契回撤位并不和其他斐波那契数字一样常见。一旦你运用了开盘价定律，它将会提高你的利润率。
6500
6490
6480
6470
6460
6450
6440
6440
6420
6410
6400
6390
6380
12 1 7 8 9 10 11 12 1 7 8 9 10 11 12 1

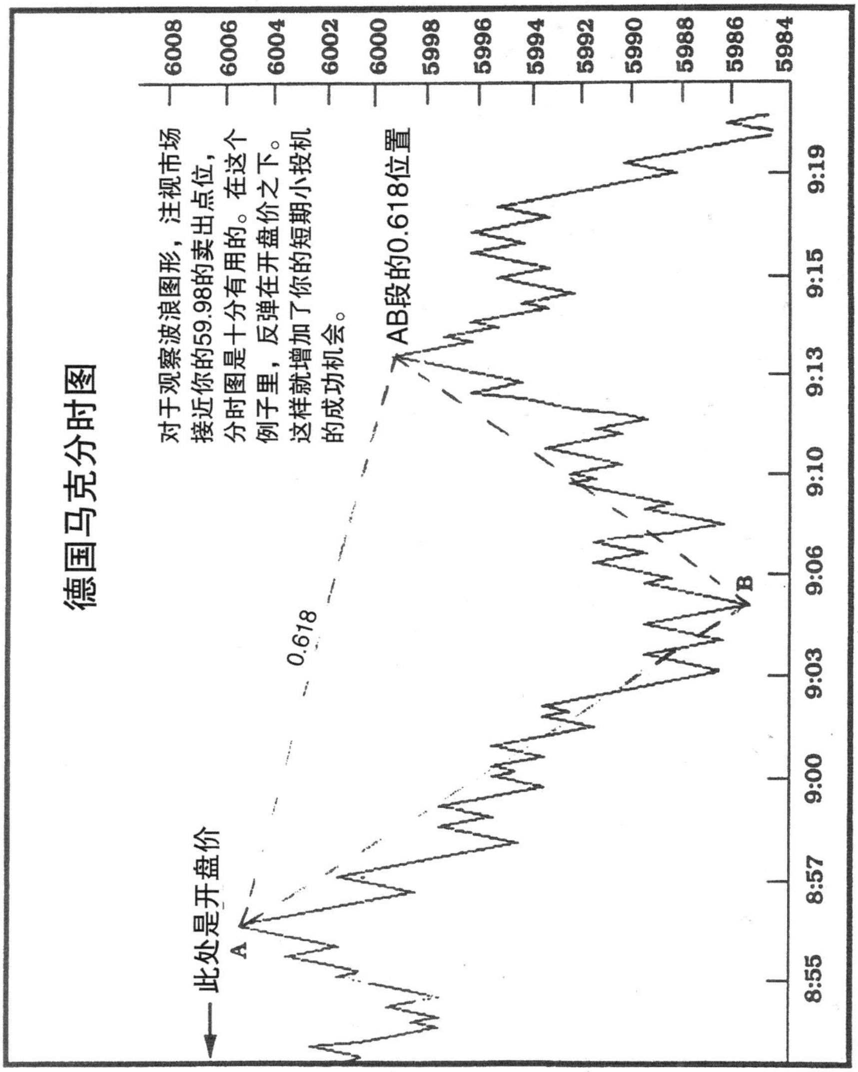
德国马克分时图
对于观察波浪图形，注视市场
接近你的59.98的卖出点位，
分时图是十分有用的。在这个
例子里，反弹在开盘价之下。
这样就增加了你的短期小投机
的成功机会。
此处是开盘价
A
B
0.618
AB段的0.618位置
6008
6006
6004
6002
6000
5998
5996
5994
5992
5990
5988
5986
5984
8:55
8:57
9:00
9:03
9:06
9:10
9:13
9:15
9:19

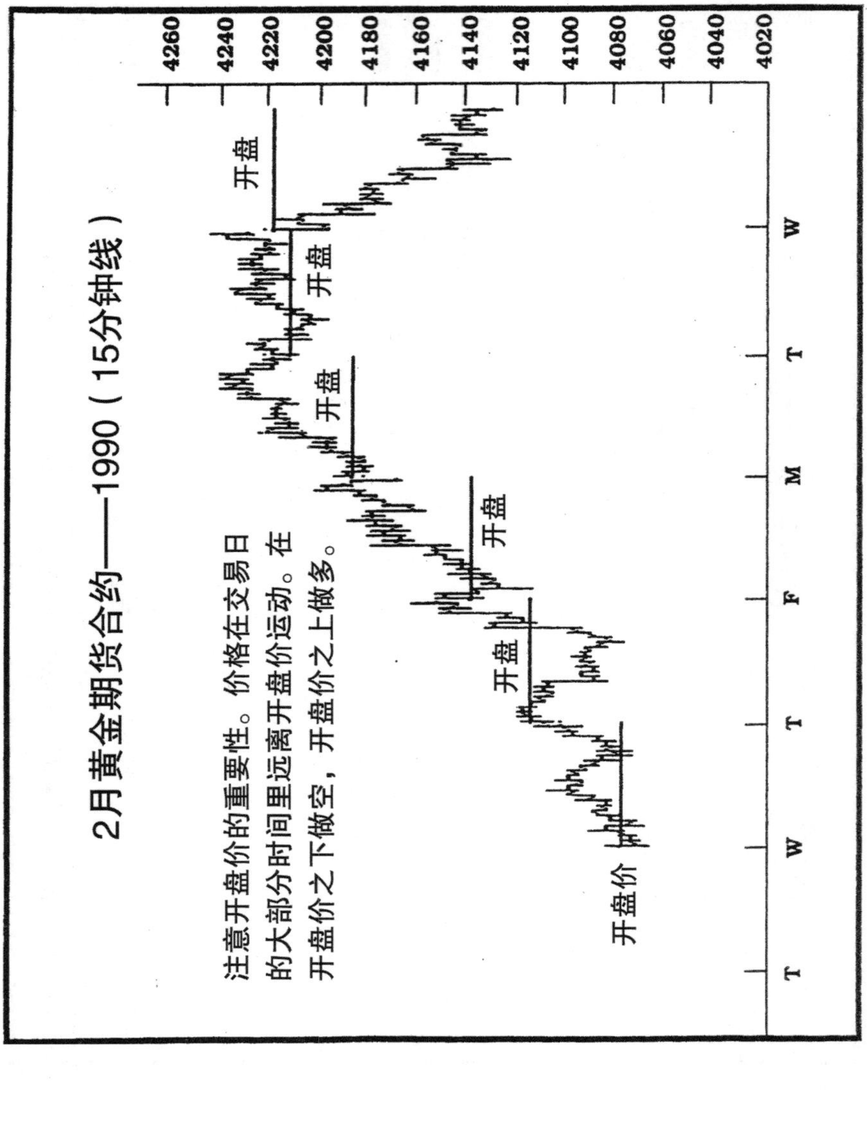
2月黄金期货合约——1990（15分钟线）
注意开盘价的重要性。价格在交易日的大部分时间里远离开盘价运动。在开盘价之下做空，开盘价之上做多。
开盘价
开盘
开盘
开盘
开盘
开盘
4260
4240
4220
4200
4180
4160
4140
4120
4100
4080
4060
4040
4020
T
W
T
F
M
T
W

进场技巧

这些是我最喜欢的进场技巧，需要与几何图形配合运用。他们按照重要性排列（对我来说的重要性）。

1. 夏皮罗反复（Shapiro Iteration）——将在后面的章节叙述。

2. 限价指令——把止损/止盈点位放在精确的几何价格测量值上面或下方几个点位。一个事先设想好的止损（大约600美元）也同时设置好。

3. 蜡烛图模型——这些模型描述了交易区间的重要性，同时也强调了开盘价。

4个可用的模型

A. 镊子——这个图形也就是双底或双顶。当两条线接连出现相同的高点或低点，镊子模型就形成了。它们在几何图形完成的时候帮助交易员量化风险。

B. 十字星——价格在创出高点或低点后收盘价与开盘价重合。它们发生于市场模式从牛市转为熊市的时候，或者相反。

十字星在几何图形的底部甚至更加重要。当它们出现在极度动荡不安的市场中，它表达的意义也是正确的。它的出现标志着所有的市场参与者——多头和空头——都很紧张。

C. 锤线——锤线代表当市场经过急剧卖空后，市场获得强劲支撑。它的名字来自“锤出底部”。一个锤线应该是蜡烛长度的两倍。锤线应该视觉上容易辨认。如果你对它存疑，那么它很可能就不是一个锤线图形。

D. 流星——它的出现常常伴随一个在开盘时出现的向上跳空缺口，而收盘价靠近当天的交易低点。在几何形态的末期这些都是很有用的入场技巧。它们作为上吊线的对立图形存在。

很多蜡烛图的模型或许也一样有用。但我只用这四个图形，因为它们看起来似乎与几何模型同时出现。

4. 波动止损（Volatility Stop）入场技巧——波动止损通过运用价格的平均波动幅度来计算波动率。通过乘以一个平均波幅的常数计算出来。当做空的时候，这个值被加到最低的收盘价，当做多的时候，要从最高的收盘价中减去这个值：

波幅=波幅×（N-1）+（最高价-最低价）/N

做空=最低收盘价+波幅×常数

做多=最高收盘价-波幅×常数

根据我的经验，波动止损适合用在具有较强趋势性的市场里。这是一个优秀的入场技巧，而且在大多数情况下都比有效趋势线突破和通道突破等技术工具表现得更好。当和波动率联系起来的时候，反转止损（Reverse Stop）同样可以用来量化风险。所用的常数应该限制在2.5到4之间。

夏皮罗反复

当我进行日内交易，并且仅仅运用一种工具计算入场和出场点的时候，在进行交易前我会选用我称作“夏皮罗反复”的工具。当我确定在交易中采用的时间周期图表后，夏皮罗反复工具需要等待在那个时间周期区间内的K线走完。（如果我用5分钟线来做交易决策的话那我就等待5分钟，如果我用30分钟线图表的话我将等待30分钟，等等）某一天当史蒂夫·夏皮罗刚下达完交易指令还没把电话放回到支架上，他几乎立刻发现了市场在朝他的交易方向反向运动，于是他提出了夏皮罗反复。像我们其余的人一样，多数情况下做决定受情感的影响多于受理智的影响。当我们开始运用它的时候，这个技术已经给我们俩节省了一大笔钱。被他称作“5分钟法则”，而我喜欢称为“夏皮罗反复”的解释，我们有很多经验教训。

对于所有交易者来说，最困难的一件事就是把他思考中的情感因素与交易隔离起来，防止它影响交易。完成这个任务的方式之一就是在交易前就计划和设置好入场点和目标位。

当你发出原始交易指令的时候，要包括上文说的两个价格点还要加上止损点，这样可以减少交易中的情感因素。这个构想的问题在于，不论出于什么原因，大部分交易者就是不能机械地去操作交易。

因此，如果我们不能理智地进行交易，那么保持务实并且努力建立一个安全阀，来保护我们免于受感情影响的策略是十分必要的。在交易最激烈的时候，我所能发现的可以使用的最接近故障保险的构想就是“夏皮罗反复”或者说“5分钟法则”。

当在交易时间做出一个交易决定，这个决定通常仅仅在一个计算的基础上做出，而不是在很多同样或者类似的价格走势判定的基础上的更可靠确认。

很多时候，当我们坐着观察屏幕时，会有交易冲动，因为市场开始朝我们希望的方向运动。在市场开始运动前，我们就预见到了，但是由于某些原因没有发出交易指令。

当价格向我们希望的方向前进的时候，特别是当市场运动开始加速的时候，我们会经历情感的冲击。这情感里包括由于交易方向正确而产生“我是对的”的感觉，和因为没有下达交易指令所产生的觉得自己没有决断力的感觉，以及错失利润的懊悔和生气的感觉。准确地说，这种仍然想在火车从站台驶离之前跳上火车的想法经常给我们带来麻烦。除非价格运行骤然变慢，或者是一起转向，情感上的冲击将继续发作，很多时候我们下达了交易指令，尽管我们理智上知道这不是行动的最佳时机。

这样做的结果看起来像是交易之神给我们的报复。我们都有这样的经历，当经过激烈的关于是否下单的思想斗争后，我们最终做出了决定，几乎在我们把电话放回支架的同时，价格趋势改变了。我们几乎相信了市场是活生生的，它在等我们发出交易一张或两张合约的指令的那一刻反转价格的运动趋势。

当这种情况发生时，要明白市场并没有生命也没有对错，它也不会为我们的错误惩罚我们。记住这点非常重要。市场很简单而且总是那样。是我们自身因为发怒、贪婪、犹豫或者没有做准备工作而惩罚自己。

因为一时冲动而在错误的时间里下了正确的交易指令，这样的事情发生过很多次（甚至比我愿意承认的次数还要多）之后，一个非常简单的结论出现了。因为实际下单的时间和市场看起来要反转趋势的时间非常短（它经常看起来像同时发生，不管我如何努力“智胜”或者“击败”市场），所以唯一合乎逻辑的对付这个看起来无法战胜的诱惑的方法是，在最终决定做交易的时候写下确切的时间和价格，并且迫使自己在开始交易前等待至少 5 分钟、300 秒。

这个逻辑简单。如果交易之神真的在等待伏击我因为一时冲动而在错误的时间点做出的交易，5 分钟内我可以观察到价格运动的显著变化，证明我之前不应该做交易。

如果情况是这样的，免于损失的资金通常会很可观。这是真的。原因有如下两个：首先，当价格朝一个方向快速运动后反转，它的变动速率和幅度经常和上一次运动相同。如果我设置平仓止损点来限制损失，价格通常会很快触及它。如果没有设置止损点，它会变成一个破坏性的追赶游戏，或许会让一个起先不会发生的小损失发展成一个更大的亏损。这种情况发生后，你通常会专注于损失而不会寻找下一个盈利机会。

如果情况是我观察了 5 分钟后内心告诉我一分钟也不能等了，那么我所失去的全部也不过是一点还可以挣回的利润。无论在哪种情况下，净利润仍然是正的。

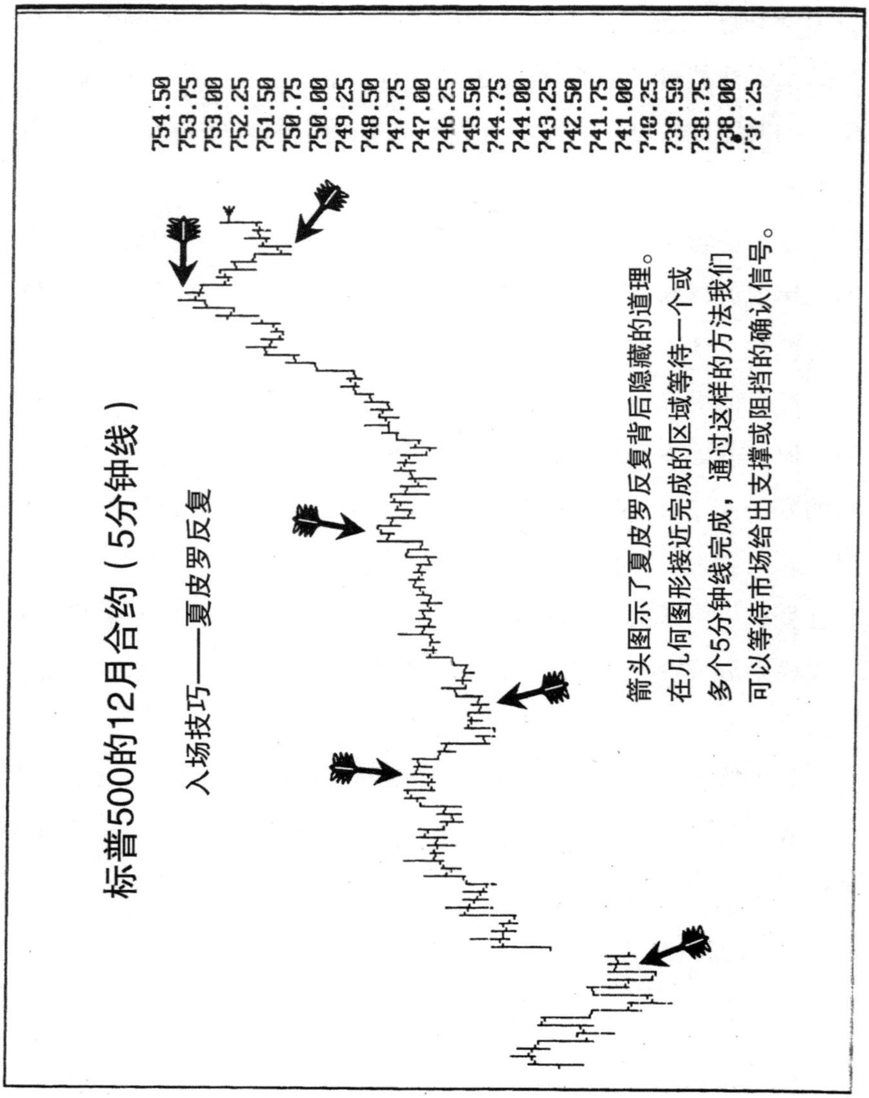
标普500的12月合约（5分钟线）
入场技巧——夏皮罗反复
754.50
753.75
753.00
752.25
751.50
750.75
750.00
749.25
748.50
747.75
747.00
746.25
745.50
744.75
744.00
743.25
742.50
741.75
741.00
740.25
739.50
738.75
738.00
737.25
箭头图示了夏皮罗反复背后隐藏的道理。
在几何图形接近完成的区域等待一个或
多个5分钟线完成，通过这样的方法我们
可以等待市场给出支撑或阻挡的确认信号。

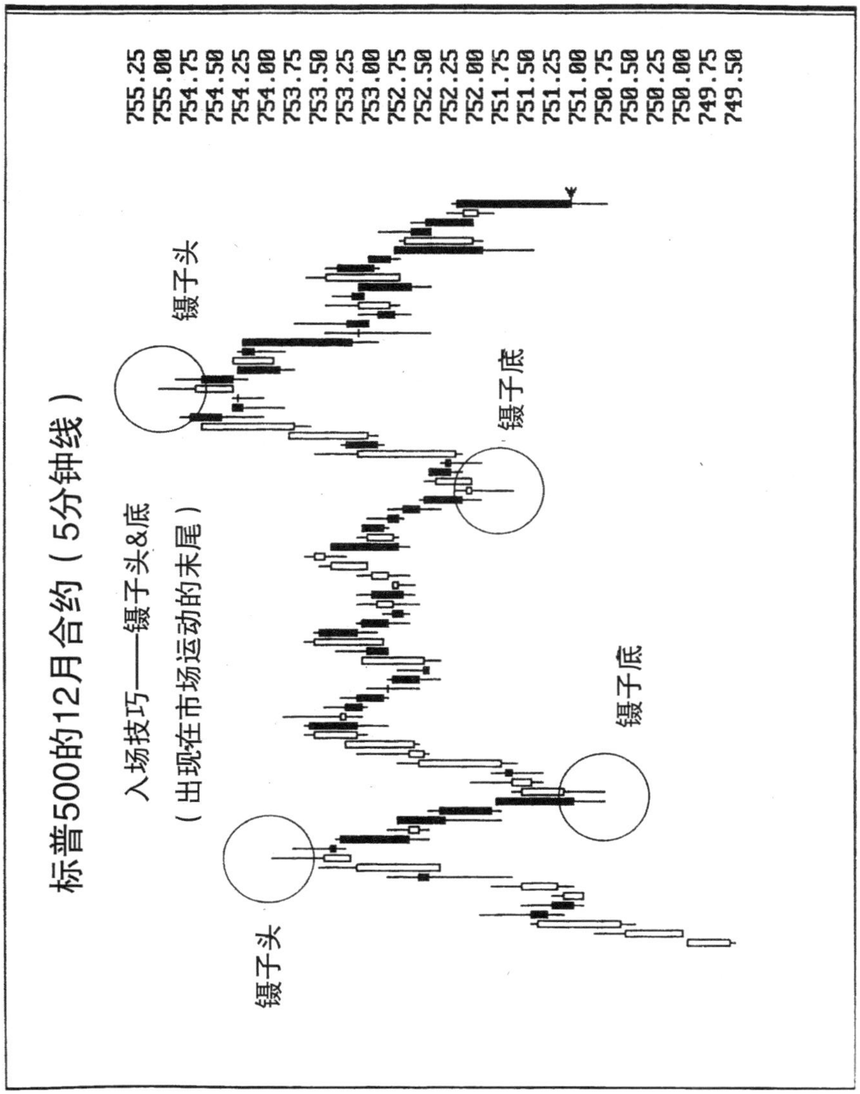
标普500的12月合约（5分钟线）
入场技巧——镊子头&底
（出现在市场运动的末尾）
镊子头
镊子底
镊子底
镊子头
755.25
755.00
754.75
754.50
754.25
754.00
753.75
753.50
753.25
753.00
752.75
752.50
752.25
752.00
751.75
751.50
751.25
751.00
750.75
750.50
750.25
750.00
749.75
749.50

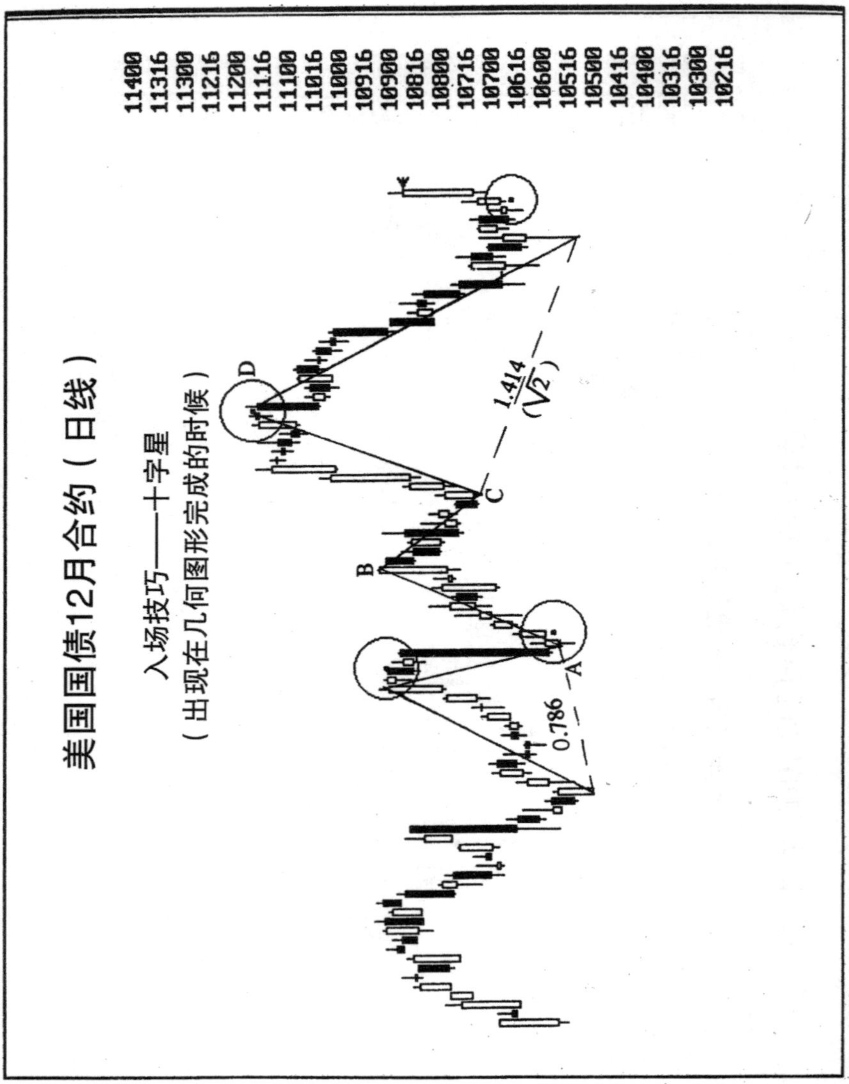

美国国债12月合约（日线）
入场技巧——十字星
（出现在几何图形完成的时候）
D
C
B
A
0.786
1.414
(√2)
11400
11316
11300
11216
11200
11116
11100
11016
11000
10916
10900
10816
10800
10716
10700
10616
10600
10516
10500
10416
10400
10316
10300
10216

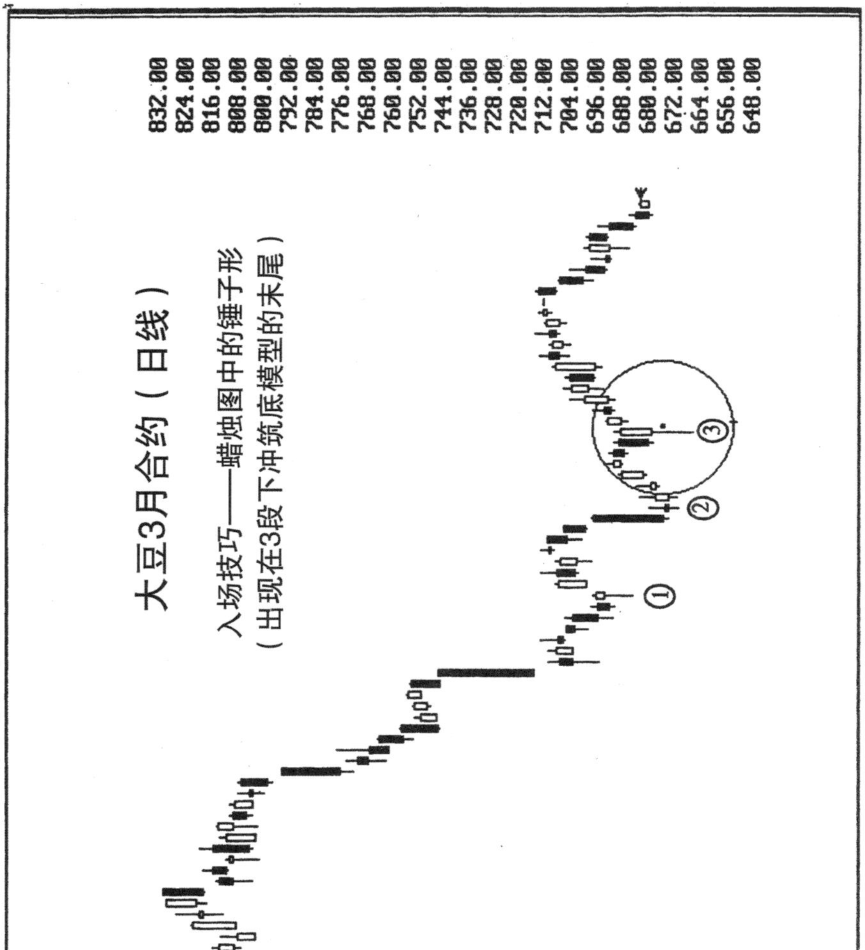
大豆3月合约（日线）
入场技巧——蜡烛图中的锤子形
（出现在3段下冲筑底模型的末尾）
832.00
824.00
816.00
808.00
800.00
792.00
784.00
776.00
768.00
760.00
752.00
744.00
736.00
728.00
720.00
712.00
704.00
696.00
688.00
680.00
672.00
664.00
656.00
648.00
①
②
③

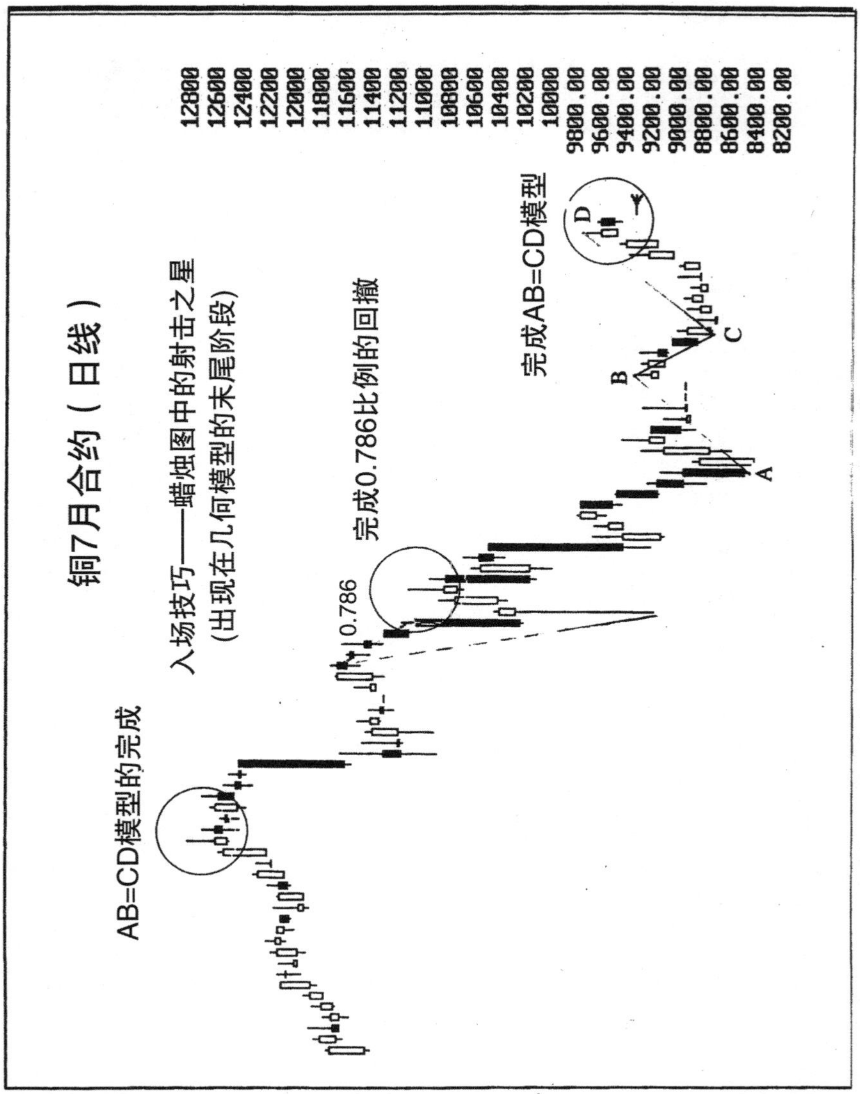

铜7月合约（日线）
AB=CD模型的完成
入场技巧——蜡烛图中的射击之星
(出现在几何模型的末尾阶段)
0.786
完成0.786比例的回撤
完成AB=CD模型
A
B
C
D
12800
12600
12400
12200
12000
11800
11600
11400
11200
11000
10800
10600
10400
10200
10000
9800.00
9600.00
9400.00
9200.00
9000.00
8800.00
8600.00
8400.00
8200.00

交易记录

交易计划表

日期	交易品种	模型	入场点	出场点	止损保护	利润/损失

止损保护的金额应该小于总账户资金的3%

伽特利“222”的说明

这部分是关于伽特利“222”模型的说明，与他的著作《股市的利润》的221页和222页一模一样。

最好的交易机会之一

在那些初涉华尔街的人的生活中，在某个时刻会听到一声充满渴望的声音——“把它们买下来吧，抓住这次机会，以后再也碰不上了。”对那些有耐心的人来说，对顶部和底部模型的研究将时不时地提供这样一种机会——这种风险小回报丰厚的机会并不是每天都出现的。

让我们看看图27（A）。在一个牛市或者熊市里经过一场中级的下跌之后，例如图中的A-B下跌。下跌已经进行了一段时间，市场运动已经显示出精疲力尽的迹象，表明流动性正在枯竭，一个类似B-C的小幅反弹出现了，伴随成交量的上升。当这个小反弹开始回落，在回落到先前的小反弹（B-C）的1/3到1/2的点位时市场暂停了跌势，而止损点可以放在前一个低点之下。

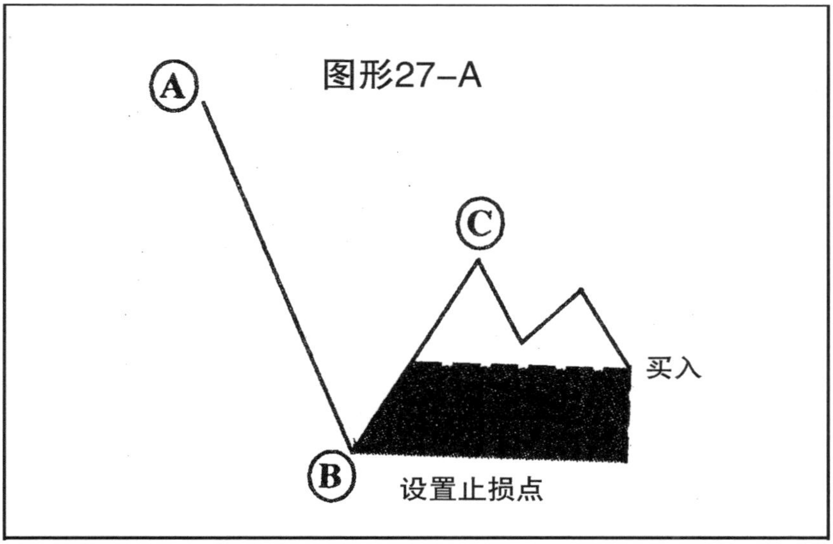

十次中有八次，当这些特定条件都发生了，紧跟着的就是一个可以提供可观收益的反弹。另外两次，只需要承受很小的损失。在依托这个形态交易的过程中，观察者靠的是两个经常遇到的反转形态，头肩顶或者双底正在形成的概率。

处理这样一种操作的关键点在于：

1. 有足够耐心去等待，直到一次足够大比例的回落发生；

2. 观察到所有需要的条件都满足了；

3. 有勇气在探底的小幅反弹显示枯竭后立即买入。

4. 有勇气在获得可观利润（10%～20%）后出场，或者至少用止损点保护它。

均线的小时线图可以用来指导操作，回报那些在均线不那么实用的时候仍然坚持天天努力研究它的学生们。

对这一小部分市场的温情一面，有时会出现类似的机会，让那些具有勇气和力量的人卖空股票。反向例子在图27（B）中得到说明。

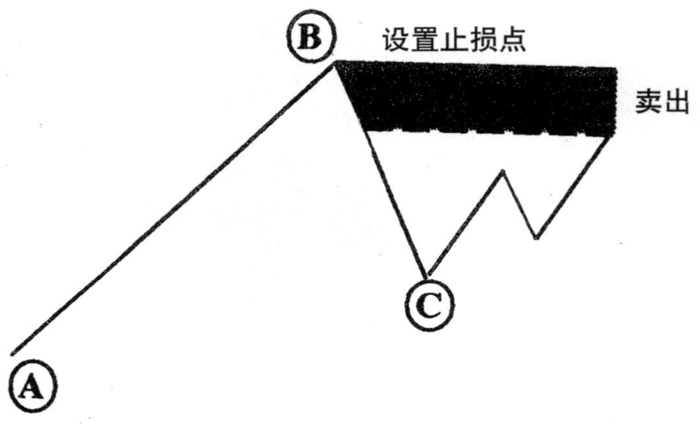

图形27（B）

伽特利的书写于20世纪30年代，现在市场中的情形变化很大。不但是市场本身，市场报告的方式也改变了。网络遍布全球并且连接到每一台电脑的交易软件上，因此通讯现在变成即时的了。在伽特利的时代，人们通过西部联盟的报价纸带交流信息。当我写完上一句话，我想起来我是如何通过传斯卢克斯公司的报价纸带学习与戴夫·纳尔逊做大豆交易的。

伽特利的时代之后，几千种股票和商品进入了市场。它们中的大多数流动性非常好而且很容易就能获得相关的图形资料。特别是那些日内图形。在附录部分，我选出了一些日内图形来图解这些模型。

附录中还包括我在显示器上贴的纸条，告诉了大家我目前研究的商品和股票。它们每一个都有一个月线图、日线图和日内图。日内图包括 2 分钟线图、5 分钟线图、30 分钟线图、60 分钟线图，还有一个闪电图用来记录市场的每一个变动。这很有帮助，因为它可以用来衡量你是否专注于你的指令以及当时的价位。

如果一位读者阅读了由 H. M. 伽特利注释的“222”模型，他需要领会 3 个基本交易守则。

1. 等待市场形态完成的耐心。

2. 具备入场交易的勇气，并且使用止损点来最小化风险。

3. 具备做空的勇气和力量，仍然利用止损点来保护头寸。

“222”模型是一个交易者所能期待的最好模型之一。当它失灵的时候往往意味着一个更大的趋势还没有结束。“222”模型的失败会从以下几方面表现出来：

1. 靠近结束点 D 的位置出现一个大的缺口。

2. D 点形成的时候价格的波动幅度非常大。

3. D 点形成后，市场没有反转。这或许指明在继续趋势前，市场将在这一线筑底。

伽特利“222”图形

标普500的3月合约（5分钟线）

伽特利“222”模型的解释

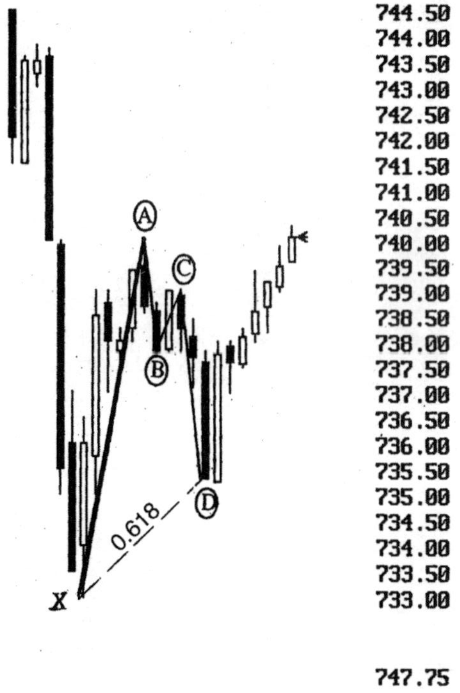

这个图形并不符合经典的伽特利“222”模型的界定。原因出在B–C波段有如下两个问题：

1. B–C波段里包含的时间不够。它应该至少包括5根K线。
2. B–C波段应该是A–B波段的0.618倍。

最后，CD波段的长度超过了B–C的1.618。

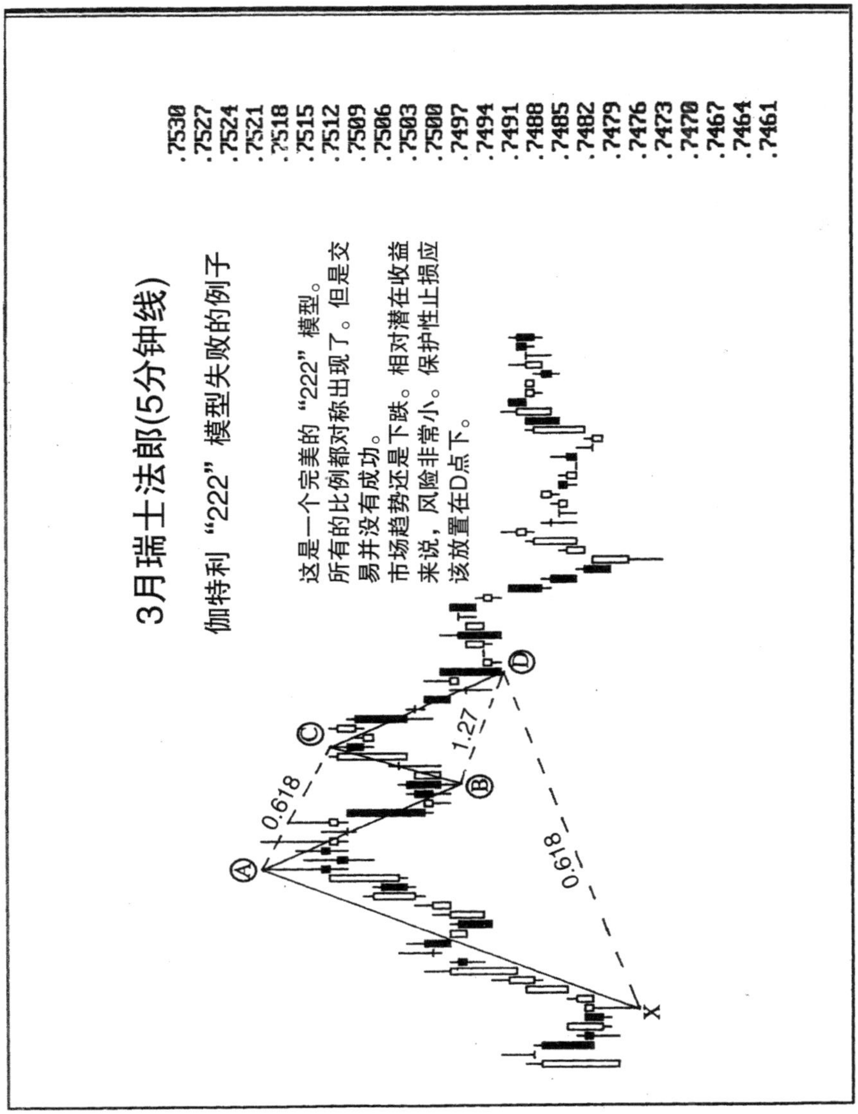
3月瑞士法郎(5分钟线)
伽特利“222”模型失败的例子
这是一个完美的“222”模型。所有的比例都对称出现了。但是交易并没有成功。市场趋势还是下跌。相对潜在收益来说，风险非常小。保护性止损应该放置在D点下。
A
B
C
D
X
0.618
1.27
0.618
.7530
.7527
.7524
.7521
.7518
.7515
.7512
.7509
.7506
.7503
.7500
.7497
.7494
.7491
.7488
.7485
.7482
.7479
.7476
.7473
.7470
.7467
.7464
.7461

标普500的3月合约（1分钟线）

伽特利“222”模型

这是一张用标普的1分钟线图解的“222”模型。它可以用作入场技巧。我并不推荐用1分钟图做交易！重要的是在任何时间框架中都能识别“222”模型。在这个特别的日子里（1997年1月4日）标普在反转后下跌16点，收盘上涨（一个日内36点的波动）。

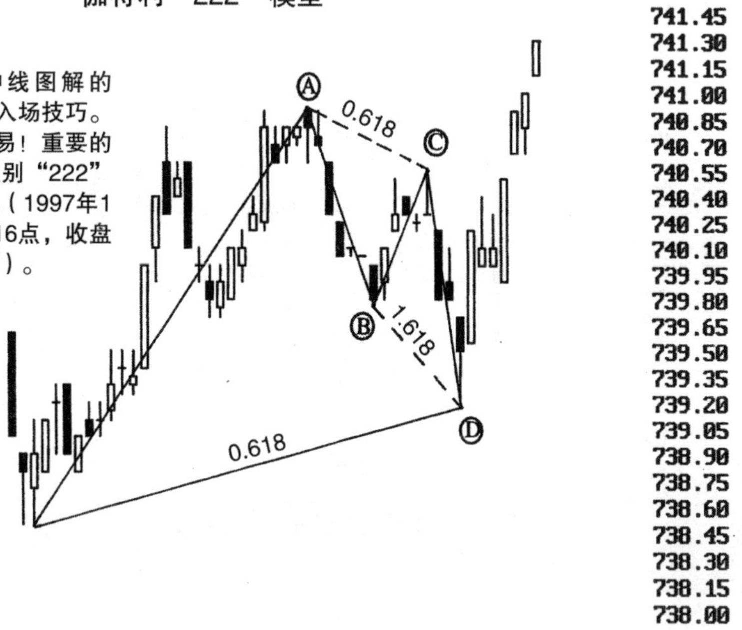

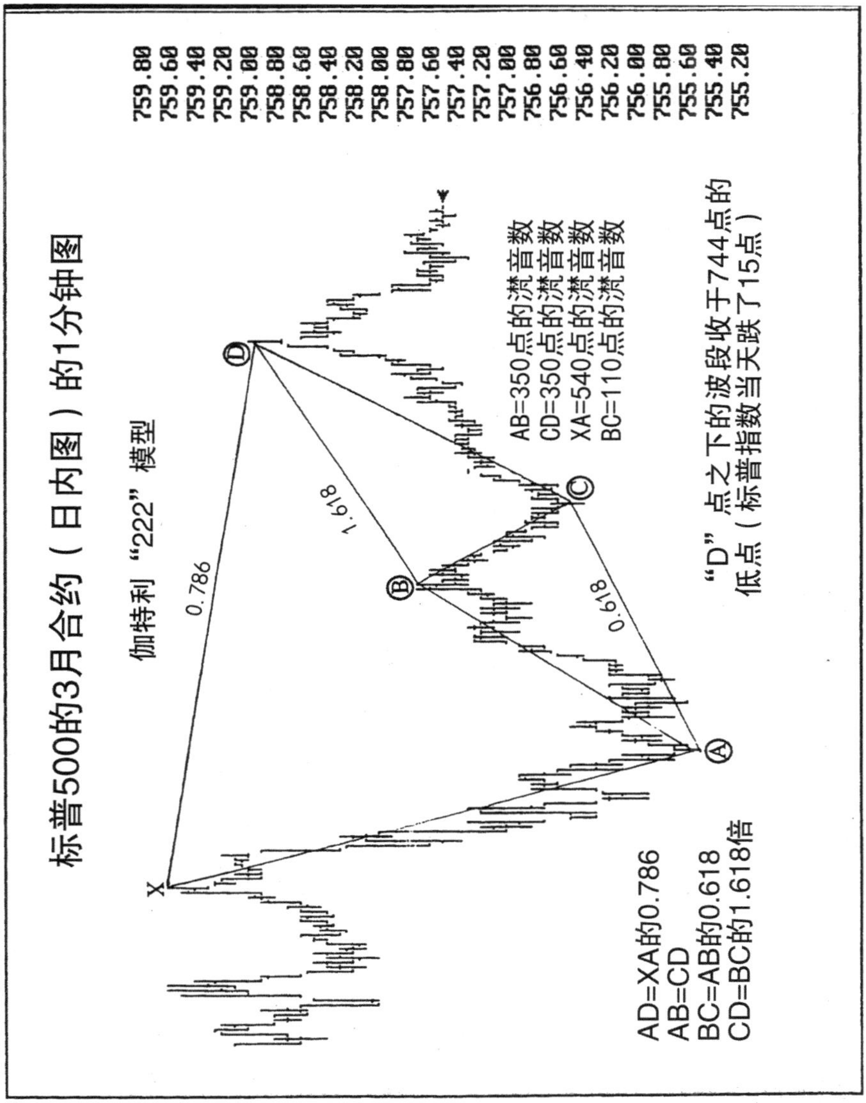
标普500的3月合约（日内图）的1分钟图
伽特利“222”模型
X
A
B
C
D
0.786
1.618
0.618
AB=350点的潸音数
CD=350点的潸音数
XA=540点的潸音数
BC=110点的潸音数
“D”点之下的波段收于744点的低点（标普指数当天跌了15点）
AD=XA的0.786
AB=CD
BC=AB的0.618
CD=BC的1.618倍
759.80
759.60
759.40
759.20
759.00
758.80
758.60
758.40
758.20
758.00
757.80
757.60
757.40
757.20
757.00
756.80
756.60
756.40
756.20
756.00
755.80
755.60
755.40
755.20

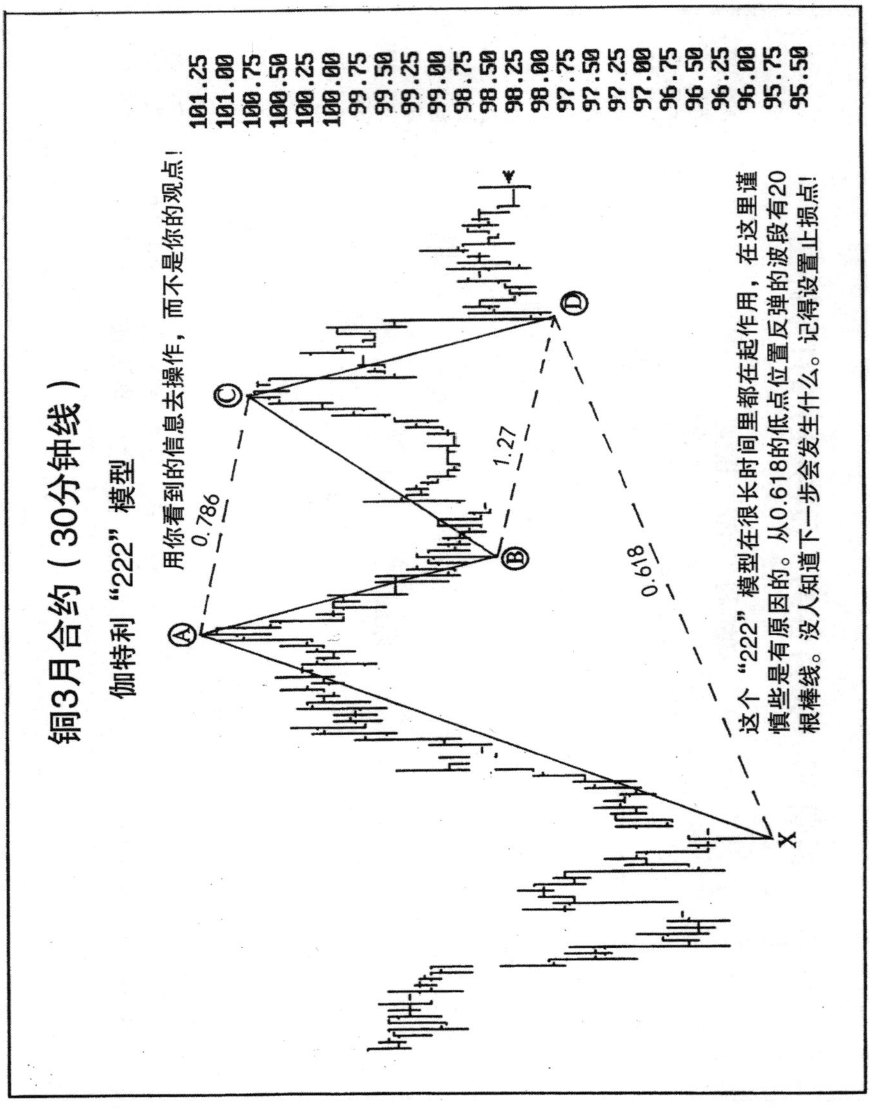
铜3月合约（30分钟线）
伽特利“222”模型
用你看到的信息去操作，而不是你的观点！
101.25
101.00
100.75
100.50
100.25
100.00
99.75
99.50
99.25
99.00
98.75
98.50
98.25
98.00
97.75
97.50
97.25
97.00
96.75
96.50
96.25
96.00
95.75
95.50
A
B
C
D
X
0.786
1.27
0.618
这个“222”模型在很长时间里都在起作用，在这里谨慎些是有原因的。从0.618的低点位置反弹的波段有20根棒线。没人知道下一步会发生什么。记得设置止损点！

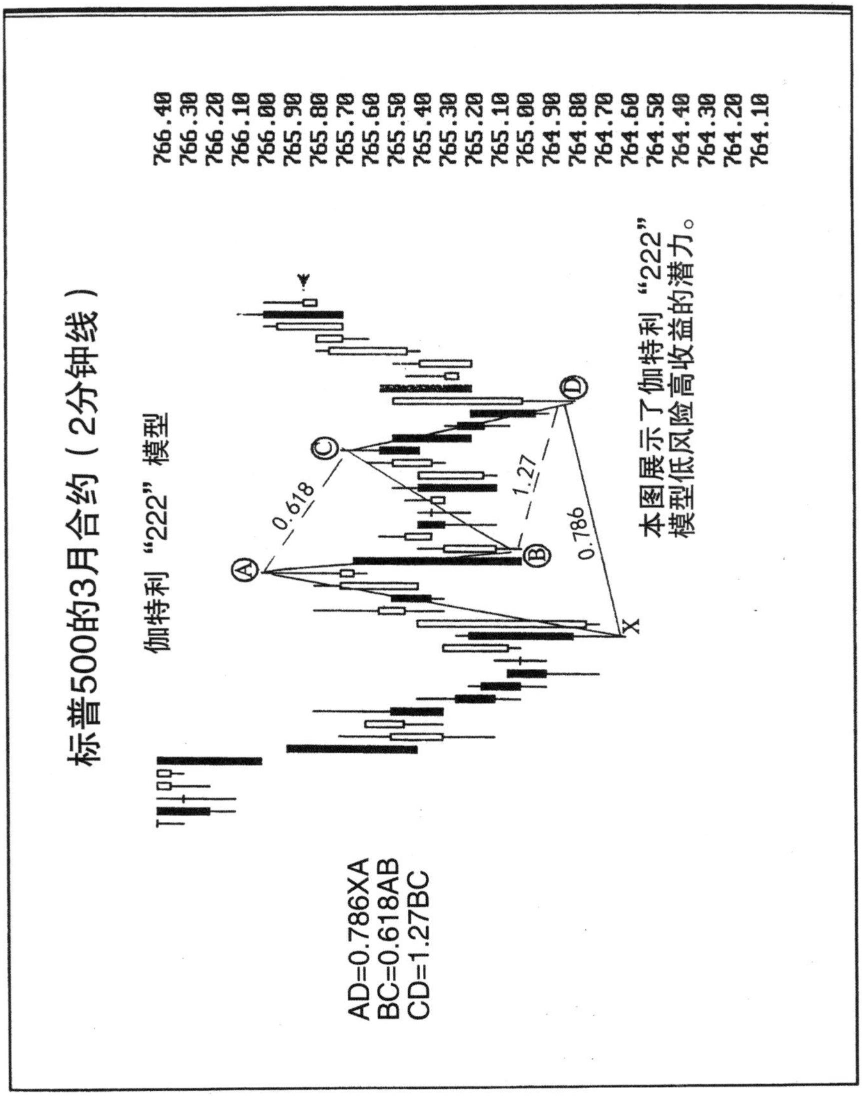
标普500的3月合约（2分钟线）
伽特利“222”模型
AD=0.786XA
BC=0.618AB
CD=1.27BC
0.618
1.27
0.786
A
B
C
D
X
766.40
766.30
766.20
766.10
766.00
765.90
765.80
765.70
765.60
765.50
765.40
765.30
765.20
765.10
765.00
764.90
764.80
764.70
764.60
764.50
764.40
764.30
764.20
764.10
本图展示了伽特利“222”模型低风险高收益的潜力。

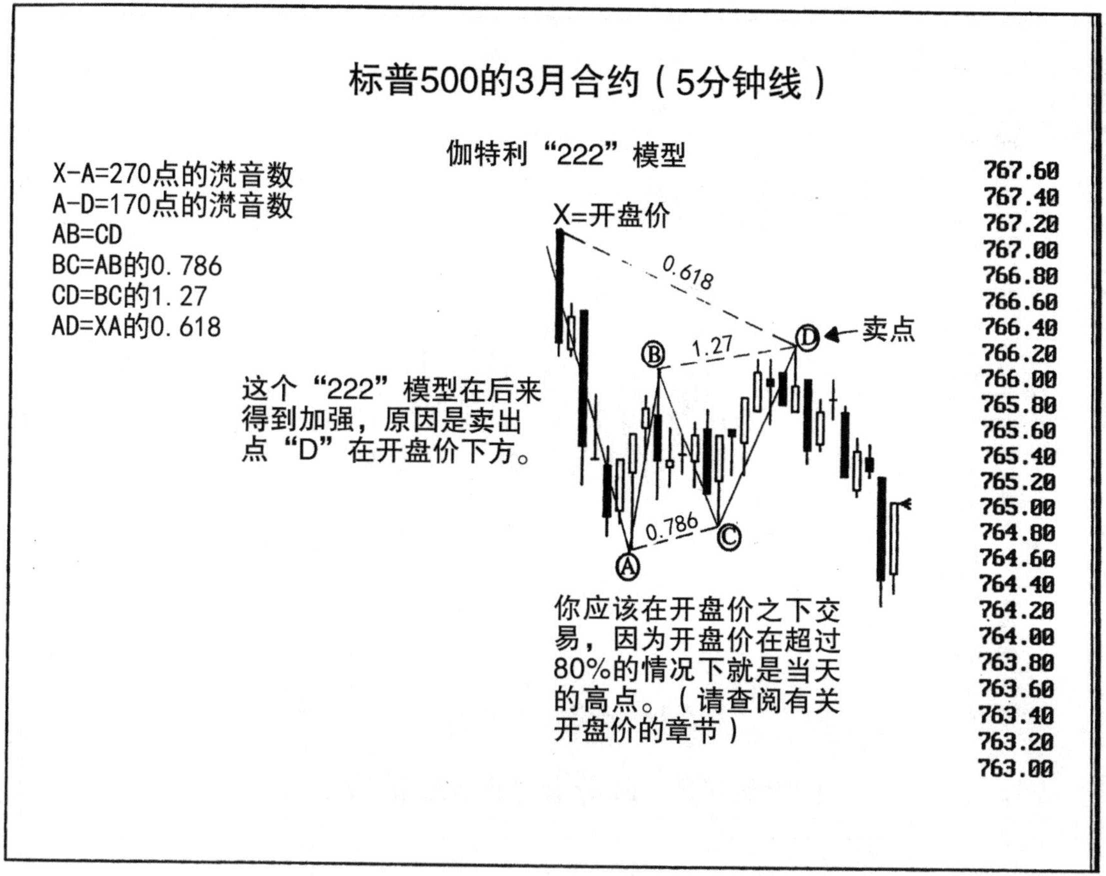

标普500的3月合约（5分钟线）
伽特利“222”模型
X-A=270点的泮音数
A-D=170点的泮音数
AB=CD
BC=AB的0.786
CD=BC的1.27
AD=XA的0.618
X=开盘价
0.618
1.27
0.786
A
B
C
D
卖点
这个“222”模型在后来得到加强，原因是卖出点“D”在开盘价下方。
你应该在开盘价之下交易，因为开盘价在超过80%的情况下就是当天的高点。（请查阅有关开盘价的章节）
767.60
767.40
767.20
767.00
766.80
766.60
766.40
766.20
766.00
765.80
765.60
765.40
765.20
765.00
764.80
764.60
764.40
764.20
764.00
763.80
763.60
763.40
763.20
763.00

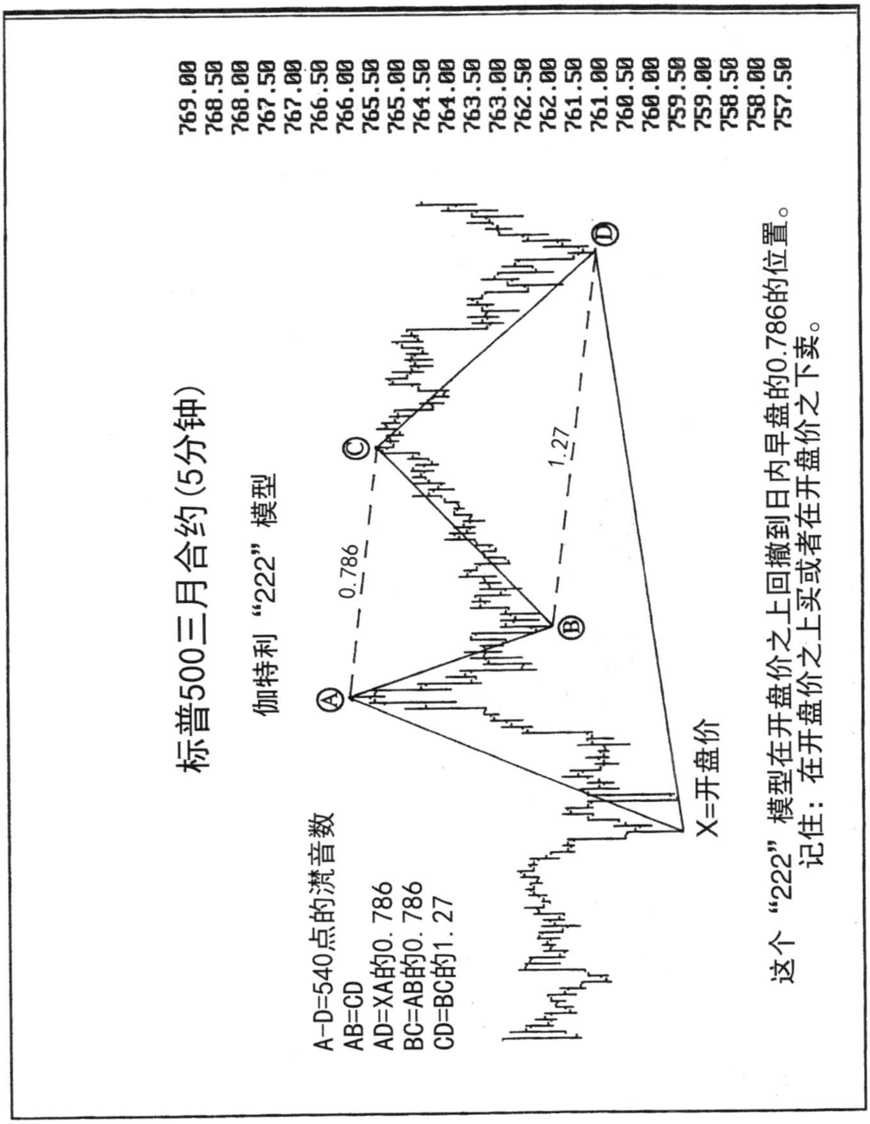
标普500三月合约（5分钟）
伽特利“222”模型
A-D=540点的潸音数
AB=CD
AD=XA的0.786
BC=AB的0.786
CD=BC的1.27
A
B
C
D
0.786
1.27
X=开盘价
769.00
768.50
768.00
767.50
767.00
766.50
766.00
765.50
765.00
764.50
764.00
763.50
763.00
762.50
762.00
761.50
761.00
760.50
760.00
759.50
759.00
758.50
758.00
757.50
这个“222”模型在开盘价之上回撤到日内早盘的0.786的位置。
记住：在开盘价之上买或者在开盘价之下卖。

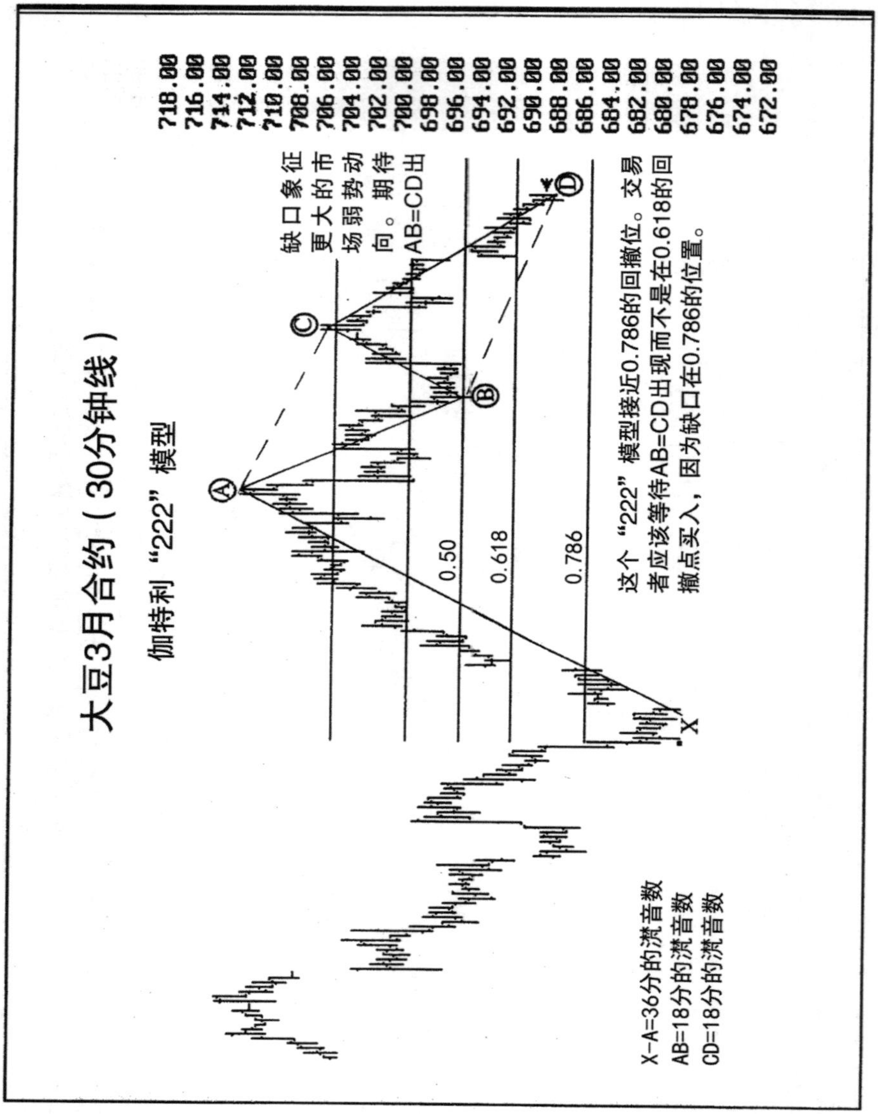

大豆3月合约（30分钟线）
伽特利"222"模型
缺口象征更大的市场弱势动向。期待AB=CD出
这个"222"模型接近0.786的回撤位。交易者应该等待AB=CD出现而不是在0.618的回撤点买入，因为缺口在0.786的位置。
X-A=36分的潸音数
AB=18分的潸音数
CD=18分的潸音数
A
B
C
D
X
0.50
0.618
0.786
718.00
716.00
714.00
712.00
710.00
708.00
706.00
704.00
702.00
700.00
698.00
696.00
694.00
692.00
690.00
688.00
686.00
684.00
682.00
680.00
678.00
676.00
674.00
672.00

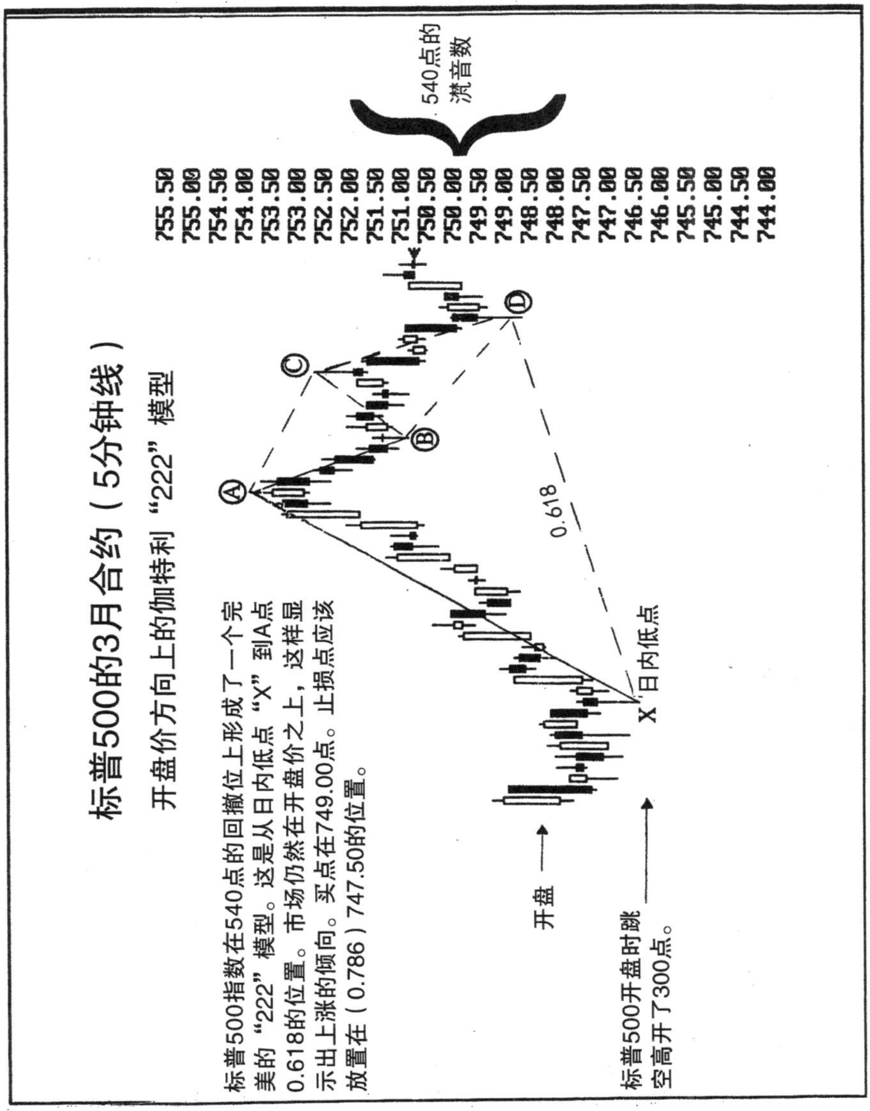
标普500的3月合约（5分钟线）
开盘价方向上的伽特利“222”模型
标普500指数在540点的回撤位上形成了一个完美的“222”模型。这是从日内低点“X”到A点0.618的位置。市场仍然在开盘价之上，这样显示出上涨的倾向。买点在749.00点。止损点应该放置在（0.786）747.50的位置。
开盘
标普500开盘时跳空高开了300点。
X 日内低点
A
B
C
D
0.618
540点的潸音数
755.50
755.00
754.50
754.00
753.50
753.00
752.50
752.00
751.50
751.00
750.50
750.00
749.50
749.00
748.50
748.00
747.50
747.00
746.50
746.00
745.50
745.00
744.50
744.00

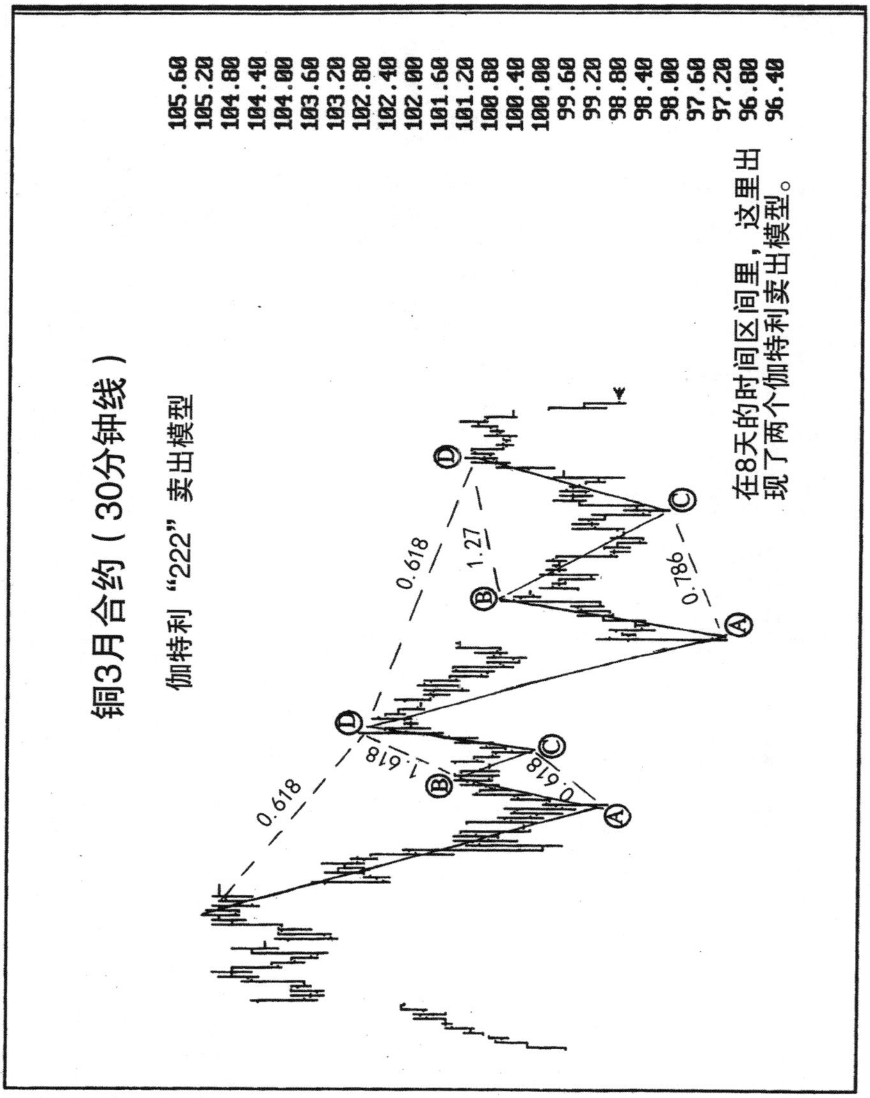
铜3月合约（30分钟线）
伽特利“222”卖出模型
在8天的时间区间里，这里出现了两个伽特利卖出模型。
0.618
1.618
0.618
0.618
1.27
0.786
A
B
C
D
105.60
105.20
104.80
104.40
104.00
103.60
103.20
102.80
102.40
102.00
101.60
101.20
100.80
100.40
100.00
99.60
99.20
98.80
98.40
98.00
97.60
97.20
96.80
96.40

为什么这不是一个伽特利“222”模型

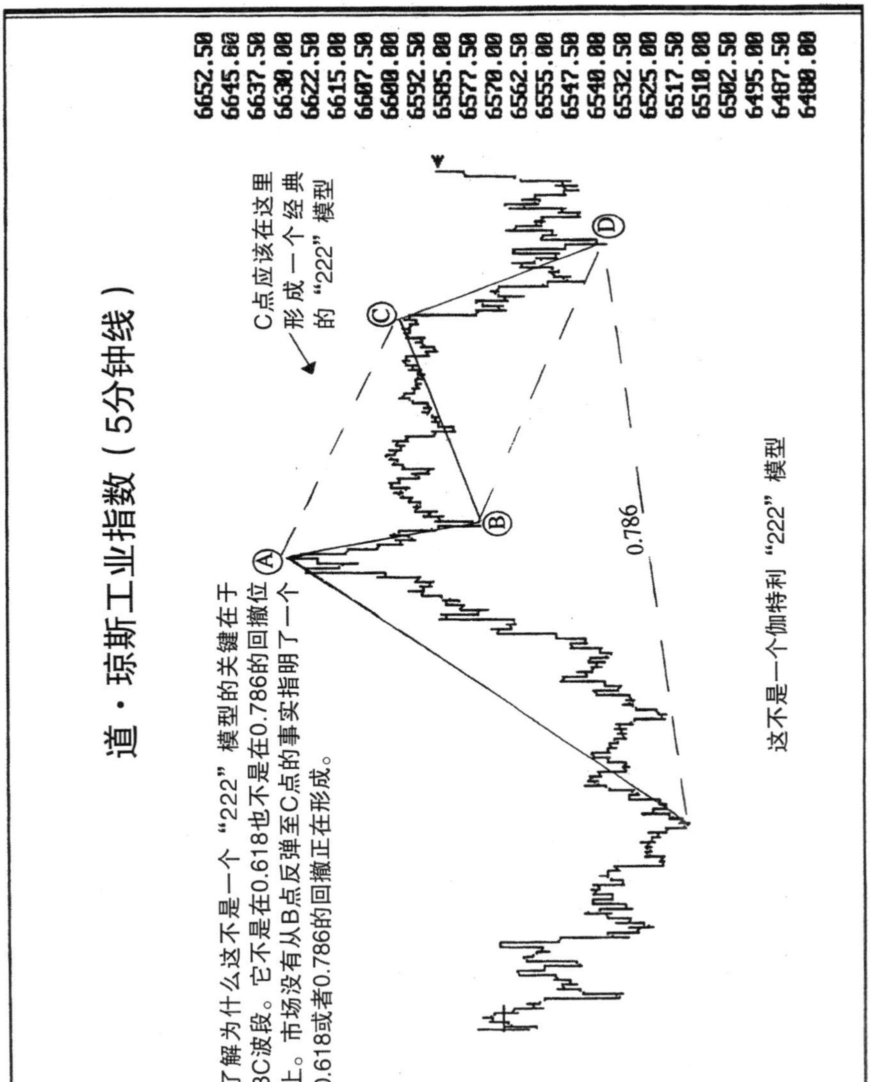

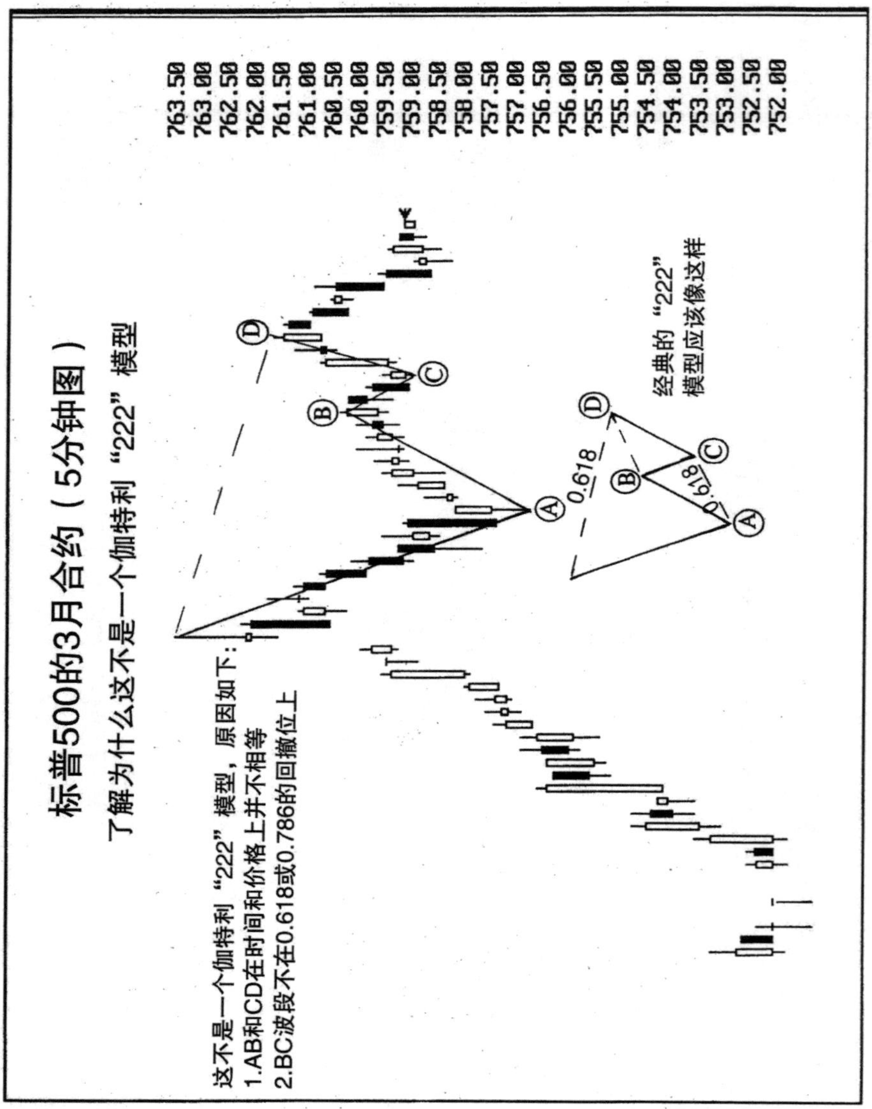
标普500的3月合约（5分钟图）
了解为什么这不是一个伽特利“222”模型
这不是一个伽特利“222”模型，原因如下：
1.AB和CD在时间和价格上并不相等
2.BC波段不在0.618或0.786的回撤位上
经典的“222”
模型应该像这样
A
B
C
D
0.618
.618
763.50
763.00
762.50
762.00
761.50
761.00
760.50
760.00
759.50
759.00
758.50
758.00
757.50
757.00
756.50
756.00
755.50
755.00
754.50
754.00
753.50
753.00
752.50
752.00

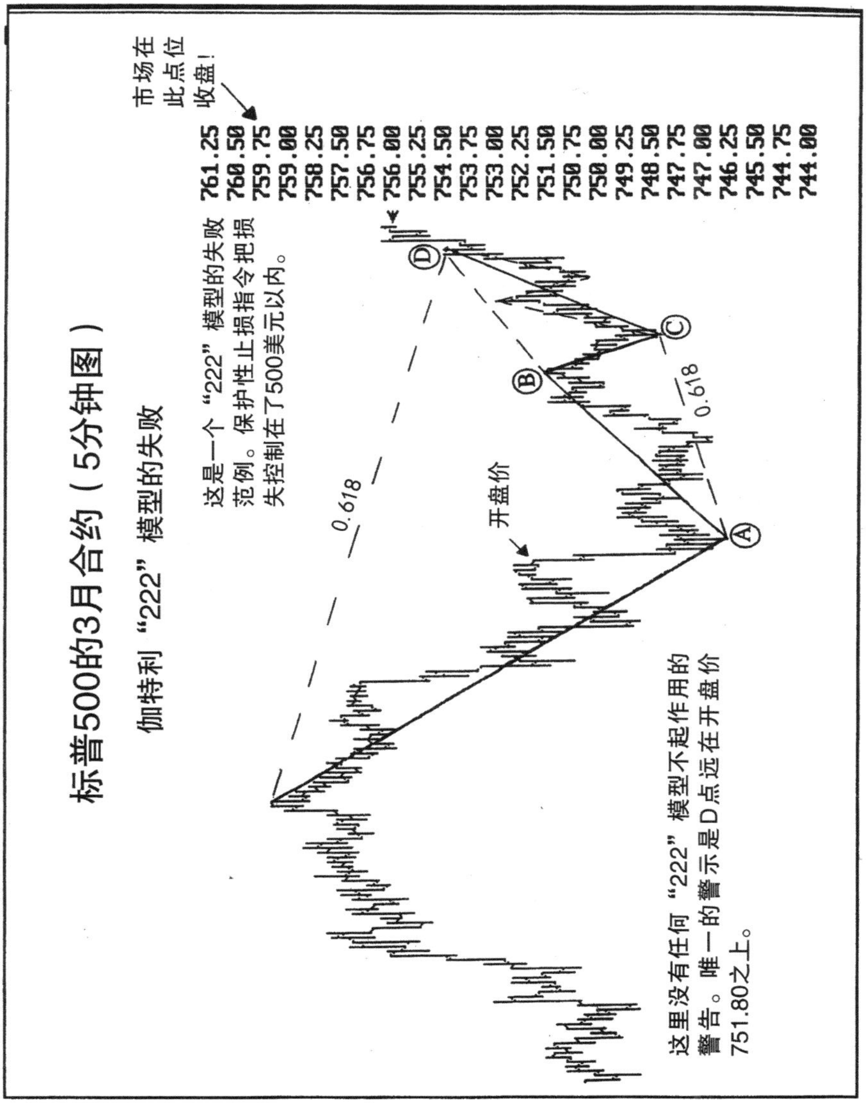
标普500的3月合约（5分钟图）
伽特利“222”模型的失败
这是一个“222”模型的失败范例。保护性止损指令把损失控制在了500美元以内。
市场在此点位收盘！
开盘价
这里没有任何“222”模型不起作用的警告。唯一的警示是D点远在开盘价751.80之上。
0.618
0.618
A
B
C
D
761.25
760.50
759.75
759.00
758.25
757.50
756.75
756.00
755.25
754.50
753.75
753.00
752.25
751.50
750.75
750.00
749.25
748.50
747.75
747.00
746.25
745.50
744.75
744.00

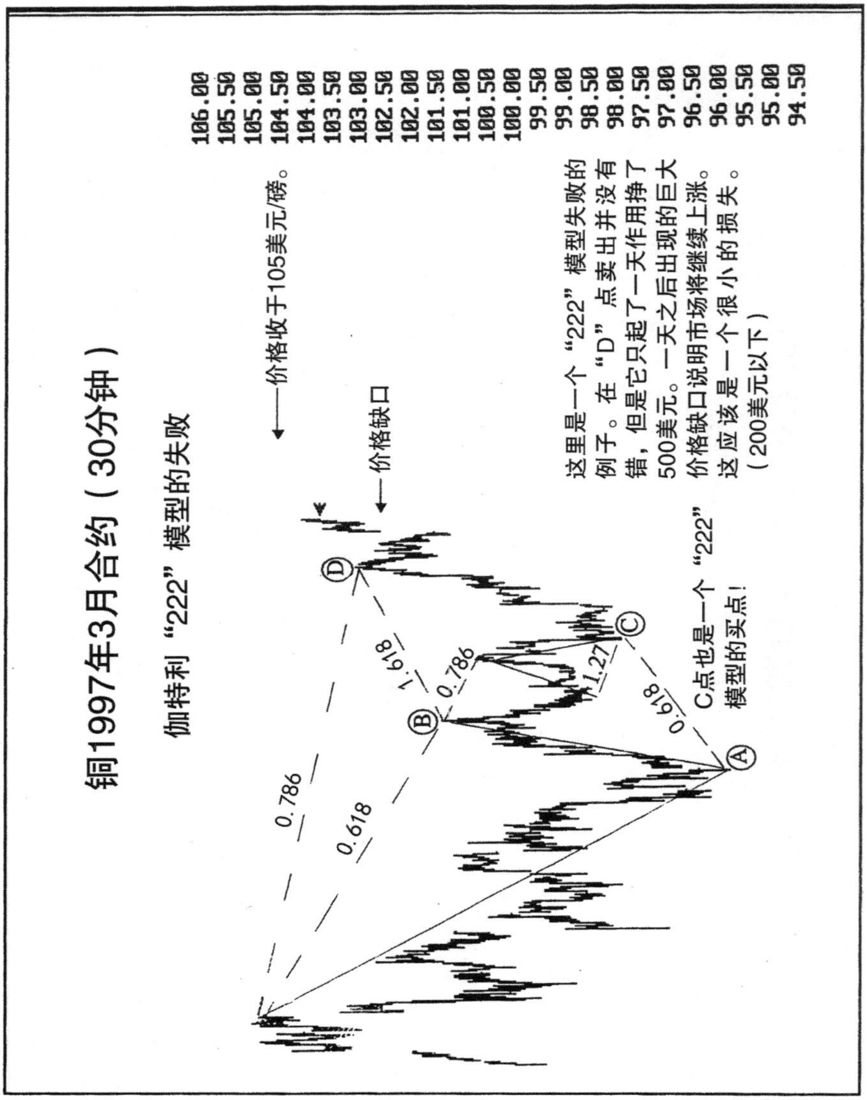
铜1997年3月合约（30分钟）
伽特利“222”模型的失败
价格收于105美元/磅。
价格缺口
这里是一个“222”模型失败的
例子。在“D”点卖出并没有
错，但是它只起了一天作用挣了
500美元。一天之后出现的巨大
价格缺口说明市场将继续上涨。
这应该是一个很小的损失。
（200美元以下）
C点也是一个“222”
模型的买点！
A
B
C
D
0.786
0.618
1.618
0.786
1.27
0.618
106.00
105.50
105.00
104.50
104.00
103.50
103.00
102.50
102.00
101.50
101.00
100.50
100.00
99.50
99.00
98.50
98.00
97.50
97.00
96.50
96.00
95.50
95.00
94.50

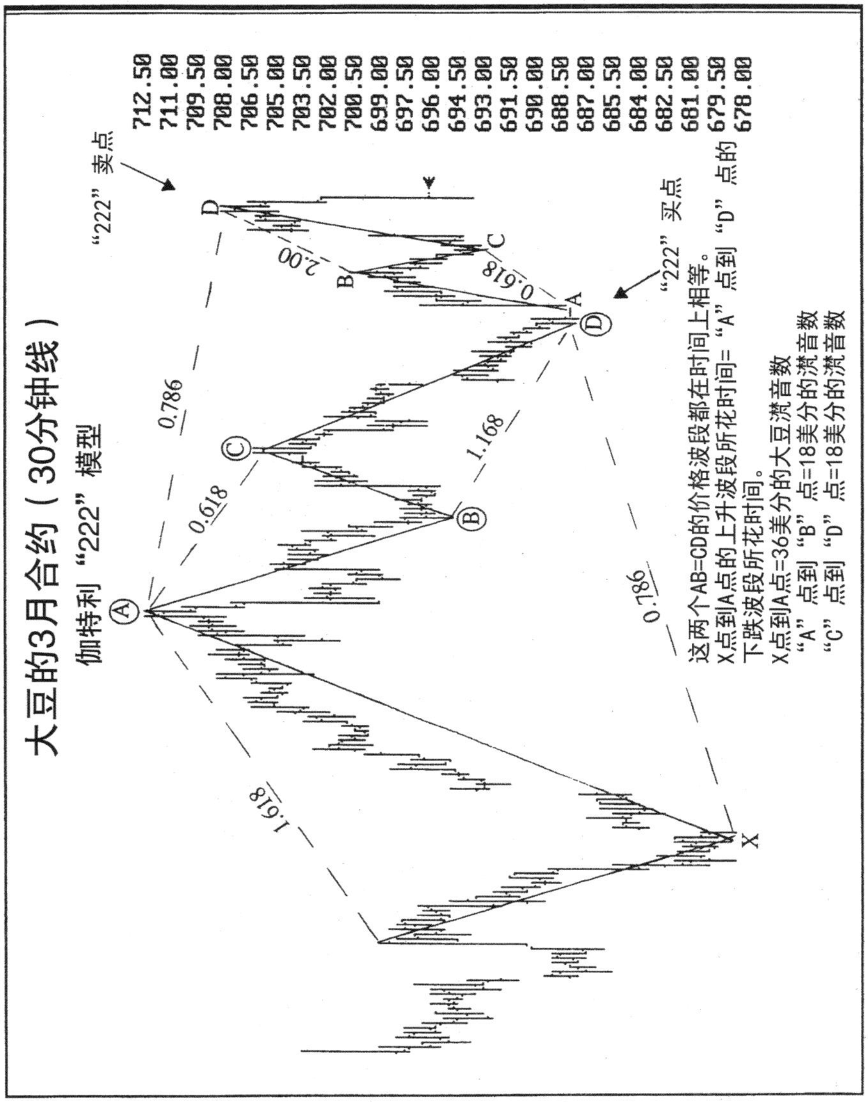
大豆的3月合约（30分钟线）
伽特利“222”模型
“222”卖点
“222”买点
712.50
711.00
709.50
708.00
706.50
705.00
703.50
702.00
700.50
699.00
697.50
696.00
694.50
693.00
691.50
690.00
688.50
687.00
685.50
684.00
682.50
681.00
679.50
678.00
A
B
C
D
X
0.786
0.618
1.618
1.168
2.00
0.618
0.786
这两个AB=CD的价格波段都在时间上相等。
X点到A点的上升波段所花时间=“A”点到“D”点的下跌波段所花时间。
X点到A点=36美分的大豆潽音数
“A”点到“B”点=18美分的潽音数
“C”点到“D”点=18美分的潽音数

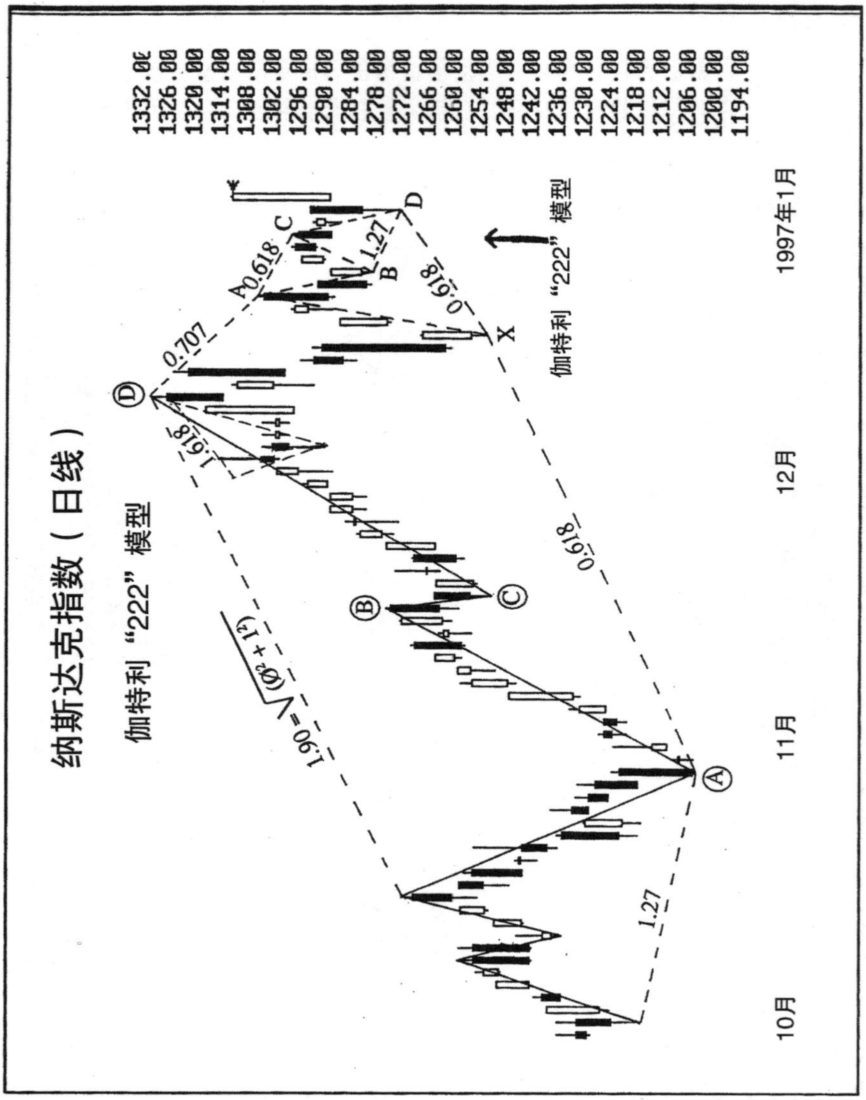
纳斯达克指数（日线）
伽特利"222"模型
伽特利"222"模型
1.90 = $\sqrt{(\varnothing^2+1^2)}$
1.618
0.707
0.618
0.618
1.27
0.618
1.27
A
B
C
D
X
A
B
C
D
1332.00
1326.00
1320.00
1314.00
1308.00
1302.00
1296.00
1290.00
1284.00
1278.00
1272.00
1266.00
1260.00
1254.00
1248.00
1242.00
1236.00
1230.00
1224.00
1218.00
1212.00
1206.00
1200.00
1194.00
10月
11月
12月
1997年1月

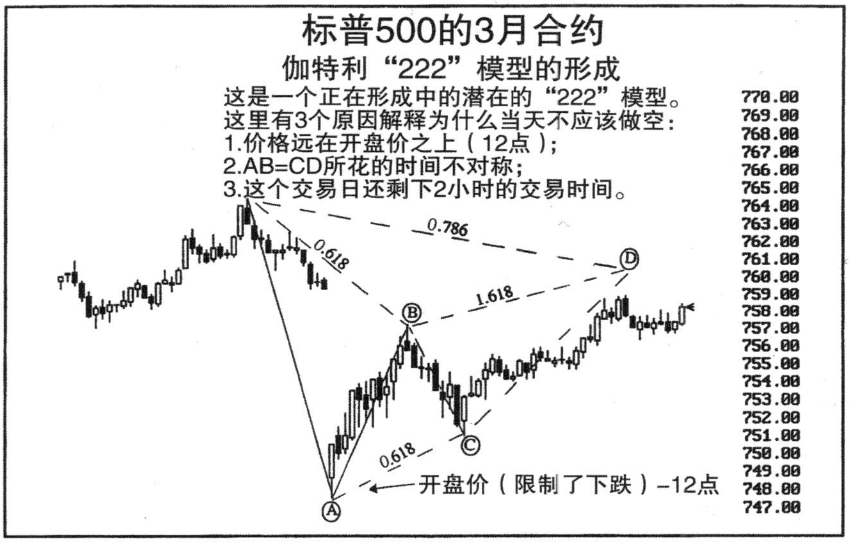
标普500的3月合约
伽特利“222”模型的形成
这是一个正在形成中的潜在的“222”模型。
这里有3个原因解释为什么当天不应该做空：
1.价格远在开盘价之上（12点）；
2.AB=CD所花的时间不对称；
3.这个交易日还剩下2小时的交易时间。
0.786
0.618
1.618
0.618
开盘价（限制了下跌）−12点
A
B
C
D
770.00
769.00
768.00
767.00
766.00
765.00
764.00
763.00
762.00
761.00
760.00
759.00
758.00
757.00
756.00
755.00
754.00
753.00
752.00
751.00
750.00
749.00
748.00
747.00

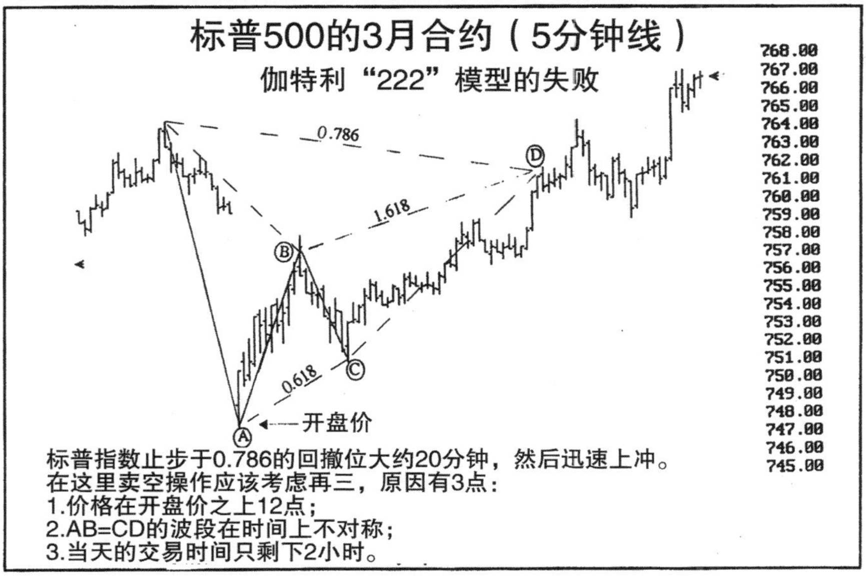
标普500的3月合约（5分钟线）
伽特利“222”模型的失败
0.786
1.618
0.618
开盘价
A
B
C
D
768.00
767.00
766.00
765.00
764.00
763.00
762.00
761.00
760.00
759.00
758.00
757.00
756.00
755.00
754.00
753.00
752.00
751.00
750.00
749.00
748.00
747.00
746.00
745.00
标普指数止步于0.786的回撤位大约20分钟，然后迅速上冲。
在这里卖空操作应该考虑再三，原因有3点：
1.价格在开盘价之上12点；
2.AB=CD的波段在时间上不对称；
3.当天的交易时间只剩下2小时。

投资组合表

这是我每天使用的投资组合页面。根据这些投机工具我寻找不同的模型。

运输、标普现价指数和人气指标都被用来确认模型。同样的模型也出现在现价指标中。

名称	代码	最新价	净增减	高点	低点	开盘价
美国国债	US7H	11401	+3	11406	11331	11331
瑞士法郎	SF7H	0.7454	-0.0011	0.7479	0.7439	0.7461
德国马克	DM7H	0.6452	-0.0012	0.6473	0.6450	0.6469
小麦	W7H	386.50	-3.00	389.00	385.25	388.75
日元	JY7H	0.8712	-0.0038	0.8730	0.8695	0.8728
标普 500	SP7H	764.90	+0.30	767.00	764.60	764.60
道指	INDU	6565.90	+4.99	6576.28	6560.91	6560.91
豆粕	SM7H	220.50	-1.30	220.50	218.70	220.40
大豆	S7F	700.00	-1.50	700.00	698.50	699.50
玉米	C7H	262.50	-2.00	263.00	262.25	263.00
黄金	GC7G	371.10	+0.00	371.70	371.00	371.20
白银	SI7H	482.00	-9.30	492.00	480.00	490.50
运输	TRAN	2286.03	-1.66	2288.61	2286.03	2287.69

人气指标	TICK	140.00		565.00	127.00	127.00
铜	HG7H	99.00	+0.40	99.15	98.10	98.00
纽交所	YX7H	401.85	+0.40	402.90	401.80	402.60
标普现价	SPY	757.95	+1.16	759.20	756.79	
原油	CL7G	25.51	+0.29	25.55	25.13	25.40
豆油	BO7H	0.2339	+0.0009	0.2340	0.2339	0.2340
天然气	NR7H	-2.04	28.00	27.50	27.50	27.70

交易往事*

我头一次听说拉瑞·皮萨万多的事，是关于他利用星相学来买卖股票。当时，我刚刚从东部迁到加利福尼亚中部海岸小城，也一直自命为伪博学的自由主义者。我的脑海里立刻勾勒出一个消瘦的老头，长长的胡须，戴着一顶很大的黑色尖顶帽，披着斗篷，帽子和斗篷上都装饰着白色闪亮的星星和半月形。他甚至可能会蹒跚而行，随时带着一根大法杖，行走的时候就用法杖拄着地来支撑自己。

那时候，我去西部接受一个在加利福尼亚州立理工大学（波利海峡）任教的职位，正在忙于结识新朋友。他们中的一个叫迈克·温特劳布的人，非常热情，是路易斯·欧比斯波的一家皮草店的店主。路易斯·欧比斯波在一个小城镇里，年平均温度在70.2华氏度(约21.2摄氏度)，这其中的反常之处让我和迈克都非常惊讶。他喜欢吓唬人，当他问我闲暇时候喜欢做什么，我回答期货交易，他戏剧性地介绍了拉瑞。

---

* 本节由史蒂夫·夏皮罗写作，即文中的“道克”。

此后的一天晚上，当我在迈克的店里遇见拉瑞的时候，我被他的外形震惊了。我失望地发现他没有戴尖帽和斗篷，也没有星星和半月形的点缀。第一眼看上去他和别人没什么两样，直到你注意到他的一直在闪烁的眼睛，向你叙述对生活的热爱，邀请你一起度过人生。没有魔法，也没有神秘。只是一个喜欢与人交往的帅小伙。他看起来慷慨而且乐于助人。事实也的确如此。

别被外表所欺骗，是我从拉瑞身上学的第一课。（我们的友谊不断加深，他开始喊我“道克”，我喊他 LP）这里面蕴涵的寓意是：注意你的期望值。更进一步说，不要抱期望值，这样他们就不会被滥用。要敬畏市场，不要在这儿寻找你想要的东西。学会看到市场提供的东西并且尊重它。简单来说，不要在交易中寻找你期望的结果，学会观察交易中包含的信息。这是让我俩难忘的一堂课。

当麦克介绍我们的时候，他对我说：“去啊，问他任何你想知道的事情。”好像在暗示拉瑞是掌握了部分市场智慧的神秘大亨。

LP 看了看麦克，知道他喜欢“搅局”。为了减轻由于麦克故意的要宝引发的难堪，拉瑞微笑着说道：“来吧，我不介意。我喜欢我的职业，也喜欢和别人一起聊聊市场。”

就这样我开始了和 LP（拉瑞·皮萨万多）的友谊，同时我们也展开了一系列讨论。不但覆盖了交易技术，而且几乎包含了生活中的每个方面，以及如何把它和交易心理联系起来，并把交易作为人生的隐喻。

我们相遇以后不久，LP 邀请我去他的交易工作室继续我们的讨论并观看他交易。那时候我还是一个夜猫子，只有很少一些东西能让我在早晨 5：20 起床。债券和货币在西海岸的那个时间交易（纽约时间早上 8：20）。LP 看起来如此有趣和幽默，以至于我决定去瞧瞧。这是我所做过的英明决定之一。我们会坐在一起观看市场，LP会诉说过去担任股票经纪人和场内交易人的时候遇到的市场的“战争故事”，以及他认为那一天将要发生什么。我对他知识的广博、言谈的风趣和对市场判断的准确度感到高兴。

拉瑞是我见过或者读过的最棒的纯粹做交易的人。一天早晨，在一个市场走势特别缓慢的交易日，他转过头对我说：“我厌倦了，来做些生猪的模拟交易吧。”拉瑞喜欢交易生猪而且对此相当精通。短时间内，他在生猪交易中成功获利 15 次。不夸张地说，如果是一张合约的话，他可以通过这张合约挣得 1000%的收益。

当他说：“让我们现在入场”，或者“让我们现在出场”，我总是问他：“为什么你要这么做?”他总是会回答：“因为这样做是正确的。”“来吧 LP，你能详细点解释么?”我回答，假装对他漫不经心的态度不满。他会看着我，带着夸张的愤怒和戏谑：“快点道克，你在和我开玩笑么？这很容易啊。现在的你不但应该知道它而且应该能教会别人。”然后，他当然会教给我，缓慢而细心，总是强调不要在没有止损的情况下入场的重要性，以及同样重要的，知道在何时出场的价值。

不需要多久就能看出他是对的。一旦我开始关注模型，我发现它比我原先想象的要容易。没过多久，我就可以通过观察把它们从任何图表中挑选出来。本书中讲述的技巧是有效的，这包括正确运用它的智慧。

当我第一次开始观察 LP 做交易的时候，我问出了一个我认为是关于逻辑的问题，一个我从那以后多次听到的问题。“这个对所有交易都起作用么，你怎么知道呢?”当我第一次问的时候，LP 只是笑了笑，抓起一张图表。他把图表的名字和刻度切掉了，所以我不知道这是什么，不知道它是一只股票还是一个商品，也不知道它的时间刻度是什么。他给我这个图表，告诉我去找寻模型。“但是这上面没有时间刻度啊，我怎么知道我在找什么呢?”我抗议了，并没有仔细思考我的论点。

他突然罕见地严肃起来。“注意，停止寻找你期待的东西。只是寻找市场蕴涵的信息和你看到的东西。”

他当然是正确的。一旦我停止寻找我所期望的东西，开始查看市场表现的东西，模型们就纷纷跳到我的面前。他看到我的表情变了，又回到了那个随和的 LP。

举个恰当的例子。一天早晨我们在观察市场的时候，LP 接了个电话，电话中的交流并不顺利，当 LP 把听筒放回底座时他立刻又把它拿了起来，拨通了他的经纪人的电话，在一个非常差的点位下单而且没有设置止损，等他下单后市场立刻开始向相反方向运动。他看着价格继续向相反的方向运动，忽略了我们考虑过的大量其他可能，他的沮丧和恼怒越来越严重。

看到他烦闷了一阵子以后，我转向他，轻轻地说：“LP 你知道你刚才干了什么吗?”

他看着我，好像刚刚回过神来。他很清楚我指的是什么，作为一个真正的行家，他说：“道克，你是对的，那样做真是太蠢了，我情绪化了。”他立刻拨通了经纪人的电话关闭了交易，只受了很小的损失。作为我永远的朋友和老师，他毫无难堪之感地说道：“让我们谈谈刚才发生了什么。”

从这短短几分钟时间的行动里，我们甄别出大量需要学习的教训。首先，当你交易的时候，别在这个时间里想其他事情。集中注意力到你正在处理的事情上，你如何干的，最重要的是，为什么你要做它。市场就是它表现的那样，走势也是它表现的那样。它不在乎我们是谁或者我们在做什么。如果我们选择了一个错误的决策，市场不会有什么反应。我们所有人有多少次听到某人的抱怨："看看市场今天对我做了些什么?"市场不会针对个人或任何其他人做任何事。它不知道他是活着的，也不会在乎，它不欠我们任何东西，它就是简单的那样，所有发生的事情都是交易者自己造成的。例如，成功的交易者在基于市场内在韵律重复概率上做出错误决定。之前发生的事情将会再次发生。交易者通过分析建议何时、什么点位，以及会发展到什么程度。演化的形态总是很类似但是很少完全相同。他们可以被看作市场语言的语法格式，就像单词是语言的构成成分一样。

第二个教训是做交易的时候不能带有情感。数学是干净、精练、合乎逻辑的。本书的模型识别和趋势分析提高了你交易胜算的机会，但你必须保持头脑清醒才能用它来赚钱。除此之外的忧虑，特别是个人的和情感上的，一定要放在一边（这很难做到），要么你不要交易。允许"烦心事"在你交易的时候干扰你几乎一定会造成灾难。拥有智慧和纪律能看出差别并且正确行动的价值不能被过分估高。因为错误的判断和情绪冲动而做出决定所损失的钱，比你通过实行正确的交易技巧而获得的收益要大得多也重要得多。因为一时冲动做出错误决策的情感代价要昂贵得多，心理上的伤害也比金钱损失要大得多。

重新获得金钱要比重建信心和自信容易得多。幸运的是，拉瑞知道他自己朝着危险的方向前进，强烈的自律能让他砍掉损失继续前进。

第三个教训是，当作出一个错误的决策，并且在你知道错误的时候还继续坚持它，阻止了你去寻找和利用其他的盈利机会。一个交易，特别是一个坏交易，它结束的时候就是结束了。忘记它继续前进。

这些观察看起来冷酷和审慎，并且很难实行。但这就是一个专业交易者如何做交易的方式。他们需要纪律、信心和自我的力量去承担行动的责任。无论何时，只要 LP 和我遵守我们的准则，我们总能赚钱。当我们认为我们比市场聪明或者“只是想再多要一点”，失败几乎是必然的。

有一个关于这个概念的最佳例子，现在已经成了一个我们经常说的笑话。这个笑话是关于“十个一角硬币如何变成一美元”的故事。一天，当 LP 进入一轮利润丰厚的交易后，他看起来对于什么时候出场犹豫不决。他在这笔交易的很短时间内挣了一大笔钱，LP 对于是否退出它犹豫不决。很快，市场到达了 LP 计划的盈利目标，并且继续前进，然后价格转变了方向，于是一大笔收益变成了损失。

“LP，为什么你让这种情况发生?”我问。他有点怯懦地回答：“我刚在第一垒和第二垒中挣了钱，我想试试本垒打。”

“哦，得了吧 LP”，我笑着责骂他：“你明知道不该干，每次不论我们俩中的任意一个这样做了，我们总是陷入麻烦。”我们俩都很清楚那样做不对，但偶尔我们还是会那样做。

当他下决心去做的时候，拉瑞几乎是一个完美的交易者，把每件事都做得和他所教的完全一致。理解“不是每场交易都要盈利”是非常重要的。它表明的是，在正确的时候为正确的人做正确的事情，那么收益将会随着时间增长，收益可能很大。你要学会查看十场交易的净收入，或二十场的，而不是一场。

“道克，别挑剔我了。我知道我做了什么。”他大笑。

我接下来要说的脱口而出。直到说出来以后我才意识到，我们俩一起大笑。“LP，十个一角硬币就是一美元。你想要一美元，别懒惰了。挣十个一角钱，因为一美元或许一次挣不到。”

拉瑞停止了说话，表情一本正经，看起来在深思，他伸手取了一支铅笔，一边说话一边好好表现了他的书法。“等等，道克，我反应有点慢，让我把它写下来，‘十个一角硬币组成了一美元’”。

我们两个人都大笑，开始讨论它。很多道德规范都清楚明了，我们两个破坏了我们的准则太多太多次。不要贪婪，不要寻找市场没有的东西，只取市场提供给我们的东西，在市场做交易获得收益以后就别再想了。一旦你获得了收益，那就是你的。别愚蠢地又把钱还回去。仔细计划你做的每笔交易，把它当作你做过的最重要的交易——直到下一次交易。

拉瑞是对的，他让识别和辨认模型变得容易，最后我真的开始帮助他教授他的技术。像在大学里教学一样，帮助 LP 训练期货交易员经常让我觉得从他们那儿学会的东西和我教给他们的东西一样多，如果不是更多的话。前一秒钟某人的脸上还是一片茫然，下一秒就看到恍然大悟的表情，这不但让教师在心理上获得满足，同时得以分析灵感什么时候出现和为什么出现。这同时启发了学生和老师的头脑。LP 和我都从我们的学生那里学了很多东西。对于市场来说，秘密是观察和查看那里有什么，而不是我们要从那儿得到什么。

当我观察到教授学员如何在市场中交易，和我在大学教授传播学有很多相同之处时，LP 只是笑得像个孩子，然后用夸张的惊奇语气问我：“你很吃惊！？”事实上，了解市场教会我最多的是关于我的行为以及其他人的行为，而不是别的什么。再一次，LP 和我讨论了很多次。它教会了我们如何更明晰地“看”很多事情。正如 LP 教我的，市场真的是很多其他东西的隐喻。

或许这个过程的最佳例子，在那些刚刚学习交易的初学者中大量发生。

拉瑞指导他们选择三个或四个不同的市场，同时从每个市场中选出一个来交易。如果有人问的话，我们通常推荐债券、一种金属和一种谷物。

三个月后，学生们将会给我们打电话，告诉我们交易进行的情况。当学生打电话的时候，他们经常会报告 30%或者 40%的当期收益。然后他们会询问现在是不是可以开始交易三个或者四个更多品种的期货。这个问题总是惹得我们发笑，因为我们知道接下去会发生什么。我们会用我们独有的问题回答：“如果你把你交易的合约数量翻倍，而不是把你交易的期货品种翻倍，会发生什么？如果每件事都像以前一样进行，你将如何改变你的盈利率？”

大多数时候，学生会花些时间做一些计算，然后通常会回答：“我不确信。”这让我们再次大笑而去故意惹怒学生。“你们为什么发笑？”将会是下一个问题。

“你没有听讲。”我们中的一个会回答。“收益的百分比将会保持一致。收益的数额将会改变。为什么要通过增加你的工作负担（你交易的商品都必须要做分析），而当你需要做的只是提高你交易的合约数量来挣更多的钱呢？引用一句老话：‘如果它还没破，不要去修补它。’不要给你自己增加更多的工作负担，而要增加更多的钱。”

还有其他的例子。当一个学生打电话过来，说：“我刚在大豆上赢得了 5 美分的差价。现在我该怎么办？我应该平仓还是等待获取更多利润呢？”

我们再一次大笑，然后再一次，这个学生首先会被我们的大笑所激怒。我们中的一个将问他这个交易持续多久了。回答通常是："半小时"或者"一小时"。我们又笑了，然后我们中的一个再问："这是你想从交易中获得的结果么？"回答是："是的。"我们继续问："你喜欢持续四个小时才能获得收益的交易么？如果你能获得你所分析的预期收益，拿上它然后寻找下一个交易。你愿意在半小时后获得你的10个点的收益还是想在半天后获得？"通常解决问题的是当我们问道："如果我们在开盘前告诉你怎么才能一天挣10个点，你会做而且心里满足么？"

如果答案是"是"，通常都会得到这个回答，我们会告诉学生去回答自己提出的问题，怎么在交易中抉择。这是关于教学流程的非常重要的一部分，它让学生决定对自己的决策满意与否，而不是我们的。这有助于帮助学生建立信心。

经常有学生为开始的决定和结果辩护，说："但我想……"我们中的一个会在这时候打断他，礼貌地说："不，你没有思考，而这将花费你的钱。现在告诉我你今天学了什么？"这个学生会回答他开始被我们的大笑惹怒了，没有仔细想形势。这恰恰是我们想要的效果。就算在极端的情况下，这个学生再犯这个错误也不可能。我们所有人都想自己保持正确，如同我们想获得利润，有时候更多。这是麻烦的根源。一次精准的分析和正确的入场可以被一个改变规则的冲动回答给毁了。好的技术，加上坏的心理等于一个坏的结果。学生们总是看见了教训，和我们一起嘲笑自己的反应，对我们致谢然后离去。他们给我们打电话要求一次明确的交易，但我们把这变成一堂课让他们回答自己的问题。这一般都奏效。它和古老的寓言讲述的是一个道理，当你给一个饥饿的人一条鱼，他一天就吃光了。如果你给他一张渔网并且教他打鱼，他每天都有吃的。

过了几个月他们打回电话，当他们说他们的盈余没变，他们在挣钱也仍然在犯错误但除了那个错误的时候，我们一起大笑。

我们曾经有个学生，他非常想学习如何在标普指数交易中获利。当我们教他如何去做的时候，他总是说："我懂得你们教我的东西，但我不想按那种方式交易。"

最后我们中的一个问他是否在交易中获利了。"不完全是。"他回答。我们的经验告诉我们，他实际上在说他已经输光了。

"那么你或许应该试试另一种交易方式"，我们向他建议。他离开的时候仍然按他自己的方式去交易。

这件趣事针对一个非常重要的答案提供了解释："你愿意选择正确的方式，还是选择你想要的方式?"

读者自己来选择答案。

这个故事还说明了另一点：只有在发现的初期，我们才意识到自己是多么的无知。为了这个目的，拉瑞喜欢引用一句孔子的名言："弟子若准备好时，老师自会出现。"

我们的一个志同道合的朋友曾经告诉我："要越过自己的局限去探究……"这本书中教授的技巧能让那些认真的学生做到这一点。

我在大学任教的日子里，越来越多的学生不停地埋怨几乎每件事和每个人。他们认为自己是受害者。他们认为自己没犯任何错。他们是"牢狱律师"，力争获取他们不拥有的任何其他东西，不管他们是否应当得到。他们代表了社会上很多人的生活方式。太多人拒绝为自己的行为承担责任，因为他们把自己看作隐形恶行的受害者。他们成为这样的交易员，他们会说："看看今天市场对我做了什么。"

当这些学生为了那些他们其实不应该获得的利润点而争取时，我习惯告诉他们："让我考虑一下。在我下决心以后，我会听听理由，因为那时它也没什么用了。”或者孩子般地微笑着，告诉他们：“有时候你是赢家，有时候你是输家。”

反驳或者正面的肯定是有用的，有时候甚至有趣，但他们永远不能代替知识、信心和个人责任。海明威曾经说道：“每个人都会恐惧；那些保持尊严面对它的人也同样具有勇气。”

这是最重要的事情。愚昧无知和骄傲自满最终不可避免地会导致失败和懊悔。

记住，贝布鲁斯击出了 714 次全垒打，但他也击空了 1330 次。

一些周期的实用技巧

周期是可笑的一种抓阄——

他们并不是完全随机——

只是当你认为你有了一项伟大发现的时候——

又一个周期出现挑战你的思维。

——S. W. S

上面这首诗总结了对于周期的研究。我相信投机市场并不是随机和混乱的。在混乱中有很多价格和时间的模型。我的程序已经在前后一致的基础上证明这是事实。我认为每个交易者都应该发现这两个周期理论。1971 年，我在吉姆·赫斯特的关于周期理论的书中第一次注意到这两个周期理论。第一个理论是高速转换。它的意思是熊市周期和牛市周期有各自独特的特点。

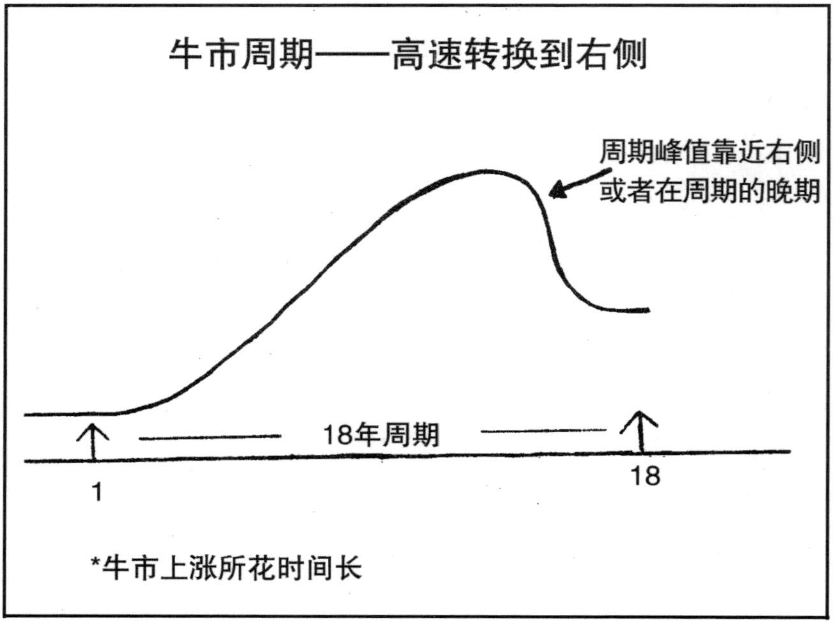
牛市周期——高速转换到右侧
周期峰值靠近右侧
或者在周期的晚期
18年周期
1
18
*牛市上涨所花时间长

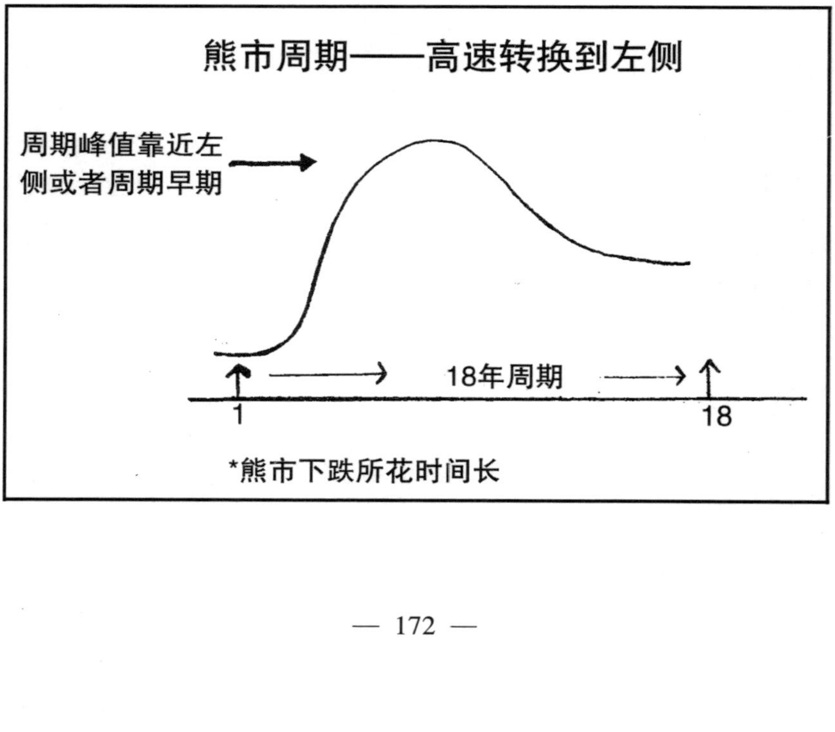
熊市周期——高速转换到左侧
周期峰值靠近左
侧或者周期早期
18年周期
1
18
*熊市下跌所花时间长

第二个周期理论是关于名义性。周期通常以相同增量重复。例如，有一个9时段的周期=18个时段*。有时它会持续5次以上的周期（5个波段），但此后它就会变化。交易者可以从这个现象学到两个珍贵的经验教训。首先，一旦周期改变了，投资者应该开始寻找新的名义周期。其次，一旦发现一个名义周期，持续使用它直到它不再有效。这应该听起来非常简单。

对于周期的学习可以通过利用合理比例的原理来提高。如果你把任意一张股票或期货的价格图表看作一张路线图，那你需要做的仅仅是把所有的点连起来到达终点。下面这个图表就是我努力要表达的意思的简单化模型。

如果交易者（分析师）利用比例和比率关系，他就可以发现周期有效性的有价值线索。注意，我们谈论的只是可能性。没有什么是确切要发生的。

控制好你的亏损，收益就会自动增长。

——阿莫斯·贺斯泰德，商品期货公司

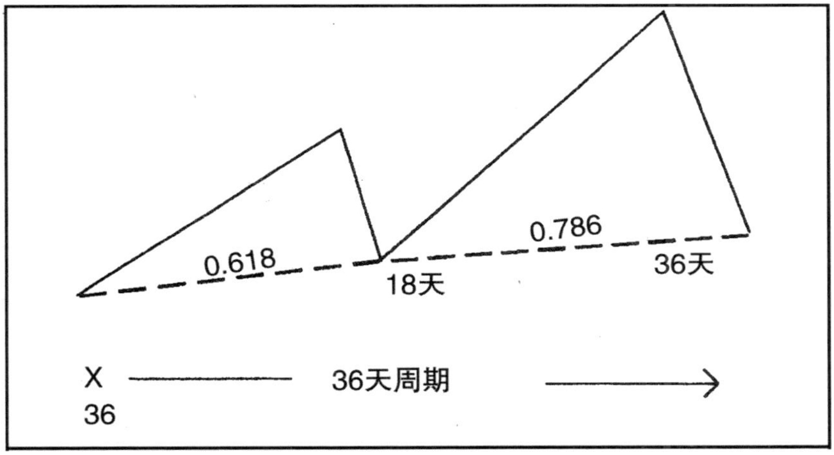

* 原文如此，意指9时段的周期持续出现两次。

斐波那契交易卡片

我在芝加哥商品交易所里做场内交易员的时候，所使用的交易法则十分简单。每天晚上，我都会待在位于芝加哥麦克里格巷的公寓里为第二天的交易做准备。我保存有差不多20种商品的日线图，以及芝加哥商品交易所里所有主要期货合约的日内走势图。在当场内交易员的日子里，我仍然常常交易白银和大豆合约，但是交易的大部分是美国国债和黄金。后来，我主要做标普500的场内交易，但它是1982年4月才开始交易的。因为，我不愿意在场内亲自交易，而宁愿把我的指令下达给场内交易员。我在一张交易卡片上别了一个波动图，并把卡片放到我的夹克里。波动图看起来就像下面这样：

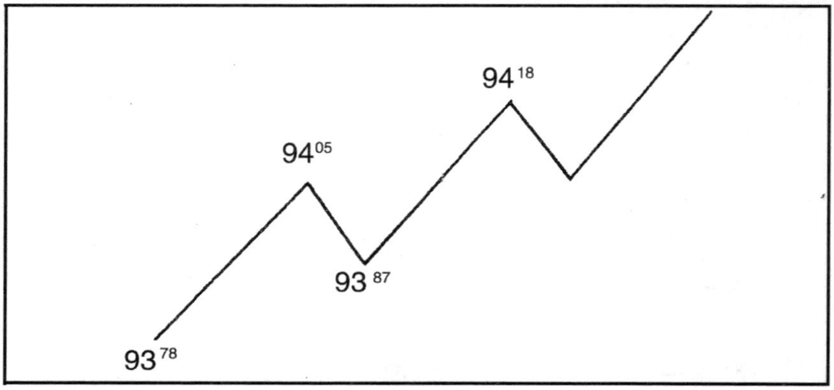

当价格靠近我的买入或卖出点时，我将会看见“奔跑者”（指场内交易员）下达他们从各自的委托室里获得的交易指令。在价格

飙涨或者抛售期间，这种来去匆匆的举动经常能看见。当市场变动不那么剧烈了，我就进入场内并选择相反的方向（在反弹高点卖出，在下跌底部买入）。我用的交易卡片上面写了所有的斐波那契数字和它们的0.618与1.618。如同本书开头所提到的，1989年以前我并不知道斐波那契数字的平方根的重要性。下面两页是我所用过的交易卡片的复制品。为了你的方便使用，我已经把0.786和1.27的价格关系放进去了。直到今天，我仍然使用这些卡片，但是现在它们被放大后装在一个木框里，栖息在我的桌面。

注意图表中标普的价格。这个价格是1982—1983年的交易价格。近月的期货合约依照惯例按现货标普指数价格的一定折扣交易。

斐波那契交易卡　　0.786/1.27

04 05 06	17 21 27	29 37 47	42 53 67	54 69 88	67 85 108
05 06 08	17 22 28	30 38 48	42 54 69	55 70 89	68 86 109
06 07 09	18 23 29	31 39 50	43 55 70	56 71 90	68 87 110
06 08 10	19 24 30	31 40 51	44 56 71	57 72 91	69 88 112
07 09 11	20 25 32	32 41 52	45 57 72	57 73 93	70 89 113
08 10 13	20 26 33	33 42 53	46 58 74	58 74 94	71 90 114
09 11 14	21 27 34	34 43 55	46 59 75	59 75 95	72 91 116
09 12 15	22 28 36	35 44 56	47 60 76	60 76 97	72 92 117
10 13 17	23 29 37	35 45 57	48 61 77	61 77 98	73 93 118
11 14 18	24 30 38	36 46 58	49 62 79	61 78 99	74 94 119
12 15 19	24 31 39	37 47 60	50 63 80	62 79 100	75 95 121
13 16 20	25 32 41	38 48 61	50 64 81	63 80 102	76 96 122
13 17 22	26 33 42	39 49 62	51 65 83	64 81 103	76 97 123
14 18 23	27 34 43	39 50 64	52 66 84	64 82 104	77 98 124
15 19 24	28 35 44	40 51 65	53 67 85	65 83 105	78 99 126
16 20 25	28 36 46	41 52 66	53 68 86	66 84 107	

例子: 28**36**46　　乘　　36 x 0.786 = 28　　36 x 1.27 = 46

斐波那契交易卡　　0.618/1.618

10 06 04	34 21 13	60 37 23	84 52 32	110 68 42	136 84 52
11 07 04	36 22 14	61 38 23	86 53 33	112 69 43	138 85 53
13 08 05	37 23 14	63 39 24	87 54 33	113 70 43	139 86 53
15 09 06	39 24 15	65 40 25	89 55 34	115 71 44	141 87 54
16 10 06	40 25 15	66 41 25	91 56 35	116 72 44	142 88 54
18 11 07	42 26 16	68 42 26	92 57 35	118 73 45	144 89 55
19 12 07	44 27 17	70 43 27	94 58 36	120 74 46	146 90 56
21 13 08	45 28 17	71 44 27	95 59 36	121 75 46	147 91 56
23 14 09	47 29 18	73 45 28	97 60 37	123 76 47	149 92 57
24 15 09	49 30 19	74 46 28	99 61 38	125 77 48	150 93 57
26 16 10	50 31 19	76 47 29	101 62 38	126 78 48	152 94 58
28 17 11	52 32 20	78 48 30	102 63 39	128 79 49	154 95 59
29 18 11	53 33 20	79 49 30	104 64 40	129 80 49	155 96 59
31 19 12	55 34 21	81 50 31	105 65 40	131 81 50	157 97 60
32 20 12	56 35 21	83 51 32	107 66 41	133 82 51	159 98 61
	58 36 22		108 67 41	134 83 51	160 99 6

例子: **35** 21　乘　36 x 0.618 = 21　和　21 + 35 = 56 (35的1.618)

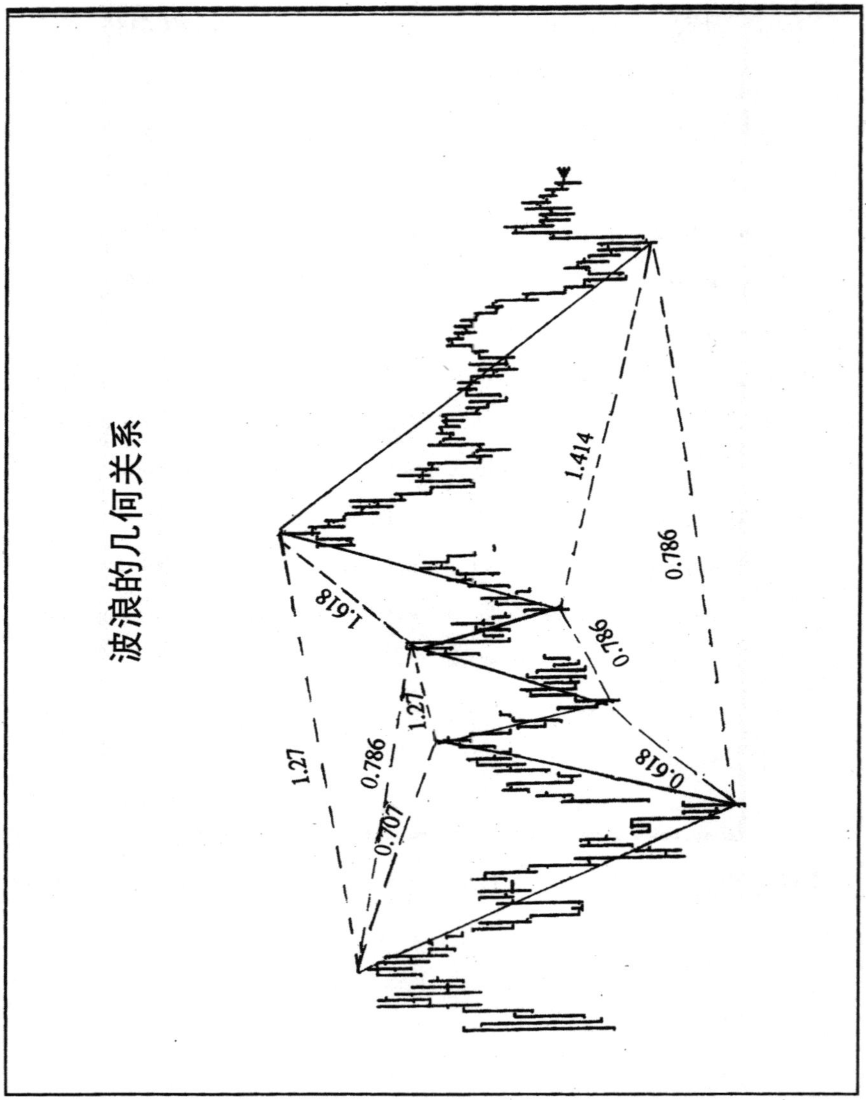
波浪的几何关系
1.618
1.27
0.786
0.707
1.27
1.414
0.786
0.786
0.618

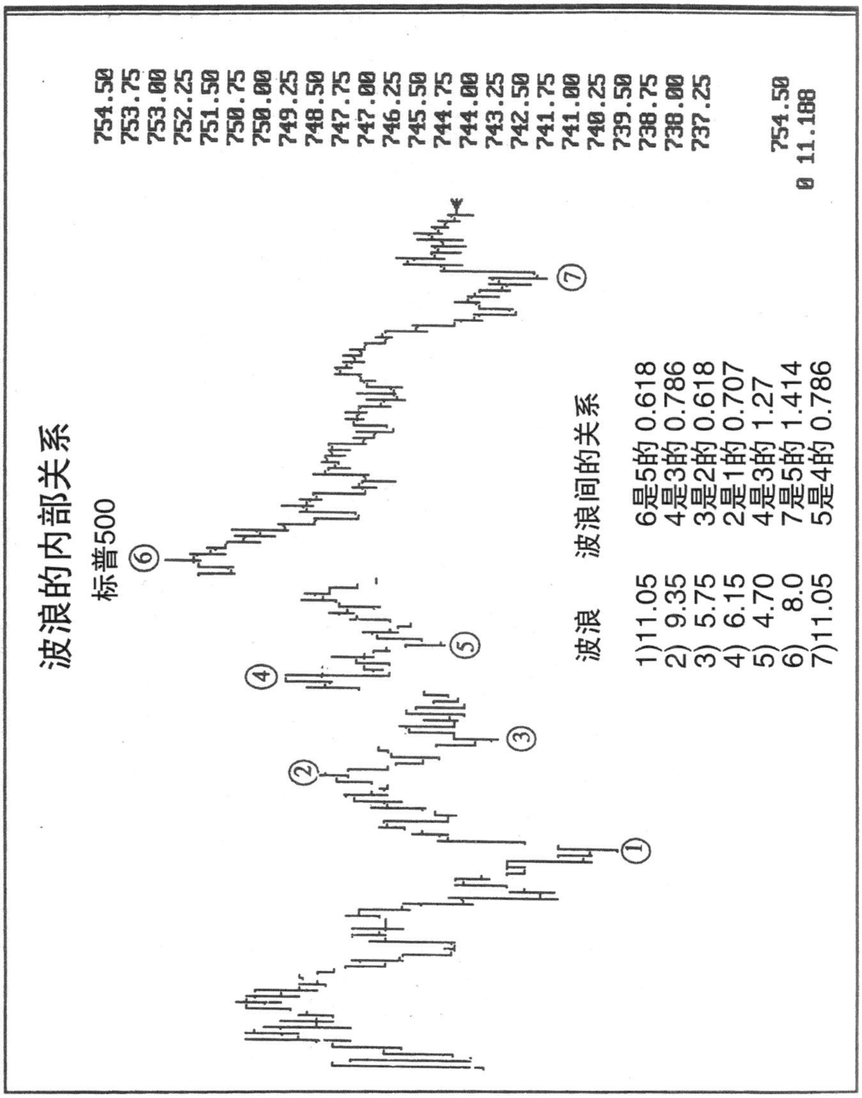
波浪的内部关系
标普500
①
②
③
④
⑤
⑥
⑦
754.50
753.75
753.00
752.25
751.50
750.75
750.00
749.25
748.50
747.75
747.00
746.25
745.50
744.75
744.00
743.25
742.50
741.75
741.00
740.25
739.50
738.75
738.00
737.25
754.50
0 11.188
波浪 波浪间的关系
1)11.05 6是5的0.618
2) 9.35 4是3的0.786
3) 5.75 3是2的0.618
4) 6.15 2是1的0.707
5) 4.70 4是3的1.27
6) 8.0 7是5的1.414
7)11.05 5是4的0.786

可控风险的资金管理

30,000X10%=3,000	风险资金	风险比率
1号资金合约	1,000	3 1/3%
2号交易合约	1,000	3 1/3%
3号长期合约	1,000	3 1/3%

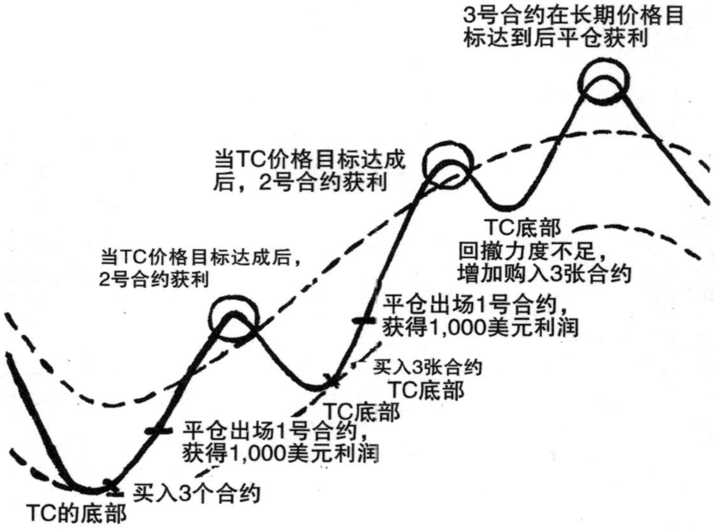

这张图表由沃尔特·巴赛特提供，巴赛特先生是周期研究的先锋，同时也是周期研究基金会的一名主管。这张图表出现在这里的目的，是为了提示我们的投资者注意风险控制在任何市场的重要性。

更多的实践技巧

“抛弃你的观点，而不是你的钱”

——保罗·都铎·琼斯

I **风险投机的资金管理应当保持简单。这里是一些“牢不可破的规则”和“准则”。**

A. 牢不可破的规则

1. 如果头寸亏损，不要增仓。

2. 在任何交易中所冒风险不要超过你交易资金额的 10%。

3. 在每一次交易中设立保护性止损位。

4. 如果你在 3 天内都无法获利，平仓出场。

B. 准则

1. 如果没有原因就不要关闭交易。

2. 对你的交易负责。

3. 低点越来越高说明市场在上升趋势中。高点越来越低说明市场处于下降趋势中。

4. 总是在开盘前做好分析。

II 平仓前问自己如下问题

1. 这个头寸亏损了么？

2. 它达到价格目标了么？

3. 你被你的观点说服了么，它很具说服力么？

如果以上三个问题的答案都是不，那么你必须保持你的头寸。如果以上三个问题的答案都是肯定，那么如果你希望的话你应该关闭交易。

III 观察

A. 计算你的交易资金然后乘以 3%，这是你在任何交易中承受的损失上限。例如：＄1000×3%＝＄300。你在交易中所冒的风险不应超过＄300。

B. 当你的账户内的金额增长了，你还是必须贯彻 3%的准则，但你可以交易更多的合约。

C. 如果你可以交易很多合约，你应该考虑在某一头寸上运用移动止损策略。这个策略取自系统在市场转折点时入场的能力。

D. 交易者必须始终保护自己免受性格弱点的影响。止损点的设立是为了免受交易者自身的影响。

“市场很少犯错；而人类经常犯错！”

——罗伊·隆斯特

Ⅳ 推荐阅读

A.《大作手回忆录》

B.《纪律交易者》

C.《孙子兵法》

D.《赢家心理》

波动率止损入场技巧

波动率止损通过运用 K 线（或棒线）的平均幅度来计算波动率。用平均幅度乘以一个乘数得到波动率。卖空的时候把波动率加到最低的收盘价上，买多的时候用最高的收盘价减去波动率。

平均幅度=平均幅度×（N-1）+（高点-低点）/N

卖空=最低的收盘价+平均幅度×C

买多=最高的收盘价-平均幅度×C

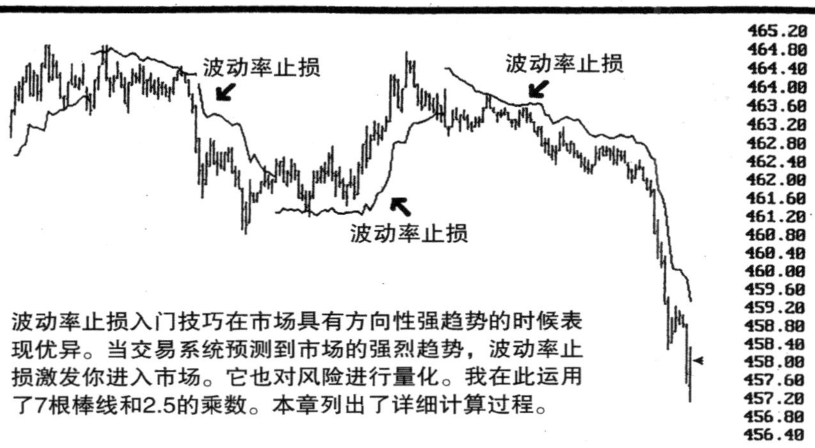

标普500的12月合约波动率的止损&反转

5分钟线 · 7根棒线幅度 · 乘数2.5

危险信号

市场很少出错！市场中一直存在的一个事实是：如果价格走高，说明市场中出现了更多买家；如果价格下跌说明出现了更多卖家。这里有一些技术指标暗示市场或许在转换性格。

A. 缺口

图表上的一个大价格缺口指明市场情绪发生改变，应该引起重视。行动前应用夏皮罗反复（等待一根完整 K 线*）。

B. 宽幅

当价格变化幅度反常变大，那么市场可能会越过价格目标（1.618）。你应该了解你所交易商品的每日平均价格波幅。

C. 收盘价

市场在极高点或极低点收盘说明市场的动力强劲或不足。观察在同一方向的几天的收盘价。

"控制好你的亏损，收益就会自动增长。"

——阿莫斯·贺斯泰德

---

* 比如，以 5 分钟 K 线图观察交易，则等待当前的 5 分钟 K 线完成。

杰西·利弗莫尔法则

以下节选自爱德温·利弗莫尔的《股票大作手回忆录》一书。

1. 在所有的重大投资失误中，没有几个比在亏损时加仓更愚蠢的了。

2. 总是卖出亏损的头寸，保留获利的头寸。

3. 你不能强迫市场给你它不想给的东西。

4. 投机者的勇气就是按自己的想法行动。

5. 亏损在我接受它之后并不能让我烦恼。我在一夜之间就忘记了它。但是这么错下去——而不是接受损失——这是在和你的钱包过不去，同时也在伤害你自己的灵魂。

6. 一贯正确的人总是受到两种力量的支持——基本面和那些总是错误的人。

7. 市场趋势对于那些具有开放的头脑和理智清晰视野的人来说非常明显。对于一名投机者来说，把事实硬套到理论中去是愚蠢的。

8. 在一个狭窄市场里，当价格窄幅运动时，交易员要做的就是关注市场，观察报价判断价格上下限，然后下定决心在价格没有向某一方向突破前不做交易。

9. 你观察市场的目的是：判定市场的方向或价格趋势。价格，像其他东西一样，沿着阻力最小的方向运动。

10. 长期来看，商品价格只受一个法则控制——供需法则。

11. 我花了几百万美元领悟到，一名交易员的最大敌人就是他怀疑富有魅力的个性和优秀的头脑结合起来的激情。

12. 赢得利润——忘记它！遭受损失，忘得更快些！

13. 我从没想过挣大钱。我想的总是我的处境，我的耐心等待。

14. 股票市场中只有一个方向，它既不是向上也不是向下，而是正确的方向。

不知道自己风险的人在冒所有的风险！

为了交易成功你需要建立三条规则：

1. 建立一个对你信任的基金，这样你可以为了你自己的最大利益而行动——毫不犹豫。

2. 通过一系列步骤来建立信心和对自己的一致性的信任。这其中包括学习，不要把你的钱送人了。

3. 当信号出现的时候，完美地执行交易。问自己以下三个问题：

A）这是一个可识别的模型么？

B）这里存在神圣比率么？

C）我能负担得起这个风险么？

如果对以上三个问题的答案皆为：“是的！”那么你应该入场交易。

记住以下这些重要的因素：

·资金管理的地位永远在任何交易方法论之前。你永远不能把自己暴露在无限的风险中。止损位的设置是为了防止你自身的干扰。

·永远不要进入风险未知的交易。

·犯错本身并不是错误；知道错还要坚持才是！

· 恐惧收窄了我们注意力的焦点，同时扭曲了我们对环境的知觉。

· 自律就是当环境中的事物都在冲突中时仍然能集中注意力的能力。

· 永远别让市场拯救你——你必须自救。利用止损！

· 我们交易的是概率！市场比我们能想象的任何东西都要强大。没有任何交易法则能告诉你下一刻将要发生什么。收益来自一系列交易而不是某一次交易。

· 控制好你的亏损，收益就会自动增长！把你自己从害怕做错和害怕亏损的恐惧中释放出来。交易不是关于正确或错误的游戏，它是获得收益的过程。

· 严守你的规则，灵活处理观察结果。

附　录

今天本书的写作结束。提到今天是因为这天市场出现了剧烈波动。道·琼斯指数下跌了100多点，然后在最后的25分钟尽数收回跌幅。标普500指数下跌了16点，反弹了9点，再下跌9点然后在当天收盘的时候收阳。交易者应该牢记自从1990以来股票市场的波动率一直表现得十分温和。交易者或许有必要为随后数年增大的市场波动率做好准备。

1997年1月2日

标普500的3月合约（5分钟线）

伽特利“222”模型的形成

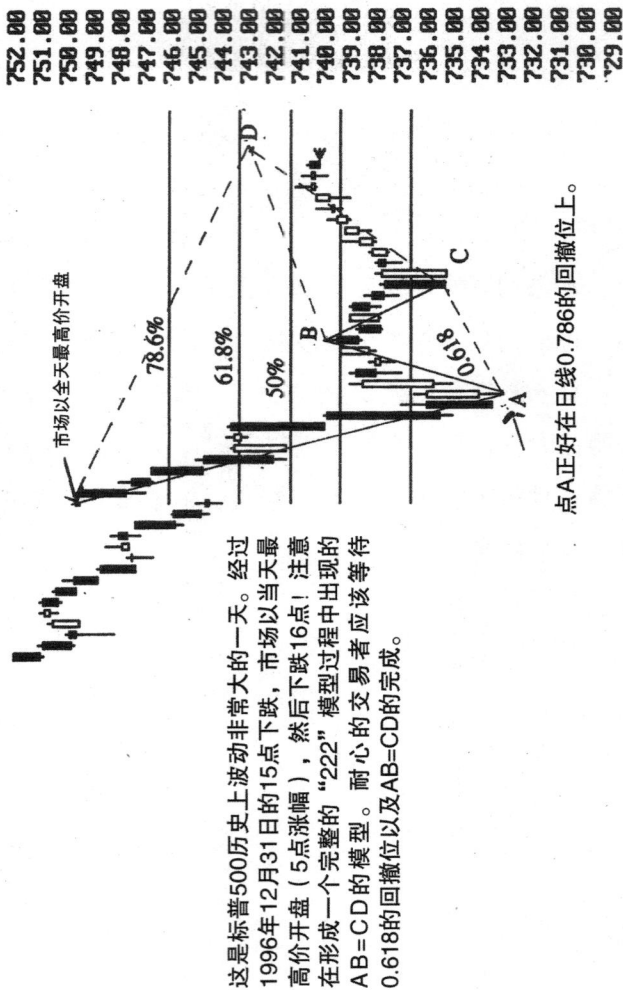

这是标普500历史上波动非常大的一天。经过1996年12月31日的15点下跌，市场以当天最高价开盘（5点涨幅），然后下跌16点！注意在形成一个完整的“222”模型过程中出现的AB=CD的模型。耐心的交易者应该等待0.618的回撤位以及AB=CD的完成。

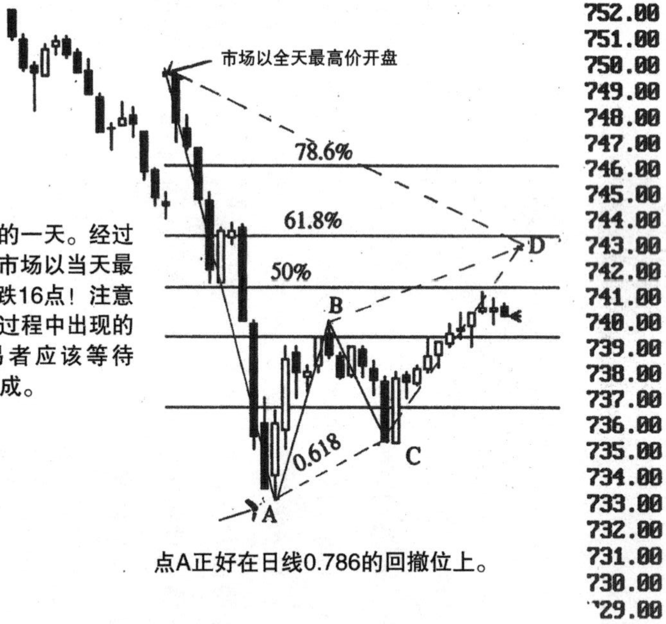

点A正好在日线0.786的回撤位上。

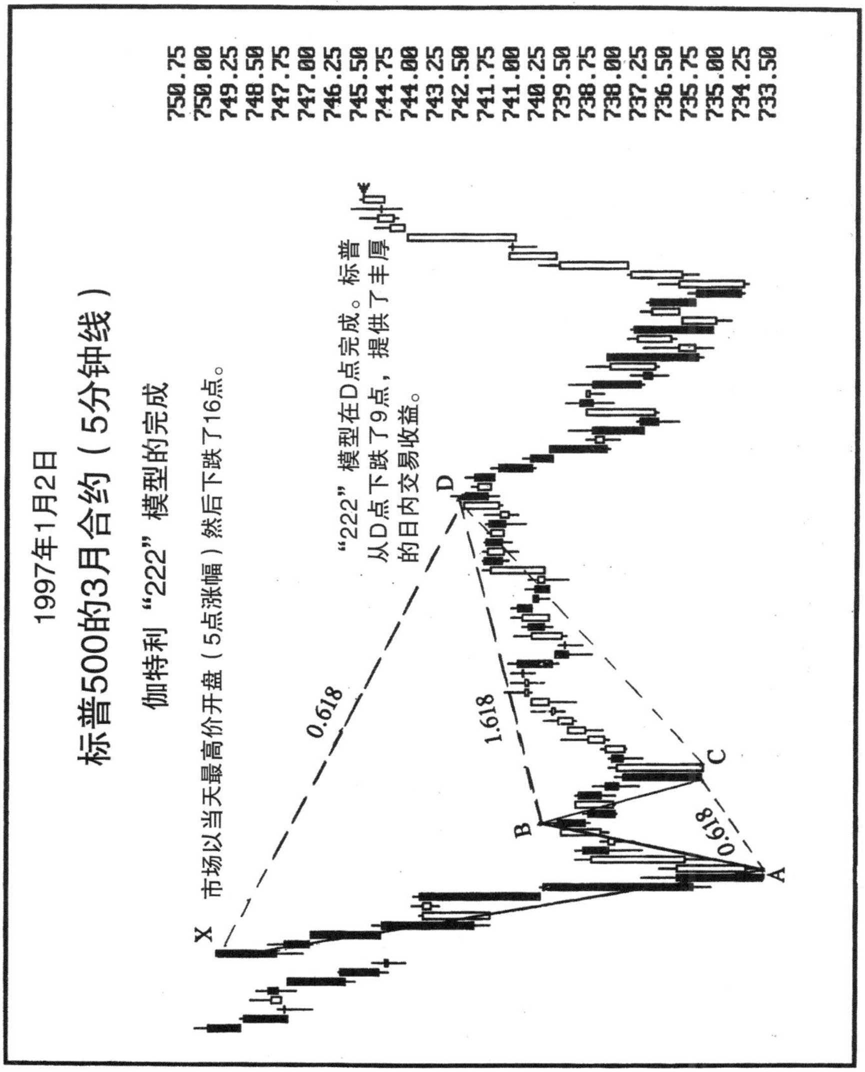
1997年1月2日
标普500的3月合约（5分钟线）
伽特利“222”模型的完成
市场以当天最高价开盘（5点涨幅）然后下跌了16点。
“222”模型在D点完成。标普从D点下跌了9点，提供了丰厚的日内交易收益。
X
A
B
C
D
0.618
1.618
0.618
750.75
750.00
749.25
748.50
747.75
747.00
746.25
745.50
744.75
744.00
743.25
742.50
741.75
741.00
740.25
739.50
738.75
738.00
737.25
736.50
735.75
735.00
734.25
733.50

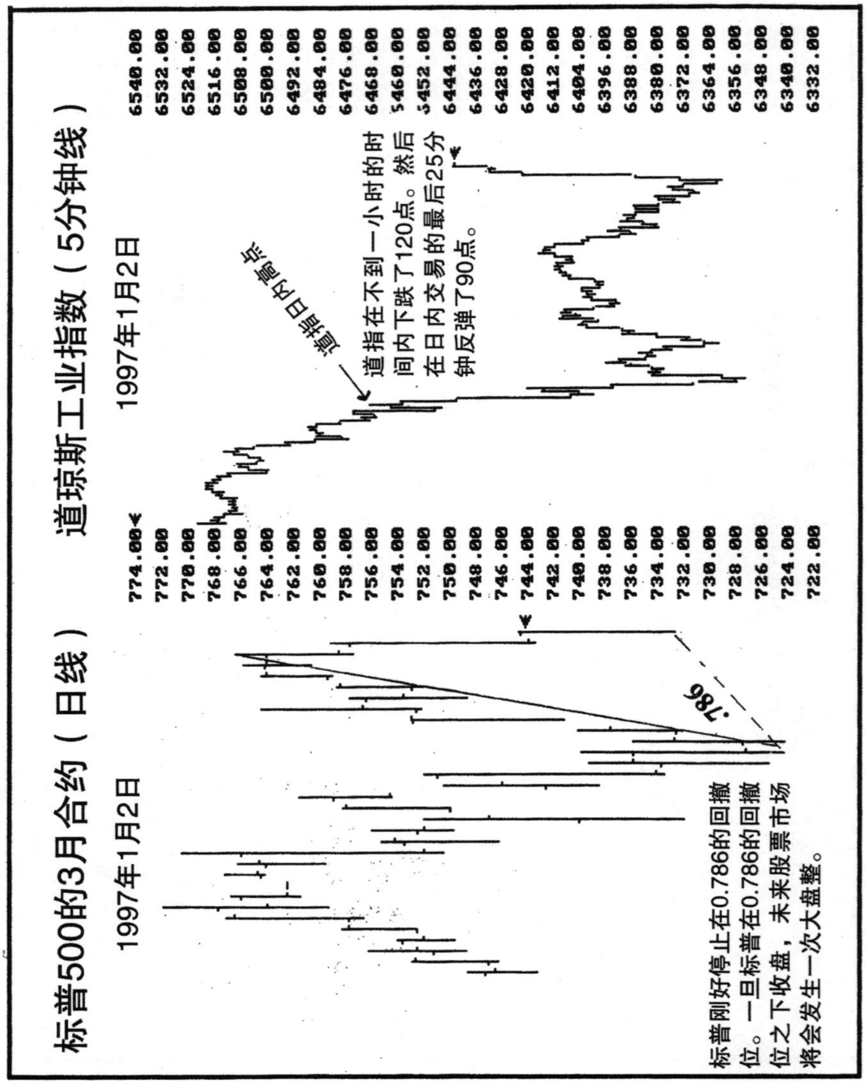
标普500的3月合约（日线）
1997年1月2日
标普刚好停止在0.786的回撤位。一旦标普在0.786的回撤位之下收盘，未来股票市场将会发生一次大盘整。
.786
774.00
772.00
770.00
768.00
766.00
764.00
762.00
760.00
758.00
756.00
754.00
752.00
750.00
748.00
746.00
744.00
742.00
740.00
738.00
736.00
734.00
732.00
730.00
728.00
726.00
724.00
722.00
道琼斯工业指数（5分钟线）
1997年1月2日
道指日内高点
道指在不到一小时的时间内下跌了120点。然后在日内交易的最后25分钟反弹了90点。
6540.00
6532.00
6524.00
6516.00
6508.00
6500.00
6492.00
6484.00
6476.00
6468.00
6460.00
6452.00
6444.00
6436.00
6428.00
6420.00
6412.00
6404.00
6396.00
6388.00
6380.00
6372.00
6364.00
6356.00
6348.00
6340.00
6332.00